山东省实验中学班本德育课程

方奎明　主编

山东大学出版社
SHANDONG UNIVERSITY PRESS
·济南·

图书在版编目(CIP)数据

山东省实验中学班本德育课程 / 方奎明主编. —济南：山东大学出版社，2023.2

(校本研究系列丛书/方奎明主编)

ISBN 978-7-5607-7222-6

Ⅰ. ①山… Ⅱ. ①方… Ⅲ. ①德育－教学研究－高中 Ⅳ. ①G631

中国版本图书馆 CIP 数据核字(2021)第 228672 号

责任编辑 邵淑君
封面设计 张 荔

山东省实验中学班本德育课程
SHANDONG SHENG SHIYAN ZHONGXUE BANBEN DEYU KECHENG

出版发行 山东大学出版社
社　　址 山东省济南市山大南路 20 号
邮政编码 250100
发行热线 (0531)88363008
经　　销 新华书店
印　　刷 济南巨丰印刷有限公司
规　　格 720 毫米×1000 毫米 1/16
　　　　 20 印张 346 千字
版　　次 2023 年 2 月第 1 版
印　　次 2023 年 2 月第 1 次印刷
定　　价 79.00 元

《山东省实验中学班本德育课程》

编委会

前　言

2017年，教育部制定了《中小学德育工作指南》(以下简称《指南》)，作为指导中小学德育工作的规范性文件，适用于所有普通中小学，对深入贯彻落实立德树人根本任务、加强中小学德育工作发挥重要的指导作用。各中小学只有根据实际，创造性地开展德育工作，才能将《指南》具体落地。

2018年12月，山东省实验中学第十一届班主任研讨会提出了未来两年德育课程的建设方向，实验中学应该在《指南》的具体实施中有创举，结合育人规律、育人理念，推陈出新，构建内容完善、载体丰富、常态开展的德育课程体系，体现“实验性”和“示范性”。为此，我们将打造具有实验特色的班本德育课程(班团会课程)作为学校德育工作的重要内容，即针对学生从入校到毕业的全过程，制定每个月的教育主题，以此统领主题班会的内容，构建三年一贯、逐级递进的序列化育人体系。同时结合学生心理特点、认知能力和思维水平的发展，将同一主题进一步细化，深挖主题内涵，体现同一主题在学生不同发展阶段的教育引领作用。

真正着手工作时，我们发现这项工作比想象中要复杂，课程化的专业性、科学性要求很高。为了做好这项工作，学校成立由相关处室和班主任代表组成的班本课程建设项目组以及由德育专家组成的指导团队，定期研讨，反复推敲，集众智打造具有实验特色、可借鉴、可推广的班本德育课程体系。

这本《山东省实验中学班本德育课程》是德育课程研究的成果之一，是山东省实验中学全体德育人智慧的结晶，体现了实验德育工作者的探索和实践，对促进德育工作专业化、规范化、实效化、序列化，形成全员育人、全程育人、全方位育人的德育工作格局具有积极的推动作用。

2023年2月

前言

[illegible]

目 录

|规则教育|

|情感教育|

|感恩教育|

|身心和生命教育|

|规划教育|

|考试心态和方法教育|

|自我管理教育|

|法治教育|

|修身教育|

|公德教育|

|安全教育|

|专题教育|

爱党爱国教育

百年恰是风华正茂

——党史教育主题班会

政治组　耿恬

【教育背景】

2021年是实施“十四五”规划的开局之年，也是两个百年目标交汇之年，在此关键节点，召开主题班会，带领学生回顾党的奋斗历史，继承和发扬党的光荣传统和优良作风，可以进一步激发青少年学生的历史责任感和使命感。本班会面向高中各年级学生。

【班会目的】

1.围绕中国共产党成立100周年的光辉历程，讴歌红色人物，引导学生了解党史，爱党、爱祖国、爱社会主义。

2.增强学生的责任意识，学会对自己、对他人、对集体负责。

【班会准备】

1.学生分成影像组、故事组、人物组，查阅建党以来我党取得的成就、感人的故事、纪录片等。

2.学生提前认真梳理党史。

3.学生思考：作为新时代的中学生，应该担负起怎样的责任？

【班会课程】

环节一　忆往昔，百年征途路漫漫

从史实角度，三个小组展示如下内容：中华人民共和国成立——站起来，党的十一届三中全会——富起来，党的十九大召开——强起来。

▶一组展示：中华人民共和国的成立

播放1949年毛泽东主席在天安门广场上宣告中华人民共和国成立的视频。

●教师总结

中华人民共和国的成立，实现了中国从几千年封建专制政治向人民民主的伟大飞跃，彻底结束了旧中国半殖民地半封建社会的历史，使中华民族以崭新的姿态屹立于世界民族之林。中华人民共和国的成立，为实现由新民主主义向社会主义的过渡创造了前提条件，从根本上改变了中国社会的发展方向，为实现国家富强、民族复兴展示了美好的前景和现实道路。——**站起来**

▶二组展示：党的十一届三中全会

1978 年 12 月，党的十一届三中全会在北京召开。这次会议彻底否定"两个凡是"的方针，重新确立了解放思想、实事求是的思想路线；停止使用"以阶级斗争为纲"的口号，作出把党和国家的工作重心转移到经济建设上来、实行改革开放的伟大决策；会议实际上形成了以邓小平同志为核心的党中央领导集体。

●教师总结

党的十一届三中全会是新中国成立以来党的历史上具有深远意义的转折。它完成了党的思想路线、政治路线和组织路线的拨乱反正，是改革开放的开端。从此，中国历史进入社会主义现代化建设的新时期。——**富起来**

▶三组展示：中国共产党第十九次全国代表大会

2017 年 10 月，中国共产党第十九次全国代表大会在北京召开，大会指出我国社会主要矛盾已经转化为人民日益增长的美好生活需要和不平衡不充分的发展之间的矛盾。党的十九大把习近平新时代中国特色社会主义思想写入党章，确立为党必须长期坚持的指导思想。

●教师总结

党的十九大是在全面建成小康社会关键阶段、中国特色社会主义发展关键时期召开的一次十分重要的大会，对鼓舞和动员全党全国各族人民继续推进全面建成小康社会、坚持和发展中国特色社会主义具有重大意义。——**强起来**

建党百年里，我们一起走过风风雨雨。2020 年，这个不平凡的一年，我们遭遇了疫情，取得了疫情防控的阶段性胜利；我们实现了全面建成小康社会的目标，我们取得了脱贫攻坚战的全面胜利。这一系列成就的取得，离不开党的领导。其中也涌现出了许多新时代的英雄人物，下面进入人物组的小组展示环节。有请每个小组派出代表，一人讲述人物事迹，一人总结该人物的优秀品质。

环节二　为人民，英模铸就新辉煌

▶一组展示：张定宇——疫情“风暴眼”里，“渐冻”之躯与时间赛跑

在疫情的“风暴眼”，他拖着“渐冻”之躯，踩着高低不平的脚步，与病毒鏖战、与时间赛跑、与死神较量，带领医院干部职工救治2800余名患者，以实际行动诠释了“人民至上、生命至上”的理念。

他，便是湖北省卫健委副主任、武汉市金银潭医院院长张定宇。2020年9月8日，在全国抗击新冠肺炎疫情表彰大会上，张定宇被授予“人民英雄”国家荣誉称号。

▶优秀品质总结

舍身忘我，不忘初心，勇于担当。

▶二组展示：张桂梅——“燃灯校长”用全部的生命教书育人

“烂漫的山花中，我们发现你。自然击你以风雪，你报之以歌唱。命运置你于危崖，你馈人间以芬芳。不惧碾作尘，无意苦争春，以怒放的生命，向世界表达倔强。你是崖畔的桂，雪中的梅。”（2020年“感动中国”颁奖词）64岁的张桂梅坚守滇西深贫山区教育事业数十年。2008年，她创办了全国第一所全免费女子高中，迄今帮助1800多名贫困女孩圆梦大学，创造了大山里的“教育奇迹”。“一个女孩可以影响三代人。”张桂梅说：“如果能培养有文化、有责任的母亲，大山里的孩子就不会辍学，更不会成为孤儿。”

▶优秀品质总结

无私奉献，燃灯精神，爱岗敬业。

●教师总结

回顾百年党史，英魂铸就辉煌。中国共产党带领我们从站起来、富起来到强起来，我们每一刻都在为实现中华民族伟大复兴而奋斗着，每一位优秀党员都在践行全心全意为人民服务的宗旨。

环节三　看而今，风华正茂吾辈强

教师：回望百年党史，我们党之所以能永葆先进性和纯洁性，不断发展壮大并始终充满生机活力，一个重要法宝就是坚持党的群众路线。正如习近平总书记指出的：“我们党来自于人民，党的根基和血脉在人民。为人民而生，因人民而兴，始终同人民在一起，为人民利益而奋斗，是我们党立党兴党强党的根本出发点和落脚点。”青年人要站稳人民立场，有责任，有担当。

那么接下来，请同学们从自身出发，思考作为一名青年，如何担负起新时期

的责任呢？

学生1：人们在不同的时代有不同的使命，战争年代的人们是为了保家卫国，实现人民解放、民族独立。新时代的我们是为了实现人民幸福、国家富强。通过今天的党史分享，我们更能懂得今天的美好生活来之不易。在新时代，我们要居安思危，做一名合格的社会主义接班人！

学生2：作为一名高中生，要在关键时刻树立正确的价值观，用正确的价值观指导自己的学习和生活。习近平总书记曾经说过，“扣好人生第一粒扣子”。我们要胸怀祖国，将个人命运与国家利益相结合，珍惜学习时光，夯实知识功底，积蓄前进能量，报效祖国人民。

学生3：“明镜所以照形，古事所以知今。”唯有不断学习党史、了解党情，才能更好地砥砺党性，始终牢记初心使命。学党史，感受汹涌澎湃的史诗，从历史中感悟新知。

……

●教师总结

历史犹如一部打开的大书，娓娓叙说着社会实践和发展进步的故事。党的历史是最生动、最有说服力的教科书。不忘筚路蓝缕的来时路，走好薪火相传的脚下路。我们要接过历史的接力棒，弘扬光荣传统，赓续红色血脉，永远把伟大建党精神继承下去、发扬光大，切实把强大的精神力量转化为干事创业的实际行动，为实现中华民族伟大复兴而不懈奋斗。

【班会反思】

同学们正处在风华正茂的青春年华，奋发向上，朝气蓬勃。本节课尝试以学生为主体，学生将党的几次重要会议以叙述、分享等形式娓娓道来，将历史与现实相结合、家国与个人相结合，意识到树立正确的价值观的重要性，扣好人生第一粒扣子。

爱国心　强国志　报国行

——践行爱国主义主题班会

政治组　程春娴

【教育背景】

爱国是对一个人最基本的要求。本节班会面向高一年级学生。

【班会目的】

1.对学生进行爱国主义教育，让学生懂得爱国与责任的关系。
2.学生能从自身做起，承担自己的责任和义务，以天下为己任。

【班会准备】

课前任务布置、课件准备。

【班会过程】

爱国是中华民族的优良传统，今天让我们从民族奋斗的历史和现实中去感知、感悟！

环节一　站起来、富起来、强起来

中国作为文明古国，曾在许多领域处于世界前列，为人类文明做出了重大贡献。1840 年，鸦片战争开启了中国近代屈辱的历史，这之后我们又是怎样重新站起来、富起来、强起来的呢？课前我们布置了任务，勾画“复兴时间轴”(见图 1)，下面选择优秀作品进行展示。

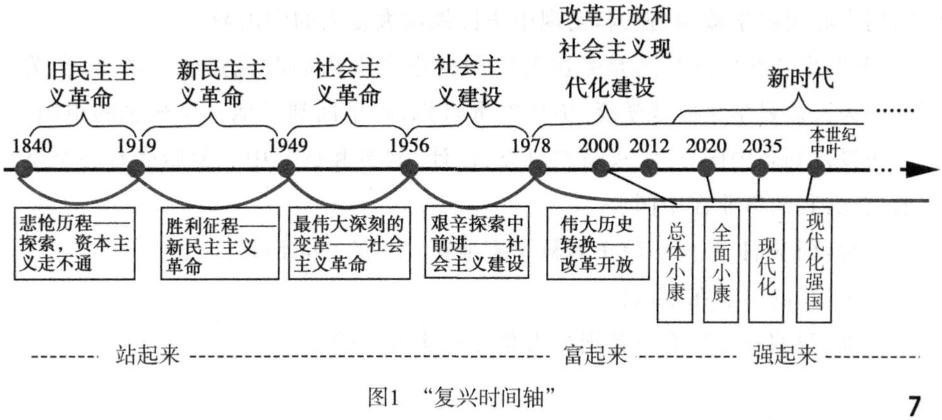

图1　“复兴时间轴”

在这条时间轴上，每个时间节点都有许多爱国的仁人志士为中华“鼓与呼”，请列举名字，并简要分享其事迹。

环节二　微光启迪　平凡英雄

2020年是不平凡的一年，在抗击疫情的战斗中，我们身边涌现出无数平凡的英雄。现场播放抗疫记录视频。

教师：哪一幕感动了你？哪种精神感动了你？贯穿其中的核心是什么？

学生1：大年夜十几亿人闻令而动，团结统一是刻在民族骨子里的。

学生2：闭门歇业我不怕，花样自救谋生机。勤劳勇敢是流淌在民族血液里的。

学生3：支援全球，捐献物资，天下一家。爱好和平是中国人的传统。

教师：而这一切源于什么？在5000多年的发展中，中华民族形成了以爱国主义为核心的团结统一、爱好和平、勤劳勇敢、自强不息的伟大民族精神。爱国主义是中华民族精神的核心，它贯穿民族精神的各个方面。团结统一、爱好和平、勤劳勇敢、自强不息的精神相辅相成，体现着爱国主义这个主题。无论什么时候，爱国主义都是动员和鼓舞中国人民团结奋斗的一面旗帜，是各族人民风雨同舟、自强不息的精神支柱。

环节三　人间大义　院士风采

2020年，武汉抗击疫情的日子里，80多岁的钟南山院士劝武汉人不要出城，其他城市的人不要到武汉，而他却义无反顾地奔赴武汉一线。

难忘，2003年，在抗击SARS（严重急性呼吸道综合征）的战斗中，钟南山说：“把最危重的病人送到我这里来！”难忘，1981年，钟南山结束留学生涯，谢绝了导师的盛情挽留，直言：“祖国正需要我，我的事业在中国！”钟南山知道，科学无国界，但科学家有祖国。祖辈的爱国主义传统教育、科学思想的启迪，激励科学家们决心用科学救国、强国，实现中华民族伟大复兴的中国梦。

“我的事业在中国！”这是爱国的中国科学家发出的时代强音。当年，在美国被誉为天才科学家的钱学森，历经重重阻拦，终于回到了他日思夜想的祖国，并很快投入到新中国导弹、火箭的研究、设计、制造和试验中。他始终有一个坚定的信念：我的事业在中国。

教师：同学们，钟南山院士等科学家最感动你的一句话是什么？

学生：我的事业在中国！

教师：我们一起来看看各国名人是如何谈爱国的吧。

现场放映名人爱国语录。

环节四　少年立志　爱国行动

爱国的基本要求是爱祖国的大好河山、爱自己的骨肉同胞、爱祖国的灿烂文化……伟大的无产阶级革命家、杰出的共产主义战士周恩来总理践行了少年时许下的诺言，将一生奉献给了伟大的祖国。周总理50多年的革命生涯，同中国共产党的建立、发展、壮大，同我国新民主主义革命的胜利，同我国社会主义革命和建设的历史进程紧密联系在一起。他毫无保留地把全部精力奉献给了党和人民，在中国人民心中矗立起一座不朽的丰碑。

爱国在不同历史条件下的表现也是不同的，请同学们选取任一时期的爱国行动谈谈你的认识，并进一步讨论我们将如何"怀爱国心、立强国志、践报国行"。

教师：爱国主义不是抽象的而是具体的，不同历史时期，既有共同的要求，也有不同的具体内涵。在当代中国，爱祖国与爱社会主义本质上是一致的。

环节五　班会总结

同学们，请记住，无论到何处，我们都不能忘记自己是中国人；无论到何时，我们都不能忘记自己是中华儿女。我们要继承先辈遗志，以天下为己任，努力学习，把自己培养成对社会有用的人才，为"中国梦"的实现贡献力量。行动起来，共同描绘祖国美好的明天吧！

【班会反思】

这节主题班会能够将爱国这个看似抽象的话题具体化，在展开过程中应根据时代的发展增添新的内容，让爱国主义真正成为一个具体的、动态的概念。

爱我祖国　振兴中华

——疫情下的爱国主义教育主题班会

数学组　孙萌

【教育背景】

面对疫情蔓延的严峻形势，爱国就是听从指挥、同舟共济、挺身而出。对于当代高中生来说，这场没有硝烟的疫情防控阻击战，让他们看到了太多舍小为大、舍家为国的英雄，看到了中国力量、中国速度，唤醒了他们的爱国情、爱国心。本班会可面向高中各年级学生。

【班会目的】

1.了解疫情期间涌现出的感人事迹。

2.激发学生的爱国主义情感。

3.教育学生勇于承担时代责任，成为国家栋梁。

【班会准备】

搜集班会所需相关事迹、文字材料和视频。

【班会过程】

环节一　引入

“爱国”一词出自《汉纪·惠帝纪》：“封建诸侯各世其位，欲使亲民如子、爱国如家。”爱国主义是人们对自己的故土家园、民族和文化的归属感、认同感、尊严感与荣誉感的统一，是民族精神的核心。

环节二　抗疫英雄

同学们自由发言，分享抗疫一线的感人故事。

学生1：火神山、雷神山医院的建成，有人说中国有“基建狂魔”，其实哪有什么“魔”，全都是一个个朴实而善良的劳动者，因为有他们，我们才有了缔造世界奇迹的“魔力”。

学生2:武汉市金银潭医院院长张定宇,从金银潭医院接收第一例患者开始,就寸步不离守在医院。那段时间,张定宇经常是凌晨2点多才能躺下休息一会儿,4点多就又要爬起来,一天中要接无数个电话,处理各种突发事件。

学生3:一位中年男子将装有2000元的信封捐赠给收费站的疫情防控监测点,不愿意留下姓名就驾车匆匆离开了。信封上写着:“我虽是农民,谨赠你们微薄之力贰仟元,望自购有用东西!”

教师:疫情发生以来,我们见过太多温暖。“请战书”上密密麻麻的红手印,医护人员脸上深深的勒痕,“逆行”战士写给家人的信……英雄的故事有一股震撼人心的力量,借助它们,我们更加真切地感受到了什么是不畏艰险的勇毅,什么是挺身而出的担当,什么是视死如归的精神……

环节三　爱国精神

▶观看《武汉加油》视频

教师:视频振奋人心,没有谁是一座孤岛,在大海里独踞;每个人都像一块小小的泥土,连接成整个陆地。千家万户一条心,伟大抗疫精神就是中国精神的生动诠释。中国人有哪些爱国精神引导我们不断前进?

学生1:团结。我们明白“大河无水小河干”的道理,“小家”主动为“大家”奉献。自己不出门、不乱走,邻里乡亲互相提醒戴口罩、勤通风,用力所能及的方式默默战斗。各个城市就像一个大家庭,出征的医护人员就是家庭成员,人们纷纷祈福,愿他们平安归来。

学生2:奋斗。众多工人提前复工投入医院建设、医疗物资生产的工作中,很多医护人员自愿中止休假投身战“疫”,钟南山院士80多岁高龄奔赴一线……他们在危难面前义无反顾,舍生忘死,用炽热的家国情怀守护着大家的生命安全。

学生3:希望。面对疫情形势,党和政府积极宣传正能量,引导群众正确面对疫情,凝聚人心、鼓舞斗志、坚定决心、充满希望。

环节四　践行爱国

教师:只有创造过千年辉煌的国家,才真正懂得伟大复兴的真正含义,践行爱国情怀,我们每一个人都要为国家发展出一份力。那么,强国需要在哪些方面不断改进?今后,你想在什么领域贡献自己的力量呢?

学生1:我想在文化方面继承、传播和发扬中华民族的优良传统,增强国家文化软实力、中华文化的国际影响力。

学生2:科学技术从未像今天这样深刻影响着国家的前途命运,从未像今天这样深刻影响着人们的生活福祉。实现中华民族伟大复兴的中国梦,我们必须具有强大的科技实力和创新能力,才能让祖国立于强国之林。我想以后从事科技方面的工作,科技强国。

学生3:我觉得国家需要各行各业的专业人才,无论以后从事什么职业,哪怕只是祖国建设中一颗小小的螺丝钉,也要不断学习,精益求精,实现自我价值,成为对国家、对社会有用的人才。

环节五　从现在出发,立足当前

教师:身为青少年的我们现在要做什么?

学生1:爱国不是一句空话,也不仅仅是以后的志向。为了实现中华民族伟大复兴,我们高中生要勇于承担时代责任,成为国家栋梁。一个时代有一个时代的精神,一代人担负一代人的责任。青年强则国家强,青年一代有理想、有本领、有担当,国家就有前途,民族就有希望。

教师:深入的思考能帮助自己更好地发现自我。老师一直认为人每一次真正意义上的成长都是靠自己来实现的,都是在持续不断地自我发现、自我探索。请相信能真正改变你的只有你自己。

学生2:疫情对于我们学生而言,是成长和锻炼的机会。“惟其艰难,方显勇毅;惟其磨砺,始得玉成!”在这段时间里,我在许多同龄人身上看到了坚韧不拔、不屈不挠、自强不息、排除万难、乐观向上的精神,我觉得这正是我们现在所需要的,刻苦学习,锻炼意志,方可成大事。

教师:中华民族的全面振兴需要我们去创造,祖国的发展、民族的强大需要我们大家的努力。我们现在的爱国就是努力学习科学文化知识,把明天的祖国建设得更加繁荣富强!让我们行动起来,共同描绘祖国美好的明天!

【班会反思】

本节课从疫情中学生们的亲身所闻、所见、所感出发,激发出同学们对民族的认同感和对国家的深切情感,立足当下、畅想未来。本节班会让同学们受到了鼓舞,对于高中生树立爱国主义情怀起到了良好的促进作用。

爱校教育

热爱从了解开始

——实验校史教育主题班会

历史组　马翠莲

【教育背景】

刚入学的学生对实验中学校史了解较少，校史教育必要且重要。本节班会面向高一新生。

【班会目的】

1.增强学生对实验中学的认同感、荣誉感。

2.培养学生的自豪感和责任感，为高中生活提供精神动力。

【班会准备】

查阅资料、课件准备。

【班会过程】

环节一　引入

同学们好！大家知道实验中学的生日是哪一天吗？

（预设：没有学生知道，或知道的学生很少）

是10月18日。大家刚进入实验中学，缺乏对实验中学校史的基本了解，那么这节班会就让我们一起走近实验中学，认真地了解一下实验中学（以下简称"实验"）的历史。

环节二　风物有情

1.实验校名沿革

1948年10月至12月，我们的学校被称为济南特别市市立第二中学；1949年1月至1950年7月，被称为华东大学附属中学；1950年7月至1971年5月，被称为山东省实验中学；1971年5月至1978年3月，被称为济南第二十二中学；1978年3月恢复旧名山东省实验中学至今。

2.实验校址变迁

建校初期，学校在经六路小纬四路，后于 1960 年与原三中互换迁至现址——经七路 73 号。

3.实验校门变迁

20世纪50年代的校门

20世纪60年代的校门

20世纪80年代的校门

20世纪90年代的校门

现在的校门

现在的校门建于 1991 年,其结构设计王总辉、建筑设计李志宏都是实验校友。朱红色的大门是学校的标志性建筑,也永远留在一代代实验学子的记忆中。

4.实验校园变迁

一号教学楼

一号教学楼

一号教学楼建成于 1965 年。上面郁郁葱葱的爬山虎是实验学子难忘的美好记忆。如今,这栋楼被命名为“树蕙楼”,是学校的行政楼。

二号教学楼建成于 1988 年,现改名为“致学楼”,主要是高三的教室。

“致德楼”于 2018 年建成使用,现在主要是高一、高二的教室。

5.实验校歌变化

第一版校歌《向着明天展翅飞翔》,创作于 20 世纪 80 年代,由李芳义老师谱曲,逯恒太先生作词。歌曲旋律铿锵有力,激励着一代实验人奋勇向前。

第二版校歌《芳园何青青》,创作于 2018 年建校 70 周年之际,由中国音乐家协会副主席、我校 1958 届校友王世光先生作曲,我校郭尚民老师作词,曲调激昂、歌词优美,每一句都饱含深情。

环节三　不忘先贤

实验今日的辉煌,奠基于前辈们的艰苦创业和辛勤付出。自建校至今,我校总共有 17 位校长或党支部、党委书记,分别是王大彤、宁汉戈、韩阳、王明、毕可欣、王春海、杜黎州、马镛、崔炜琳、李墉、李力、韩常、赵金山、刘堃、王品木、韩相河、方奎明,他们为实验的发展壮大做出了突出的贡献,广大师生将永远铭记他们的功绩。

环节四　杏坛春秋

学校发展最坚实的基础是教师队伍，根基雄厚、结构合理、素质一流的教师队伍为打造优质教育品牌提供了重要保证。让我们走近几位实验名师，来感受一下实验的师者风范。

自1952年开始任教的化学老师胡宏智。任教期间，他积极进行课堂教学改革与创新，思想极富先进性和前瞻性。后被评为山东省化学教研会理事长，山东省首批专业技术拔尖人才，全国劳模，第七届和第八届全国人大代表，1989年被国务院授予"全国先进工作者"称号。《济南日报》头条报道将其誉为"泉城牧马人"。

自1960年开始任教的数学老师李德备。李老师教学时注重"言、态、书、情"和谐统一。据其学生讲："李德备老师一节课可以不动一下黑板擦，下课时黑板上的板书宛如艺术品，干净又漂亮，让人不忍擦掉。"其曾任济南市教学会常务理事，济南市教研室数学科中心组成员。1977年，李老师被济南市委、市政府授予"教育系统十面红旗"荣誉称号。

刚刚退休的数学老师邵丽云。邵老师自1982年在我校任教，怀着"一心报国育桃李"的豪情，深深扎根于山东省实验中学的三尺讲台。她先后获得济南市"三八红旗手"、山东省"十佳"教师职业道德建设标兵、山东省劳动模范、全国五一劳动奖章、全国先进工作者等荣誉称号。

以上介绍的三位名师只是众多实验名师中的代表。实验的成就是每一位老师不懈奋斗的结果，他们身上不断进取的精神也丰盈着实验的灵魂。

环节五　居高声远

春华秋实70余载，山东省实验中学凭借先进的教育理念和骄人的办学成绩获得数十项国字号荣誉称号，被众多媒体报道。

荣誉称号和媒体报道

环节六　桃李天下

成长起来的优秀实验学子，如今在社会各界发光发热。根据之前布置的任务，现在请几位同学介绍一下实验的杰出校友。

学生 1：介绍 20 世纪 50 年代的杰出校友，例如气动医学创始人管程宵、曾任中国音乐家协会副主席的王世光、曾任山东省教育厅副厅长的王恩大等。

学生 2：介绍 20 世纪 60 年代的杰出校友，例如著名雷达专家贾玉贵、著名剧作家李婴宁、热物理与计算机信息科学专家张保田等。

学生 3：介绍 20 世纪 70 年代的杰出校友，例如水利部原副部长矫勇、曾获联合国和平勋章的原济南军区总医院副院长孙钢等。

学生4:介绍20世纪80年代的杰出校友,例如著名设计师李志宏、“水立方”的中方主设计师赵小钧、被誉为中国“留学生中的英雄”的崔建平等。

学生5:介绍20世纪90年代的杰出校友,例如外交部高级翻译张璐、“一带一路”政策解读专家翟崑、一土学校联合创始人李一诺等。

学生6:介绍21世纪的杰出校友,例如残奥会乒乓球冠军吕晓磊、人工智能领域专家于长斌、当代女作家张悦然等。

在实验这片沃土的培育下,实验学子茁壮成长。实验校友遍布各行各业,都在自己的领域中积极进取,以实际行动诠释着“博学日新,德行天下”的实验校训,并践行着“务实求是,勇于探索,登攀不止,敢为人先”的实验精神。

环节七　班会总结

通过以上的几个方面,我们大体了解了实验的校史,相信同学们也加深了对学校的认识,进一步增强了对学校的热爱。让我们收藏美好回忆,继承光荣传统,立志奋勇前行,再谱崭新篇章!最后,请全体同学起立,让我们一起合唱校歌,在激昂的歌声中结束今天的班会。

【班会反思】

本节班会教师介绍校史较多,这也就使得整个班会的设计比较常规。以后也可以尝试一下别的方法,比如可以提前分好小组,让每个小组负责不同年代的资料收集和展示,展示的方式也可以多样化等。总之,开班会的方式应不断改进,以取得更好的效果。

如何成为一名合格的实验人

——高一年级爱校教育主题班会

数学组　张子玉

【教育背景】

1.新生的入校教育是德育工作的重要组成部分。

2.高一新生普遍对实验文化认识不足。

3.高一新生对实验的校规校纪缺乏了解。

4.本班会面向高一新生。

【班会目的】

1.开展系列班会,加强入校教育。

2.渗透实验文化,提升高一新生对学校的认同感。

3.讲解校规,使高一新生树立规则意识。

【班会准备】

1.提前让学生查阅资料,不同的学生负责不同的板块,分别制作课件,进行系统的展示,包括实验的发展历史、获得的荣誉、办学理念、实验精神、优秀的师资团队、优秀的毕业生等。

2.安排学生采访任课老师,记录老师们在实验工作的幸福点滴以及与实验共同经历的风风雨雨,制作成视频。

【班会过程】

环节一　引入

你想象中的实验是什么样子的?

作为刚刚入校的新同学,一定都是满怀对新学校的憧憬来到这所充满历史底蕴的学府。这里有优秀的师资,有优秀的同学们,有积极向上的教学环境,也有丰富多彩的课余生活。在这里,同学们将开启一段新的人生征程,三年后的你们将通过自己的努力收获累累硕果。现在，老师想问大家，你了解你所在的这所学校吗？我们该如何成为一名合格的实验人？

环节二　学生心中的实验

学生1：1948年9月，经文教部批准成立“济南特别市市立第二中学”，这就是山东省实验中学的前身。1948年10月18日，济南特别市市立第二中学正式开学上课，这一天成为山东省实验中学诞生的日子。1949年1月，济南特别市市立第二中学改名为“华东大学附属中学”。1950年7月，华东大学附属中学改名为“山东省实验中学”，担负“进行中学教育工作中实验与改革”的使命，成为全国最早命名的“实验中学”。

学生2：山东省实验中学校徽近似外圆内方结构，颜色以绿、黄为主。绿色环绕在校徽外沿以及内镶正方形中，黄色装点校徽的剩余部分。校徽正中部分为一朵花，寓意山东省实验中学的学生蓬勃健康发展。整个校徽看上去充满生命力和朴实感。

学生3：山东省实验中学的校训是“博学日新，德行天下”。要求师生终身学习，具有渊博而精深的知识；每天都要进步，具备创新的精神和能力；以“德”作为为人处世、作学问的第一准则，把高尚的品格作为人生的首要追求。校训融合儒家文化底蕴与时代特点，正在逐步熔铸成山东省实验中学师生的文化人格。

学生4：知名翻译官张璐就毕业于山东省实验中学，我们都知道翻译工作者不是一部机器，在翻译的过程中不但翻译语言，也在传递情感和立场。对于复杂的古诗词的翻译来说，由于中文和英文的文化背景差别很大，其中深刻的文化内涵很难在翻译中体现出来，一般都只能翻译大意。而张璐翻译得很好，不仅准确，而且清楚。这位优秀的学姐告诉我们，在这所学校里，通过不懈努力，我们必将实现自己的理想。

山东省实验中学本着“为每一个学生创造主动发展的无限空间”的教育理念，培养了一批批优秀的实验学子，他们自信、阳光、富有创造力。来到这里，我们要续写实验中学的辉煌，今天我以实验为荣，明日实验以我为荣。

环节三　老师心中的实验

无论是刚来到实验工作的年轻教师，还是扎根实验多年的老教师，都对实验有着深厚的感情。他们有的对实验充满向往，慕名而来，有的与实验共同经历了风风雨雨，有的见证了实验的成长，有的因为来到实验而成就了自己，还有的为实验奉献了一生。

作为实验的新鲜血液，我们只有了解学校的历史、学校的文化、学校获得的成绩，从心底产生对学校的认同感，才能在这里闯出属于自己的天地。那么我们如何才能成为一名合格的实验人呢？

环节四　用校规守护实验校园

无规矩不成方圆。我们来到学校的目的不只是学习知识，更重要的是学习如何做人，而校规就是我们行为的准绳，能提升我们的个人素养。捷克大教育家夸美纽斯说过："学校没有纪律，便如磨坊没有水。"也有人说："一个不遵守纪律的民族，必定是一个没有自由的民族；一个不遵守纪律的学校，到最后只能是一盘散沙。"同学们，我们不要抱怨校纪严格，有纪律的约束，才能创造一个安定的学习环境；严格要求自己，才能让我们更好地成长；遵守学校纪律，我们才能有秩序地学习。只要我们做到严格遵守学校的校规校纪，做文明守纪的学生，我相信，我们的明天会更加美好！

环节五　班会总结

实验是一所历史悠远、底蕴深厚的学校，通过对实验文化以及学校校规校纪的学习，我们对这所学校有了更深刻的认识。今天，我们有幸坐在这里享受着优秀的教育资源；未来，我们应该更加努力，用实际行动回馈学校对我们的栽培。

【班会反思】

本节班会帮助学生了解实验历史、实验文化、实验精神，增强学生对学校的认同感和归属感。学习校规校纪有助于约束学生的日常行为，提升学生的个人素养。本次班会的开展基本达到了预设的教育目标，收获了较好的教育效果，但是形式可以根据实际情况更丰富灵活，以提升学生的参与度，从而更好地引起学生的共鸣。

实验人　实验魂

——高二年级实验精神教育主题班会

历史组　刘梦姿

【教育背景】

1.学生对实验校史多有遗忘。
2.学生对实验精神理解得不够。
3.有些学生缺乏对实验精神的践行。
4.本节班会面向高二年级学生。

【班会目的】

加深学生对实验精神的理解,引导其在日常学习生活中践行实验精神。

【课前准备】

1.学生提前了解实验校史,可以去参观校史馆,或者去网上搜集相关资料。
2.学生了解身边事,感悟实验精神。
3.学生起草宣誓词。
4.教师准备课件。

【班会过程】

环节一　校名更迭　追寻我校的“实验缘”

▶问题 1

请问同学们,我们之前学过实验校史,谁记得我们学校的名字有哪些?

学生回答:1948 年建校之初,我们是济南特别市市立第二中学;后更名为华东大学附属中学;1950 年,我们改名为山东省实验中学;1971 年,山东省实验中学更名为济南第二十二中学;直到 1978 年,学校再次更名为“山东省实验中学”。

教师展示 PPT：

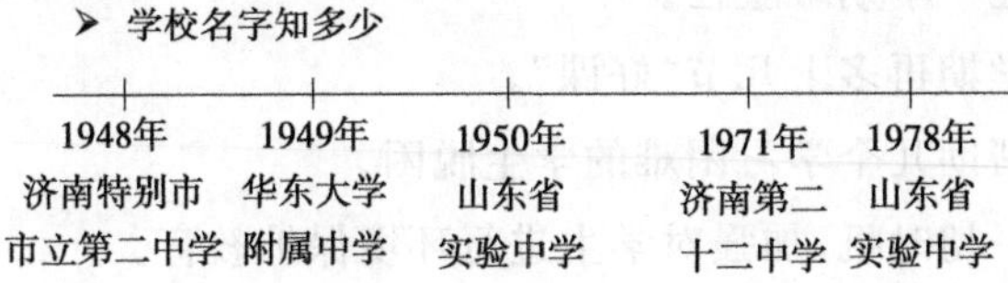

▶问题 2

谁记得山东省实验中学为什么以“实验”命名？

学生回答：山东省实验中学是全国最早命名的实验中学，这样命名是为了起到引领示范的作用。

教师：“实验”二字确实非常关键，是带着特殊的使命而来的。1950 年 7 月，省教育厅正式批准，我校改名为山东省实验中学，意为承担实验与改革的使命——创造经验，推动一般。“实验”二字带来的是责任，同时也带来了挑战，建校 70 多年以来，无数实验人用行动证明自己是一名优秀的实验人，他们身上所汇聚而成的“实验魂”，就是我们今天提到的实验精神。那实验精神的具体内涵是什么，今天就让我们来找一找。

环节二　追溯历史　探寻前辈的“实验魂”

▶问题 1

同学们已经在实验度过了一年的时光，接下来请各位同学追溯历史，探寻前辈的“实验魂”。

学生回答：我在校史馆了解到了几位教师，在这些教师身上闪烁着“实验魂”。其中一位是数学教师顾大义老师。现在学校依然传颂着顾大义先生的“绝活”。上课不用带圆规、直尺，手腕一转就是标准的一个圆，大笔一挥即成直线。李德备老师也有一个拿手“绝活”：一节课不动一下黑板擦，下课的时候一幅漂亮的课堂板书便整齐地摆在了黑板上。当他在黑板的下端画上句号的时候，下课铃响起，分秒不差，令人惊叹。

▶问题 2

两位老师的绝活可不是一朝一夕就能练就的，这种对自我的严格要求和一丝不苟的教学态度就是实验人登攀不止最好的写照。请问还有同学对实验教师有了解吗？

学生回答：还有化学教师胡宏智老师。胡老师被《济南日报》誉为“泉城牧马人”。他在临退休时，写下了“假如让我再教一学期”：

——我要再担任一学期班主任。

——我想在这学期再多上几节“好课”。

——我想重点帮助几个学习困难的学生脱困。

——我要抓住一切时机，加强对学生进行环境保护教育。

——我要抓紧时间学习电脑、互联网。这样我就可以实现企盼已久的建立教学资料库的设想了。

胡老师这种与时俱进，不断提高对自己要求的精神就是实验精神。

●教师总结

每当有新教师入校，培训的第一课就是参观校史馆。“杏坛春秋”部分展示的名师，不仅是一代又一代实验学子口中的传奇，更是每一位实验教师心中的标杆。他们就是这样以身作则，将实验精神代代传承下去。他们是我学习的榜样，是我在实验的引路人。

▶问题 3

每当新生入校，也会去参观校史馆，同学们是否也在校史馆找到了学习的榜样呢？

学生 1：我在校史馆中看到崔剑平校友的事迹。崔剑平于 1983—1989 年在山东省实验中学就读，后被保送到复旦大学学习。1997 年 9 月 2 日，他在美国攻读博士时，为抢救落水的同学英勇牺牲，年仅 26 岁。新泽西州医科大学研究生院代理院长宣布将崔剑平的名字永远地刻在“年度优秀学生奖”的奖牌上。他被誉为“中国留学生中的英雄”，山东省人民政府追认他为烈士。每年 9 月 2 日崔剑平牺牲纪念日，实验学子都会来到校园中的剑平石前用不同的方式表达心中的崇敬。用道德引领智慧，这是崔剑平校友给全体实验人最深刻的启迪。

学生 2：我未来想从事外交方面的工作，国家领导人的首席翻译张璐的故事很吸引我。1993 年，张璐因成绩优异被保送至山东省实验中学，在高中时期她全部的心思都扑在学习上，对英语十分着迷。1996 年，她被外交学院国际法系录取，硕士毕业以后，进入外交部翻译室。但张璐并没有停止登攀的脚步，她每天在前辈的陪同下，做大量的听力、口译和笔译练习，她的坚持和努力也让她变得更加优秀。由于出色的表现，张璐成为总理的首席翻译。从最初对英语的热爱到成长为首席翻译，张璐的登攀之路就是实验精神最真实的写照。

学生 3：2022 年举办了北京冬奥会，我看到北京奥运会标志性建筑“水立方”

的设计师赵小钧也是实验学生。虽然高考时他并没有考上名牌学校，但他却善于将知识变成创意，将创意变成作品，将作品变成精品。培养学生的创新意识，一直是山东省实验中学追求的目标。

●教师总结

实验的校友可以说遍布全球，遍布各行各业，在许多关系到国家前途命运的重大事件中，也处处能看到实验学子的身影，比如汶川地震中，负责唐家山堰塞湖泄洪的总指挥娇勇，比如在残奥会上三夺金牌的吕晓磊，再比如北京冬奥会多处可见的实验毕业生。

（播放北京冬奥会实验学子视频《一起向未来》）

在这些前辈身上，我们看到的是出色的领导组织能力，是坚定的报效祖国的志向，是永不言败的精神，是登攀不止、敢为人先的气魄，他们都是实验精神的代言人。

环节三　见贤思齐　寻找我辈的“实验魂”

前辈们是我们学习的榜样。但在我们身边，也不乏优秀的人，接下来，让我们见贤思齐，寻找我辈的“实验魂”。

▶问题

在日常学习生活中，大家有没有看到践行实验精神的实验学子？

学生1：我觉得我的同桌很好地践行了实验精神。他平时上课的时候听课特别认真，课下作业完成得也很出色，对待同学很友好，当我有不明白的地方向他请教时，他都能耐心地讲解。

学生2：班长就是这样的人。不管是对待自己的学习还是班级的工作，都很认真负责。作为班长，他还肩负着与老师沟通的任务，也做得很好，老师都夸他呢。

学生3：还有我的朋友，虽然不是我们班级的同学，但是在社团活动的交流中我能感受到他是一个集体荣誉感特别强的人，涉及我们社团的事情他绝对尽心尽力。

学生4：我认为，那些在体育场上不言败的运动健将，在科技节大放异彩的“科学家”，在各类竞赛中斩获佳绩的“学霸”，都是践行实验精神的实验学子。

环节四　脚踏实地　做一名优秀的实验人

▶问题

常听人说起“实验的学生，一看就是不一样”。我想应该是长期经校园文化熏陶而形成的精神气质。在实验学习生活，你想做一名怎样的实验人？

现在请同学们拿出刚刚发的卡片，将对自己的要求或期许写下来，一个是短期目标，作为时刻警醒帖，放在书桌旁；一个是长期目标，做一个慢递信笺，放到信封中。当同学们毕业的时候，卡片会交还给大家。

不知道各位对自己有了怎样的要求，我期待在接下来的日子里，能从同学们的一言一行中看到大家对实验精神的理解。

我们班班委同学起草了一份宣誓词，现在请班长带领大家宣誓，请全体起立：汩汩清泉，择地而流；阴阴嘉木，择时而秀；巍巍德学，必择校而求。求学三载，一朝成人。我们要做学识广博的谦谦君子，要做胸襟开阔的豁达学子，要做意志坚定、敢于担当、永不言败的实验学子！务实求是，勇于探索，登攀不止，敢为人先。做三载实验人，践一生“实验魂”！

老师希望在座的每一位同学都能信守誓言：实验人，“实验魂”，要做一名优秀的实验学子！

【班会反思】

实验精神作为山东省实验中学的灵魂，应成为每个实验人的行为准则，被每位实验学子遵守并实践。本次班会课重点强调了实验精神在教师和学生身上的体现，虽然也提倡学生谈谈身边优秀的老师和同学，但展示的还是以往优秀的师生，学生感触较少，还应该继续引导学生发现优秀的身边人，选取学生熟悉的案例，更能引起学生的共鸣。

爱校荣校　向着目标奔跑

——高三年级爱校荣校教育主题班会

化学组　杨彬

【教育背景】

1.现代学生自我意识比较强，缺乏集体精神和吃苦精神，团队意识和大格局、荣辱观不够。

2.个别学生没有远大目标，缺乏刻苦学习的精神。

3.本班会面向高三年级学生。

【班会目的】

1.培养学生建立爱校荣校意识，从而培养团队意识和大格局、荣辱观，督促自身成长。

2.培养学生建立远大目标，并且培养刻苦学习的精神。

【班会过程】

环节一　引入

今天咱们班会的主题是“爱校荣校　向着目标奔跑”。本节班会是高一、高二班会的延续。咱们先简单回顾一下高一、高二的班会。

1948年，济南发生了两件大事，你们还记得是什么吗？

学生：济南解放和山东省实验中学成立。

教师：实验成立，对我们来讲就是一件大事。选择一所学校，就是选择了一种文化、一种人生。作为一名实验人，首先我们就要了解实验。我们一起观看一段介绍实验的视频。

环节二　爱校

教师：请结合视频谈一谈，你最喜欢或者最自豪的是关于咱们学校的哪些方面？

学生回答汇总：

(1)实验精神、实验校训、教育理念。

实验精神：务实求是，勇于探索，登攀不止，敢为人先。

实验校训：博学日新，德行天下。

教育理念：为每一个学生创造主动发展的无限空间。

(2)各种各样的教育成果和奖项。

(3)丰富多彩的活动以及活动所承载的教育意义和教育效果。

(4)实验楼接待室南墙上的各种奖状。

(5)登攀杯上的名字。

(6)考入 C9(九校联盟)的师兄、师姐等。

教师：很明显，相比高一，经过两年实验文化的熏陶，大家有了更深刻的体验和体会。

环节三　爱校的表现

教师：我们的师长和学长用努力和汗水铸造了实验的丰碑，缔造了实验的辉煌，捍卫了实验的荣誉。那现在身为实验人的我们，应该做些什么才能体现出对学校的热爱呢？其实，日常学习生活中的一些小事就可以体现出我们对学校的热爱。下面大家分小组讨论“日常学习生活中哪些小事可以体现我们热爱学校”，然后进行小组汇报总结。

小组汇报总结：

(1)见到师长问好；

(2)尊重护卫我们安全的门卫老师；

(3)尊重给我们盛饭的食堂阿姨；

(4)尊重老师，尊重课堂；

(5)注意文明课间、文明放学，为他人创造良好的学习环境；

(6)随手捡起垃圾；

(7)节约用水用电；

(8)扶起被风刮倒的展板；

(9)爱护校园公共设施；

……

教师：同学们说的这些，无论大事还是小事，都是爱校的表现。

环节四　荣校，向着目标奔跑

教师：除了这些，爱校的最好表现是通过学校的三年培养，让自己成为对国家、对社会有用的德才兼备的人，也就是“博学日新，德行天下”的人，这才是学校和老师最希望看到的。我们要成为这样的人，要树立远大的理想，并且朝着这个目标努力。

请大家看投影的三幅图片。

图片1：这是咱们学校的教育基金会，由校友们成立并捐赠基金。

图片2：获得国际大奖的学长们。

图片3：学长们制定的目标做成了板报目标墙。

图片3是我带的上一届学生做的板报目标墙。我要讲讲其中一名学长的故事，这是他的目标——清华。从高二我跟他聊过之后，他就制定了考清华的目标，当时他离这个目标还比较远。但他坚定不放弃，一门心思考清华，还把他的目标写了下来贴在目标墙上。比较可惜的是，高考时，他语文发挥失常，考了历史最低分，结果以一分之差与清华失之交臂，去了上海交大学人工智能，是上海交大在山东省录取的第一名考生。现在他在大学发展得很好。若干年后，他就能成为祖国的贡献者、建设者。但试想，如果当初他没有制定这个目标并为之不懈努力的话，可能连上海交大也考不上。所以制定一个目标并为之坚持奋斗是非常必要的。

这个环节，我建议大家写下自己的目标，然后我们将它制作成板报，用来激励和鞭策我们，同时也会得到同学的鼓励和祝福。大家在写下目标的同时也写下对自己的祝福语。也可能有的同学现在还没有决定自己想学什么，以及想考哪个学校。所以写下的目标可以有两种，一种是大学和专业目标，还有一种是成绩目标。写完后，我将邀请几位同学交流一下自己的目标，并结合自身情况，选取一个角度谈一谈如何实现自己的目标。

教师：人，应当丰富人生，在有生之年实现自己的理想，快乐地生活，不虚度年华，不碌碌无为。为母校增光添彩，成为家庭的顶梁柱，为社会奉献力量，人生不留遗憾。考上心仪的大学只是第一步，我们心中要有学校、有祖国，有为祖国、为人民而奋斗的理想。所以孩子们，向着自己的目标奋斗吧，也许会有艰难险阻，那不妨停下来，歇歇脚，但只要坚持不懈、一直努力，成功必将属于你们！当你成为一名优秀的祖国建设者，不管你从事何种职业，学校都会以你为荣！

【班会反思】

这是一个系列主题班会，贯穿高一到高三。高三班会的侧重内容是向着目标奔跑。大部分学生在高三都有了明确的目标，但小部分学生仍然不知道自己想做什么。所以目标可以有两种，一种是大学和专业目标，一种是成绩目标（不管将来考哪个大学、学什么专业，先把成绩提上去再说，这个目标就是制定每科可以考到多少分）。所以，首先让学生把目标制定出来，落到纸上，张贴在班里。这样孩子们心中的目标才会真正落到实处，平时学习的时候才会有劲头和约束力。但在实现目标的过程中，学生的心态和学习方面肯定会遇到困难。所以，在后面系列班会中，心态调整指点和学习方法指点是必不可少的，这样才能保证每个学生顺利坚持到最后并且能取得较好的成绩。

成长教育

接纳变化　发展自我

——高一年级体会成长主题班会

地理组　王丛丛

【教育背景】

1.面对身份的转变，部分学生缺乏责任意识与目标意识，对自己的未来缺乏规划。

2.一些学生在人际关系处理上方法欠妥。

3.在成长的关键节点，部分学生没有将个人成长与班级、国家的发展联系在一起。

4.本节班会面向高一学生。

【班会目的】

1.引导学生建立个人目标，并以此为方向不断努力。

2.引导学生树立正确的人际交往观。

3.培养学生的集体认同感，以集体的荣辱为个人的荣辱，勇于承担自己的青年责任。

【班会准备】

学生查阅资料、课件准备。

【班会过程】

环节一　认识自我，发展自我

▶名言引入

“二十弱冠，三十而立，四十而不惑，五十而知天命”，每过十年，人就会迎来人生的一次巨变，正处于“少年”到“青年”之间的你，准备好了吗？

▶投影

体会成长——少年到青年。

▶引导

从少年到青年，大家的心态、与世界的关系、看待问题的方式都发生了非常大的改变。在这个过程中，要想实现自我成长，就要把自己置身于不同的关系中，转换角色、适应角色。作为一个独立的个体，要想实现生命高度的提升，需要先学会认识自我、发展自我。

▶学生讨论

你的个人理想是什么？如何实现个人理想？你能否列举出一些青年的学习榜样？

学生1、学生2交流自己的个人理想，并描述自己准备如何实现个人理想。

▶小组展示

以小组为单位，结合课前查阅的资料，分享青年榜样。

步骤一：想象实现理想后的情景。

假如你得到了渴望获得的成果，请想象：

(1)这到底是什么情景？你怎样来形容它？

(2)你的感觉如何？

(3)这种感觉是不是你真正想要的？

步骤二：形容个人理想。

请回顾你在小学时、初中毕业时及现在的个人理想，并将其分别写下来，分析其中哪些理想实现了，哪些没有实现，原因是什么。

步骤三：检验并弄清理想。

逐个检视你写下来的个人理想：

(1)如果你现在就可以实现理想，你会接受它吗？

(2)假定你现在已经实现了理想，这能为你带来什么？

(3)你接受了它，你的感觉又是怎样的？

环节二　建立和谐的人际关系

▶问题引入

人际关系的重要性体现在哪里？

▶引导

高中生处于从少年到青年的重要转折点，除了要实现自身的发展，还要建立良好的人际关系。和谐的人际关系十分重要，它能使人与人之间互通信息、交流思想，促进少年到青年的迅速转化。

1.与父母交往

成为青年的你，在与父母相处时，更应该注意规范自己的行为。首先，时刻提醒自己珍惜父母的爱心和关怀，即使父母想法与你不一致，也要试着学会换位思考。其次，要主动向父母表达自己的意愿与想法，消除潜在的误解。最后，尊重父母的建议和指导，当与父母出现冲突时，要主动寻求父母谅解。

2.与老师交往

步入青年的大家，要用更加成熟的眼光看待师生关系。一方面，要知道老师与其他成年人一样既不是完美的，也不是万能的，要有意识地调整好自己对老师的看法。另一方面，要知道师生是平等的，学生如果对老师敬而远之，就会失去许多与老师沟通的机会，多数老师都愿意与学生建立亲密、信任的关系。

认真听取老师作为一个年长者和学识丰富者对自己的教导，通过不断地向老师学习来充实自己、提高自己。

3.与同学交往

在校学习和生活中，同学交往时会存在如下问题。

(1)同学叫我的绰号，怎么办？

(2)我和同学因为一件小事发生了冲突，怎么办？

(3)我是班干部，许多同学不服从我的管理，怎么办？

(4)进入高中后，我的成绩不再优秀，表现不再突出，我很苦恼，我该怎么办？

(5)如何把握好同学相处的“度”？

▶总结

构建和谐的人际关系对青年的全面发展有重要作用。构建和谐的人际关系，要做到热情交往、理解尊重、以诚相待、宽容谅解。

环节三　我与集体共成长

▶案例引入

PPT 展示案例。

▶总结

一个人要想成功，除了自己努力之外，还需要与别人合作。

▶讨论

(1)身处班集体中，你能够为班集体做什么？

(2)面对班级中的不合理行为，你会怎么做？

(3)本节课的收获。

环节四　班会总结

从少年到青年,我们发生了一些改变,要想实现全面发展,就要树立个人理想,实现自我超越;建立健全的人际交往观,以青年人的视角看世界;勇于承担责任,青年与集体共成长。

【班会反思】

感谢这节班会课使我静下心来再度思考“成长”这个主题。高中是一个重要的转折期,学生从心理到生理都面临着挑战。引导学生顺利地度过这段转折期,以积极的心态在集体中勇于承担责任、快乐成长是我们老师努力的方向。如果能再多搜集一些典型案例,设计一些可行的活动,本节课效果会更好。

主动成长　享受成长

——高二年级主动成长主题班会

语文组　许真真

【教育背景】

升入高二，有些学生仍缺乏责任意识与目标意识，对自己的未来缺乏规划；有些学生方法欠妥，尚不明晰什么叫主动成长。指导学生积极调整心态，迎接新的挑战，主动成长并享受成长成为当务之急。本节班会面向高二年级学生。

【班会目的】

1.针对目前高二学生学习压力大、课业紧张的情况，提出合理化建议，引导学生优化学习方法，作出正确选择，提升学习成绩。

2.高二也是人生发展的重要阶段，本节班会将引导学生合理利用时间，认清眼前形势，排除压力，做出符合当下的合理决策，享受成长。

【班会准备】

学生查阅资料、课件准备、演讲稿准备。

【班会过程】

主持人：对树木来说，成长是不断变得茁壮；对果实来说，成长是淡去青涩，变得甘甜；对雏鹰来说，成长是离开安乐窝，勇敢地在天空翱翔……

已经进入高二的我们，该如何成长呢？

“工欲善其事，必先利其器”，刘允锋校长也曾经教育我们“事必有法，然后可成”。这是我们从紧张的学习中抽出一整节课作为交流会的原因，希望同学们能够通过这节课真正学有所得，学有所益。首先，请班主任许老师发言。

环节一　抛砖引玉

▶提问

“正当海晏河清日，便是修文偃武时”，哪位同学能给大家解释一下这句诗的意思?

▶学生回答

目前天下正太平,这是停止武力、提倡文教的好时候。

▶投影

以下为学校调查问卷表显示的数据,我把年级平均数据与我班数据做了对比分析(见图1):

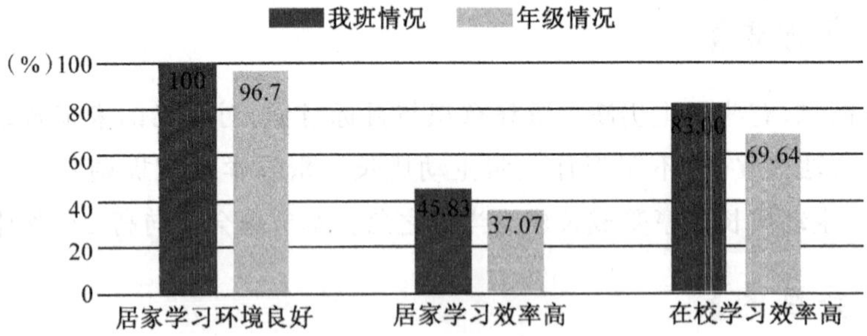

图1 我班和年级的学习情况对比

图2为一天时间分配情况。

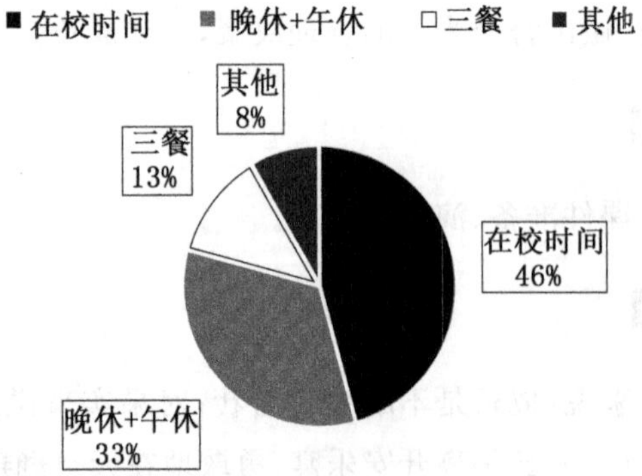

图2 一天时间分配情况

表1为学科组合情况。

表1 学科组合情况

序号	组合	可报专业比例
1	物理+化学+历史	99.9%
2	物理+化学+地理	99.4%
3	物理+生命科学+历史	99.3%

续表

序号	组合	可报专业比例
4	物理+政治+历史	99.3%
5	物理+历史+地理	99.3%
6	物理+生命科学+政治	99.0%
7	物理+生命科学+地理	99.0%
8	物理+政治+地理	99.0%
9	物理+化学+政治	98.9%
10	物理+化学+生命科学	97.4%

▶追问

根据这句诗,老师配的图表有什么用意呢?

学生1:以上三个图表列举了我们创新班在师资、学风、学科等方面的独特优势。

学生2:那我们更应该排除一切虚妄杂念,高效利用每一天。

●教师总结

美国著名的管理学大师德鲁克说,不能管理时间,便什么也不能管理,时间是世界上最稀缺的资源,除非严加管理,否则就会一事无成。人活在世,性别不同,家庭环境不同,性格秉性不同,但我们每个人每天都有24个小时,我们每天拥有的时间相同。从根本上来讲,令我们的出生环境发生改变的其实是时间和精力的叠加。而幸福往往不是因为拥有很多钱,而是因为有选择权,我们可以选择如何利用自己的时间,控制时间的人,可以控制整个世界。

▶提问

主动学习,根源在于主动坚持。从被动坚持到主动坚持,是态度的转变,更是走向成功的标志。有人还没有主动坚持,是你吗?

▶分组讨论

根据高二学部学情调查情况,反思目前学习生活中的缺陷。

▶分组发言摘录

(1)在每周开始时确认本周大的任务框架,但不要太满,每天还需要根据作业进行调整。大家的作业是相同的,想实现弯道超车就要自己努力。

(2)学习知识要善于思考、思考、再思考。

(3)我们每天接触那么多不同的信息,有些可以一笑置之,有些需要反复揣摩,而这些都需要我们学会“选择透过”。凡事有节选,取其精华,去其糟粕,学会主动运输,才能主动学习。

▶引导

人生在世，委屈、烦闷、辛酸都是难免的，重要的是你要坚持下去，因为拨开阴霾，总还有蓝天。竞争这个东西，或许我们生来就注定要和它相伴终生。每个人开始竞争的时间是不一样的，或许是从小时候报的第一个兴趣班开始，或许是从入小学的第一次测验开始，又或者是和朋友的一次赛跑，这些都是竞争。

现在班级内的竞争关乎成绩，关乎你的排名，甚至和你的未来有些许的关系。如何应对无时无刻不存在的竞争呢？大家有什么独到的见解？

学生1：直面竞争，既然我们身处的环境让我们不得不参与竞争，那我们就无须费尽心思地躲避。端正自己对待竞争的态度，接纳竞争，我们才不会被失败击溃，才能在竞争中做回自我。

学生2：适应竞争，在竞争中无论胜败都会对我们的心态造成影响，因此积极调整心态成为重要的一点。成功后不骄傲、不轻浮，失败后不气馁、不放弃，随时随地保持乐观且积极向上的态度，才能尽快适应竞争。良性竞争是我们进步的动力源泉之一，竞争的目的不在于成为第一、赢得他人的赞誉和尊重，而是在竞争的过程中取长补短，择善而从，发现自己的问题，在竞争中更好地进步。

学生3：积极竞争，当我们树立了正确的心态后，我们应该主动竞争，而并非被动竞争。可以给自己树立一个目标，并在竞争中不断地试图达到它。当然，主动竞争并不意味着恶性竞争，在一个班集体中，良性竞争有利于每一位同学的进步。

学生4：认清优势，每一位同学都有自己的优势，这一优势不单指在某一学科上的优势，也可以是自己心态比别人乐观、比别人更加努力等。在竞争中，我们应该发挥优势，将自己的长处作为竞争中的一把利剑，同时弥补自己的不足，最终做到全面发展。

●教师总结

与大家分享一句出自《晋书·宣帝纪论》的话："和光同尘，与时舒卷；戢鳞潜翼，思属风云。"不管事业，还是人生，都有一个潜伏的过程，《易经》第一卦乾卦里有"潜龙勿用"之说，实际上就是让人懂得在世俗的混沌之中悄无声息地和光同尘，这既是自保，也是自修。

(1)正视逆境。失败是人生的必修课，从没有过失败的人，也就从没有过成功。

(2)建立自信。自信的人在哪里都是闪光的，既然进入了这个班级，就说明你实力不俗，要勇于发现自己的闪光点，缩短与别人的差距。

环节二　玉声璆然

主持人：下面我们进入经验分享阶段。首先有请A同学为我们分享关于自我认知的体会。

▶A 学生发言摘录

古人云“吾日三省吾身”，自省才能自制自律，自律才能自尊自重，自重才能自信自立。当一个人具备了自知之明，其人格顶天立地，其行为不卑不亢，其品德上下称道，其事业左右逢源。

(1)学会放空自己，不必迷恋成功。将执着于分数与名次的目光适当转移一部分观照学习本身、内心和生活，找一种不急不躁的平稳心态，不过多计较一时得失。

(2)观照自己内心其他的部分，学会与自己和解，不断变得稳重，但仍可以活泼真诚，能接受失败，但还是不断进取。

(3)发现兴趣，不断丰富自己的感觉。

主持人：俗话说，磨刀不误砍柴工。相信同学们在学习过程中都有过时间不够用的感觉，那么如果你学会了时间管理，成为时间管理大师，就好比把砍柴的刀磨得飞快，这样砍什么树都能游刃有余、轻而易举了。现在，我们请B同学分享时间管理经验。

▶B 学生发言摘录

(1)时间都去哪儿了。

(2)具体做法。

①按照艾森豪威尔矩阵合理规划时间(见图 3)。

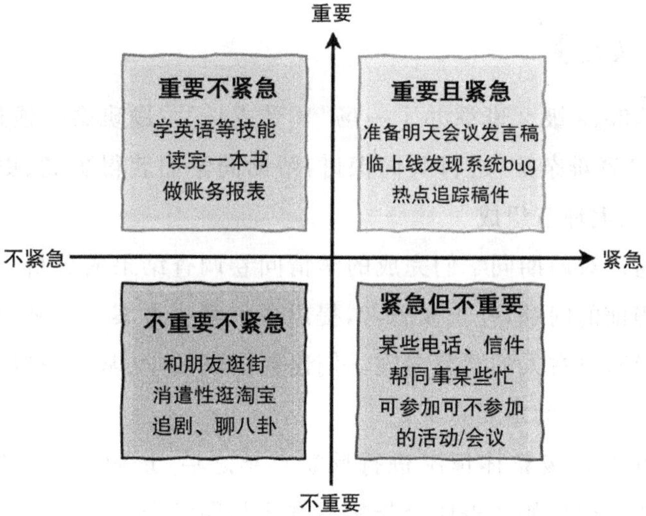

图 3　艾森豪威尔矩阵

②优化安排，学会复盘。

③停止反刍思维。

主持人：听完时间管理经验，是时候来听听具体学科的经验了。俗话说，学好数理化，走遍天下都不怕。现在，我们请C同学为我们分享理科学习经验。

▶C同学发言摘录

(1)理科学习的几点误区。

(2)数学其实很简单。

(3)物理的“高冷”。

(4)把学化学当成一种享受。

(5)生物也有明天。

环节三　“玉”韵绕梁

主持人：出于时间原因，我们的话题分享到此结束。“纸上得来终觉浅，绝知此事要躬行”，希望同学们能够选择适合自己的方法加以实践，实现主动成长，并享受成长！最后请班主任作总结发言。

●教师总结

大家畅所欲言，说尽心中无限事。最后我再送给大家八个字：博学、深谋、修身、端行。只要我们行而不辍，未来必可期。

【班会反思】

本周一，2019级2班举办了一场“享受成长”主题班会。通过对开学以来同学们的“疑难杂症”进行共同探讨，帮助同学们获得更高、更远的发展。整个班会由三大环节组成。

首先，通过对前期同学们完成的学情问卷调查结果的分析，大家深入反思，发现了当前的问题，并积极思考，提出各种解决方案。后来，教师运用诗句进行了总结，以古人的智慧向同学们诠释了高效学、常温习以及释放压力对同学们当下学习的重要意义。

其次，在对班级整体情况进行反思总结之后，班内的几位同学站上讲台，把自己主动成长的心得体会与实用方法与同学们进行分享，给同学们带来了极大的启示。

最后，教师以四个词——“博学、深谋 、修身、端行”结束这一次“享受成长”主题班会。同学们也通过这次班会认清了高二的现状，排解了沉重的压力，优化了自己的学习方法。

整堂班会课以发展学生核心素养为根本任务，践行山东省实验中学“为每一个学生创造主动发展的无限空间”的教学理念，全程由班长刘鲲鹏同学主持，以教师为主导、学生为主体开展。希望班会课后学生能放下压力，主动成长并享受成长。

十八岁　青春起航时

——高三年级品味成长主题班会

政治组　马斯亮

【教育背景】

十八岁，意味着即将告别幼稚走向成熟，告别任性走向理性，告别闲散走向自律，特别是在高三这一年，在青春起航时，学生需要以成人的姿态学会担当，披荆斩棘、乘风破浪。本节班会面向高三年级学生。

【班会目的】

1.树立家国情怀，让学生体会到“成人”的成就感和责任感。

2.促进同学关系、亲子关系良性发展，减少情感冲突。

3.增强学习凝聚力，明晰科学的复习方法，使学生心无旁骛地奔赴高考。

【班会准备】

1.邀请家长代表发言，邀请每位家长为孩子书写一封成人礼寄语信。

2.邀请五名已成年的同学分别从友情、亲情、法律、学习、未来梦想五个角度分享自己的成人感想。

3.准备好班主任订制的班级特色成人纪念卡。

4.收集学生成长照片制作课件。

【班会过程】

环节一　看，为人治学的典范

▶励志故事展示

董仲舒三年不窥园：董仲舒的书房后虽然有一个花园，但他专心致志读书学习，三年时间没有进园观赏一眼。董仲舒如此专心致志地钻研学问，最终成为西汉著名的思想家。

▶引申主题思考

高三学生已步入成年，应以怎样的姿态去治学、为人？

“没有松柏恒，难得雪中青。”董仲舒的故事让学生明确初为“成年人”首要的是“更加高三”，这是一种精神、一种拼搏意识，如同奥林匹克精神：更快、更高、更强。通过“三更”标准提高自律性，调整最佳状态，迎战高考。

更快：动作更快，处理生活琐事更快，做题更快，高三只有跑步的，没有走路的。

更高：学习的激情更高，面对枯燥的复习能聚精会神，面对学习的挫折能勇于克服。

更强：面对难题、面对困难能越战越勇，不断挑战自己的极限。

环节二　听，家长的叮嘱

家长的成人礼寄语信和两位学生家长代表的视频发言，让同学们感受到来自家庭的温情祝福与鼓励，增强迎接成年和高考的勇气与信心。

分发家长写给每一位同学的成人礼寄语信。

邀请王若冰父亲、赵文璐父亲发言。

环节三　听，同学的叮咛

邀请五名已成年学生代表，他们分别从友情、亲情、法律、学习、未来梦想五个角度，分享自己成年后的感想。学生以成年人的视角，在处理同学间友情爱情、家庭间父母恩情、法律上权利义务、学习上高考技巧、远景上未来大学目标方面进一步具体化、细节化，使即将面对的成年人生活由抽象变得具体，收获应对未来的科学思维和方法。

▶学生典型示例

成人意味着我们成为独立的法律个体，可以完全承担法律责任，这就要求我们全面、细致地看待事物的发展和变化。作为学生，全面看待事物的最突出体现就是面对各科题型时，要更加全面地审视题目中的各个条件和要求。

解数学题如果遇到困境，往往是忽视了题目给的条件或者由已知可推的条件，这是解题的关键所在。政治材料题答题不全、要点重复、角度片面，是因为只看到了一个方面而忽视了另一个方面。文科类的各种题型往往与时政的结合度更高，如果我们的思维可以及时转化为“各项政策都与我有关”的主人翁思维，那对各项政策的理解也会更加到位，解题思路自然更加清晰顺畅。

环节四　听，班主任的嘱托

分发班级特色成人纪念卡，然后班主任从目标、自律、积极的心态三个角度，谈谈如何面对高考，提供给同学们应对高考的科学方法。

环节五　说给父母的心里话

当青春起航遇见高三拼搏，作为成年人的孩子也有很多话想说给父母听，他们既有疑惑，也有感恩，希望他们的这些肺腑之言能够形成向心合力，助力高考、助力青春。

▶学生典型示例

18 岁就是 18 个春夏秋冬，216 个月。我们来到这个世界有多长时间，父母的爱就陪伴了我们多久，6570 天的陪伴，19710 顿早午晚餐，这爱无法用数字衡量。父母的爱是每次分别时千万句的叮咛嘱托，是生病时细致入微的照顾……

感恩父母的爱至永远，我会善待父母之爱，回报父母以爱。

【班会反思】

针对独生子女的特点，我们把班级当作一个家庭，班级的每一个成员都应该有亲情，基于此进行了一些有益的活动和探索。当时只是想把班带好，但是后来在和家长不断的交流中，更加体会到了家长的各种复杂情感，工作慢慢就超越了常规管理，也更深刻地思考班主任应该起到什么作用。

这次班会花了很大力气，之前给学生留下的成长记录也起到了作用，是一次全新的尝试。

规则教育

没有规矩　不成方圆

——高一年级规则与自己主题班会

数学组　李祺祺

【教育背景】

当今社会很多人都在追求自由，在这种思想引导下成长起来的孩子有时会过度自我，只注重个人利益而忽视公共制度，甚至会无视法律尊严，做出触犯法律的事情。受此影响，有些学生初入高一，规则意识薄弱。鉴于这种情况，针对高一学生召开“规则与自己”主题班会，使学生明白只有全社会的人都遵守规则、尊重法律，才能达到实际意义上的“自由”。本节班会面向高一年级学生。

【班会目的】

1.开展规则意识教育，帮助学生认识规则、理解规则、提升规则意识。

2.使学生懂得，在社会环境中，只有时刻遵守规则，才有权利自由地享受和谐、团结的氛围。

【班会准备】

查阅资料、课件准备。

【班会过程】

环节一　引入

人类漫长的发展史，实质上就是一部追求自由的奋斗史。古今中外，无数仁人志士为追求自由抛头颅、洒热血，描绘出一幅幅壮丽的画卷。自由，也因此成为人类最美丽的语言词汇之一。马克·吐温说：“无论付出什么代价，自由都是值得争取的。”社会主义核心价值观中的“自由、平等、公正、法治”，是对美好社会的生动表述，也是从社会层面对社会主义核心价值观基本理念的凝炼。

▶思考

同学们，如何理解“自由”的含义？

教师：人作为权利与义务的复合体，需要自由地思想、说话、交流，自由地生活和工作。自由是人本能的需要，更是人尊严的需要，是人的基本权利。自由也是人类社会的美好向往，是马克思主义追求的社会价值目标。

当今社会很多人都在追求自由，强调“尊重人权”。在这种思想的引导下成长起来的孩子有时会过度自我，只注重个人利益而忽视公共制度，甚至会无视法律尊严，做出触犯法律的事情。没有规矩不成方圆，有了规矩，是否就影响我们追求自由了呢？今天我们一起探讨“规则与自己”这一话题。

环节二　认识规则与个人自由

▶思考

教师：同学们，现在你对“规则”一词是如何理解的？

学生：规则是运行、运作规律所遵循的法则，是指规定出来供大家共同遵守的制度或章程。一般指由群众共同制定、公认或由代表统一制定并通过的，由所有成员一起遵守的条例和章程。

教师：世界上有绝对的自由吗？规则与个人自由冲突吗？

学生：罗素提出，“我们只反对一种自由，即减少他人自由的自由”。孙中山先生引用弥勒氏的话说：“一个人的自由，以不侵犯他人的自由为范围，才是真自由；如果侵犯他人的范围，便不是自由。”自由与规则相辅相成，没有规则约束的自由，犹如无源之水、无本之木，所以世上没有绝对的自由。

环节三　理解规则存在的意义

▶校园里的规则

教师：1764 年的一天深夜，一场大火烧毁了哈佛大学的图书馆，很多珍贵的古书毁于一旦，让人痛心疾首。突发的火灾把一名普通学生推到了一个特殊的位置，逼迫他必须做出选择。在这之前，他违反图书馆规则，悄悄地把哈佛牧师捐赠的一本书带到馆外，准备悠哉地阅读完后再归还。突然之间，这本书成为唯一珍本。一番激烈的思想斗争之后，惴惴不安的学生敲开了校长办公室的门，说明理由后郑重地将书还给了学校。霍斯克校长接下来的举动令人吃惊：收下书表示感谢，对学生的勇气和诚实予以褒奖，然后把他开除出校。

(1)校长的行为你能理解吗？为什么？

(2)你猜测校长为什么要这样做？

学生：……

教师：也许有人认为这位校长太过分了，既然别人已经道了歉，归还了书，为什么还要开除人家？其实这就是校规！没有了规则，也许就没有今天的哈佛大学。哈佛大学的理念是：让校规看守哈佛，比其他东西看守哈佛更安全有效。

▶社会上的规则 1

教师：疫情期间，政府下令封城、隔离的时候，大多数中国人都自觉戴口罩、居家隔离，全国上下一心。在中国人看来，自由是有边界的，能够保障自己和他人的生命财产安全的前提条件之下的自由，才是真正的自由。

西方世界的大多数国家，它们的政客在封城和戴口罩问题上闹得不可开交，争论的焦点是封城和戴口罩限制了人的自由。而民众更是直接冒着感染和传播疫病的风险，上街游行反抗政府的封城隔离政策，在这场疫情中，西方有数百万人因此而丧失了生命。西方人的行为你能理解吗？如果你在西方国家留学，你会怎么做？

学生：……

教师：我们应该为自己的行为和生命负责！规则既是一种约束，也是一种保护！

▶社会上的规则 2

没有规则意识导致的典型事故：八达岭老虎伤人。

在位于延庆的北京八达岭野生动物园内，两名自驾游女游客在猛兽区下车后被老虎袭击，造成1死1伤。事发车辆内有4位乘客，年轻女子违反安全须知下车后，巡逻车及时发现，用高音喇叭警示游客迅速回到车内，并向现场赶来，但为时已晚。监控视频显示，年轻女子被老虎拖走后，年轻男子先下车，年老女士随后下车。据相关部门介绍，在视频监控看不到的地方，另外一只老虎将年老女士咬伤，该女士当场死亡。

思考：为什么要制定规则？（规则存在的意义）

教师：规则是人因长期的生活实践而拟定的一种无害的生存模式。它限制人、约束人，将人引领到正确的生活路线。在历史上的足球比赛中，无规则的自由曾导致惨案的发生，于是制定了足球规则，使足球重新焕发活力和魅力。在篮球比赛中，正是有了严格的规则，才创造了无与伦比的篮球职业联赛。每一条交通规则都是用“血”写成的。

环节四　遵守规则对自身的影响

▶思考 1

我们应遵守的规则有哪些？

学生：

(1)社会层面：国家法律、社会公德、交通规则、防疫准则等。

(2)学校层面：校规校纪、班级公约、教师要求、行为约束等。

(3)个人层面：成长规划、学习计划等。

▶思考 2

(1)不遵守规则对我们自己有什么影响？

(2)请列举日常生活中不遵守规则的情况以及受到的处罚。

(3)学校和班级制定和执行规则的必要性。

学生：……

▶思考 3

通过本节课，现在你对规则与自由有没有新的认识？

学生：……

教师：梁晓声先生这样描述一个人有文化——根植于内心的修养，无须提醒的自觉，以约束为前提的自由，为别人着想的善良。如果侵犯他人的范围，便是不自由。如同江河，如果没有堤岸的约束，便不称其为江河；有了堤岸，江河才能自由地奔腾。脱离了约束的自由不是真正的自由，让规则看守的自由才是真正的自由。作为学生，我们不仅要明白什么是真正的自由，还要主动地服从科学合理的规则，让自己在规则中获得自由。这样，我们的生活才会充满阳光。所以，让规则来看守自由吧！

【班会反思】

本节课围绕规则与自己的关系，设计了认识规则与个人自由、理解规则存在的意义、遵守规则对自身的影响等几个环节。本节课通过问题的提出与思考，使学生重新认识“自由”与“规则”的定义，通过三个具体的例子让学生理解规则存在的意义及必要性，从而引出我们正确对待规则的态度和在社会层面、学校层面、个人层面所需遵守的规则。最后让学生思考遵守规则对我们自身的影响，将遵守规则践行到我们的生活中。

本节课完成了班会目标，除此之外，学生们的思考和理解也很到位。但是前半节课在对例子的认识和思考过程中，节奏偏快了一点，造成整节课节奏出现前紧后松的情况，需要总结和反思。通过这节班会课，我们再度思考规则与自由，重新认识和理解了规则存在的必要性以及对我们自身的影响，也让我们意识到只有遵守规则才能享受更大的自由。

思考规则　理解自由

——高二年级规则与他人主题班会

生物组　刘帅

【教育背景】

对学生进行价值观教育是学校德育工作的重点之一。在学校与社会中生活，都离不开规则。如何处理好规则与他人的关系，是一个重要问题。本节主题班会课旨在通过剖析热门事例、问题讨论等一系列活动，让学生在交流与讨论中发现规则面前人人平等，只有尊重规则、尊重他人，才能实现真正意义上的自由平等。本节班会面向高二年级学生。

【班会目的】

1.借助身边的事例，让学生认识到与他人交往离不开规则。

2.帮助学生树立良好的规则意识，在规则许可的范围内自由活动。

3.帮助学生树立良好的责任意识，学会对自己的行为负责，清楚尊重规则即尊重他人。

4.引导学生思考法律规则与道德的关系。

【班会准备】

1.布置黑板和教室。

2.学生课前准备与规则有关的材料。

3.准备与规则相关的视频，制作课件。

【班会过程】

环节一　引入主题

▶引入

很高兴在今天与同学们一起来聊一聊“规则与他人”这一话题，无论是在工作中还是在学习生活中，从集体的角度来讲，一定都会有规则的存在，但如果把我们看作一个个独立的个体，我们又是相对自由的。那规则于我们而言意义究竟是什么呢？我们又应该如何处理好规则与自由、自己与他人之间的关系呢？希望通过今天的班会，大家都能有所感悟。

▶现场调查

同学们觉得自己是自由的吗？为什么？

▶学生回答

学生1：校规校纪、家庭规矩、社会法律法规约束了我们的部分行为自由。

学生2：我们能自由地表达自己的想法，这是言论自由的体现。

……

▶提问

现实给了我们很多的规则约束，如果去掉这些约束，我们就能真的获得自由吗？

▶播放动画

一个风筝在高高的天上自由自在地飘着，轻松得意。忽然，它低头一看："哎呀，我再怎么自由、潇洒，也还是被那根线牵着，受地上那个小孩控制呢！如果我不再受那小孩的控制又会如何呢？那样的话，我一定会获得更多的自由！"想到这儿，风筝趁着一阵大风，使劲挣脱了线的牵制，它本以为会获得更大的自由，但没想到，竟摇摇晃晃地往下降，最后一头扎到了地上！

▶讨论

大家思考下这个故事要告诉我们什么道理？

学生讨论并发表看法：风筝飞得再高，终要有一根线牵着，挣断了线，风筝也许会有片刻的自由和自在，可它很快会坠向地面，跌破羽翼，再也飞不起来……

▶总结

自由是一种免于奴役、免于伤害，满足自身欲望，实现自我价值的舒适和谐的心理状态。自由既有一定的权利又有不损害他人的义务。因此，自由与规则是相辅相成、紧密联系的。

环节二　理解规则

▶案例一

2017年1月29日，宁波雅戈尔动物园发生一起老虎咬人事件。据悉，一名男性游客越过隔离栏，跳进虎山近距离逗虎时被一只老虎拖咬，事发后动物园工作人员曾用鞭炮、水枪、鸣枪等方式驱赶老虎，被咬男子经抢救无效后死亡。

▶提问

大家还记得2016年北京八达岭野生动物园老虎伤人事件吗？时隔一年，令人痛心的事件又一次上演，为什么会屡屡出现如此严重的后果呢？我们能够从中得到什么教训呢？

▶学生回答

学生1：他们没有遵守动物园的管理规定，擅自进入禁区。

学生2：我们不能为了自己的个人想法及需求而破坏社会规则，过度的自由不仅损害自己的利益，也会给他人带来困扰。

……

▶总结

自由在规则中也有体现，遵守规则不仅是为了方便他人，也是对自身的保护，是对自身负责任的表现。我们每个人都应该用理性的态度对待规则，成为规则的遵守者和受益者。

▶案例二

据《北京日报》客户端提供的一段视频资料，北京市某小区内，一名外籍女子拒不配合社区防疫工作，还大声呼救。视频一经传播就引起网友的广泛关注。

经核实，该女子姓梁，47岁，澳大利亚籍，2020年3月14日由首都机场入境进京。按照北京市新冠肺炎疫情防控工作小组规定，所有境外入京人员要在居住地隔离14天。然而，3月15日下午，该女子未戴口罩在小区内跑步，社区卫生防疫工作人员发现后进行劝阻，但她情绪激动，拒不配合，还大声呼喊“救命”，声称自己被骚扰。

3月14日，中国境内疫情防控工作取得初步胜利，确诊人数、疑似病例大大下降，这初步的胜利来之不易，这是无数人“逆行”、经济社会近乎停摆换来的胜利。然而在中国疫情得到有效控制的同时，疫情在全球肆虐，不少外籍人士抵华或滞留国外的中国人纷纷回国，防止境外输入成为疫情防控工作的重中之重。北京市规定，外地入京人员必须居家隔离14天，目的就是保障全市人民的生命健康，防止防疫工作功亏一篑。

然而，梁某将自己跑步锻炼身体的所谓“自由”，凌驾于北京市“外地入京人员必须居家隔离14天”的规定之上，将自己的身体健康凌驾于全市人民生命健康之上，可见其“自由”之虚假，拨开此类“自由”的面纱，显现出的是自私自利的丑恶嘴脸。

3月17日，梁某所在公司发表声明称已辞退该员工。3月19日，北京市公安局出入境管理局依据《中华人民共和国出入境管理法》第67条等规定，依法注销梁某工作类居留许可，并要求其限期离境。

▶提问

梁某声称的“自由”是真正意义上法律给予我们的自由吗？她的行为给自身及他人带来的影响有哪些？结合本案例，你如何理解规则与他人之间的关系？

▶学生回答

学生1：梁某所谓的“自由”并不是真正意义上法律给予我们的自由，同时她不遵守国家规则的行为，也让更多人增加了病毒感染的风险，这是极其自私的。

学生2：规则是人类社会顺利运作的保障，人类的规则意识越高，社会将会越文明，所以我们要遵守规则、尊重他人。在社会的大背景下谁也逃脱不了规则的体系，小的秩序构成了大的规则，任何人在任何时间的侥幸心理都是灾难的祸端。

……

▶总结

梁某声称的“自由”不是真正的自由，实际上是为了个人一时的“自由”而置集体利益和现行法规于不顾，这种行为必将受到严惩。

环节三　理解规则与他人的关系

▶提问

结合前面我们共同探讨的这些实例，现在我们落脚到学校这个“小社会”，大家来说一说，学校有哪些规则？

▶学生回答

学生：按时到校、放学，遵守校规校纪，规范校服着装，不带手机到校……

▶提问

这些规则存在的意义又是什么呢？

学生：保证学习有效性，提高学习成绩，养成优良的习惯，培养自我约束能力……

▶总结

学校的各项规则制度都是为了让学校平稳有序地运行，所以我们要尊重规则，课堂、自习保持安静，不迟到、不早退，保持班级环境干净整洁……如果每个人都能遵守规则，与人方便，就能让大家始终处在一个安定祥和的学习空间里，自己受益，他人也受益。只有尊重规则与他人，我们才能获得最大的自由。

同学们，让我们共同努力，做一名有法治意识、公共意识、集体意识的中学生，做一名合格的中学生。让规则陪伴我们走过绚丽灿烂的青春，让规则的阳光永远照耀我们的人生道路！

【班会反思】

本节课以真人真事的社会案例，展示当今社会因违反规则而造成惨痛结果的故事，目的在于加深学生对规则的生活化理解，让学生在表演、观看、思考和交流中实现自我教育，理解规则和他人的关系。以案例引出问题，引导学生理解规则的深刻内涵，将本节班会课的意义落到实处。

本节课重点在于学生通过“看”“听”的形式理解规则，虽然有深度思考，但并未亲身践行，希望可以在后续的班级管理、学校生活、社会生活中，学生通过活动组织与亲身经历，感悟到没有规矩不成方圆。规则是为了保证我们在最有秩序的环境中和他人共同快乐地学习、健康地成长，所以大家要做到尊重规则、尊重他人！

心如规矩　志如尺衡

——高三年级规则与社会主题班会

物理组　尤洪浩

【教育背景】

高中生对人生充满热情却有时不愿受约束，不了解规则的价值，漠视规则甚至想打破规则。具体表现为在校内有时不愿遵守校规校纪，迟到早退，不能规范着装；在校外有时漠视交通法规，违背社会公德……

本节班会通过读故事谈感受、问题讨论、反面案例启示等一系列活动对本班学生进行规则教育。

本节班会面向高三年级学生。

【班会目的】

1.学生知道什么是规则，了解规则存在的背景和价值。

2.学生认识身边的规则，学习怎样制定和遵守规则。

【班会准备】

1.布置黑板和教室。

2.准备与规则相关的视频，制作课件。

【班会过程】

环节一　引入：洋葱骑士的规则

环节介绍：通过讲述洋葱骑士的故事，引入班会主题。

▶教师讲述

洋葱骑士是奇幻小说《冰与火之歌》的角色，全名戴佛斯・席渥斯。在梅斯・提利尔对风息堡发动的围困中，史坦尼斯・拜拉席恩后援补给困难，席渥斯原为走私犯，驾驶一艘满载洋葱和腌鱼的小船突破了封锁，送去的食物使拜拉席恩得以坚持到援军抵达，拜拉席恩为此册封他为骑士。然而作为他违法走私惩罚，拜拉席恩又亲自挥刀切去了席渥斯左手的指节。经历这件事后，拜拉席恩的大臣们纷纷敬服他，认为这样的裁定很公正，席渥斯自己甚至把切下的指节当成护身符，理由是“提醒我谨记吾王的公正”。

教师：洋葱骑士违背了不得走私的规则，但立下了价值更大的护驾之功，为什么还要先受赏后受罚？在拜拉席恩看来，规则具有怎样的价值？要得出结论，我们需要先了解规则。

环节二　什么是规则

环节介绍：通过讨论生活中的规则，发掘其共性，得出规则的含义。

▶师生讨论

教师：生活中，我们会遇到各种各样的规则，你最先想到的是什么规则？有什么具体要求？又有什么共同的特点？

学生：考生守则要求诚信考试、不能作弊，中学生守则要求爱国爱校、好好学习，交通规则要求红灯停、绿灯行……这些都是必须遵守的行为要求。

教师：《说文解字》对“规”和“则”的解释：规，从矢从见，有法度也；则，从刀从贝，等画物也。在古代，“规”指画方用的仪器，所谓“没有规矩不成方圆”；“则”指校准称量的仪器，所谓“法度量则不壹，歉疑者，皆明壹之”。规则是运行、运作的规律，一般指由群众共同制定、公认或由代表人统一制定并通过的，由群体里的所有成员一起遵守的条例和章程。

环节三　为什么要有规则

环节介绍：通过区分不同的规则，进一步明确制定规则的目的。

▶师生讨论

教师：前面说到规则是所有成员一起遵守的，那么对不同年龄、性别、地区的人来说，规则都是一样的吗？

学生：不同的规则适用范围是不一样的，比如交通法规中行人和机动车需要遵守的规则是不同的，中小学考试的考生守则和消防员考试的考生守则也是不同的。

教师：为什么会有各种规则呢？

学生：因为不同行为的目的不一样，要遵守规则的人也不一样。

教师：规则的制定要针对特定的时期、环境、任务，一般规则只针对特定的群体。通常情况下，群体成员愿意遵循一个规则，是因为该规则有助于形成专门的秩序，从而使群体利益最大化，比如交通规则可以最大限度地保障人民群众的生命安全。

环节四　怎样面对规则

环节介绍:通过思考动物园的规则,梳理面对规则的正确态度。

▶师生讨论

教师:知道了规则是什么、规则是怎么来的,我们应该怎样面对规则呢?

学生:应该遵守规则,有的规则需要修改,要提前学习规则……

教师:我们以逛动物园为例。假如你看到了憨态可掬的大熊猫,心中突然萌生出钻到熊猫身边摸摸它的想法,你可以无视动物园的规则这样做吗?

学生:肯定不行,我们要遵守规则。

教师:如果不慎掉到狮子园区,应该怎么做?

学生:比如立即躲在相对安全的位置并打电话报警,向动物饲养员寻求帮助。

教师:大多数动物园里现在是没有海洋馆的,是不是以后都不可以建设呢?

学生:不是的,如果条件允许,建个海洋馆可以使动物园更丰富,规则也是可以改变的。

教师:首先,尊重已有的各种规则是自我保护的良策,是对已有经验的敬畏。其次,熟悉规则并遵守规则,可以让自己所在的群体利益最大化,从而惠及自身。这既是对个人行为的约束,也是契约精神的体现。当然,随着主要利益和矛盾发生变化,固有的规则不能与时俱进,我们可以对以往的规则重新审视和评价,以期维护群体利益。最后,如果规则确实不再符合现实要求,那么可以重新制定规则。制定规则并结合内因外因,解决主要矛盾。这些都是规则在社会上的应用。

环节五　规则的价值和意义

环节介绍:通过梳理身边的一系列规则,探讨遵守规则对于社会、他人、自己的意义。

▶社会层面

教师:社会公德是文明社会存在的依托,在公共场所喧哗、吸烟等行为被认为无视社会公德,这些行为会给生活环境造成哪些影响?

学生:大声喧哗会产生剧场效应,让周围的环境变得更嘈杂,人们交流的声音也就会越来越大。吸烟不仅有害健康,还会迫使周围的人一起承受二手烟的危害……

教师：现在处于防疫的特殊时期，社会上有很多防疫规则，遵守这些规则有什么意义？

学生：遵守防疫规则可以保障我们的健康和生命安全，我们居家勤洗手，出门戴口罩，慎重选择交通工具，每日测量体温……这些小事都可以为人类群体抗疫出一份力。

教师：交通规则是为了保证行人、车辆安全有序通行的规则，违反交通法规会严重危害生命。为了提高国民对交通法规的重视，北京自 2013 年 5 月 6 日起规定，行人闯红灯当场罚 10 元，大力整治“中国式过马路”。然而，从执行这一规定首日的效果来看，并没有完全震住闯红灯者，有的人无所谓被罚，有的人逃跑，有的人找理由搪塞被教育两句便过关。同学们认为是什么原因导致了大家如此无视规则？

学生：文明从来都不是天上掉下来的，国民素质的提高需要法律来推动。当宣传教育已难以根治闯红灯问题时，通过罚款等法律途径来倒逼人们养成“红灯停、绿灯行”的基本规则意识也很合情合理。

教师：遵守这些社会公德，有助于我们更美好、更健康地生活。

▶学校层面

教师：在学校里，也有专门制定的各种规则，比如同学们耳熟能详的校规校纪、一日常规，它们要求同学们按时上课、遵守校规校纪、规范校服着装、不带手机到校等，学校为什么要制定和推行这些规则呢？

学生：学校层面各种规则的制定都是为了保证大家学习的有效性，让同学们在校期间获得更多的收获。

教师：那么为什么有人不遵守这些规则呢？

学生：理由有很多……

教师：理由包括为了标新立异、懒散、自我约束能力差等，校规校纪的存在是为了帮助大家提升各方面的能力，所以遵守各项规章制度是同学们健康成长的保障。

▶班级层面

教师：在学校规章制度的基础上，咱们班也制定了班级规则以便让同学们更好地遵守规则，这是什么原因呢？

学生：要认真了解规则，分析和理解规则存在的价值，相信遵守规则可以让咱们这个班集体的利益最大化，每个人都可以从中受益。

▶个人层面

教师:除了群体规则,每个人也可以给自己制定不同时期所需要遵守的规则,你的成长计划、学习规划、每日计划都是你现阶段给自己制定的规则。你有没有认真遵守这些规则呢?

(学生介绍自己的规划)

教师:“靡不有初,鲜克有终”,制定规则容易,怎样才能顺利执行呢?(用课件展示同学的学习目标和学习计划)

学生:个人的规划需要班级、学校的规则制度作保障,个人的计划需要集体的监督和督促。

环节六　总结

环节介绍:梳理班会内容,升华主题。

教师:规则是人类社会顺利运作的保障,人类的规则意识越高,社会将会越文明,所以我们要遵守规则。作为高三学生,我们踏上社会时,除了遵守规则之外,还应多一份对规则的审视与思考,为国家的法治化进程贡献自己的力量。此外,这个世界很多事情不是非黑即白的,要善于思考,在法律法规之外,还要有自己的良心判断和道德标准。最后,让我们以康德的墓志铭共勉:有两样东西我越思考越觉得神奇,心中也越充满敬畏,一是我们头上的灿烂星空,二是我们心中的道德准则。

【班会反思】

规则是人类社会顺利运作的保障,人类的规则意识越高,社会将会越文明,学校培养学生尊重遵守规则的意识非常重要。本节班会对规则与社会、规则与他人、规则与自己进行了总结 。

本节班会的不足之处在于部分事例还不够贴近生活,有些环节没有引起学生的共鸣,后续还需要进一步打磨设计,让学生在班会上感受到更多的温度与力量。

情感教育

友情如花绽放

——高一年级认识“友情”主题班会

数学组　朱强

【教育背景】

高一学生进入新的环境，有了新的同学，同学们之间还不熟悉。随着年龄增长，同学们的独立意识渐增，但又渴望得到同伴的理解。高一孩子渴望友谊，期盼友情，但存在对友情的误解和行动力不足的问题，如因小事发生争执、过于敏感、交友中不懂尊重他人等。因此，主题班会可以增进学生对友情的理解，利于形成团结互助的集体，建立良好的同学交往氛围。本节班会面向高一年级学生。

【班会目的】

1.增进学生之间的了解，增进友谊，营造良好的班集体氛围和学习氛围。

2.让学生学会换位思考，学会为别人着想，发现并学习别人身上的优点，学会关心别人，学会信任别人，学会团结同学，提高班集体的凝聚力。

【班会准备】

1.同学提前准备好情景表演。

2.准备游戏用品：蒙眼布、绳子、宽两厘米的纸条等。

3.选男女两名学生主持人，提前熟悉班会目的和流程。

【班会方法】

情景讨论、游戏互动。

【班会过程】

环节一　情景讨论

导入：今天的班会首先观赏情景表演，待会儿请大家发表自己的看法。

负责表演的同学登场，表演下面三个情景。

情景1：在下雨天，同学甲打着伞走路，不小心滑倒，踩到另一个同学乙，使得同学乙很生气……

情景2：同学甲发书，把一本破书发给同学乙，同学乙不肯要……

情景3：同学甲在考试前发现忘了带笔，问座位前面的同学乙借笔，同学乙不愿意借……

教师：如果你是同学甲，面对同学乙的反应，该怎么办？

可能答案：

情景1：甲道歉，解释摔倒的原因。

情景2：甲自己用破书，或者找老师更换成完好的书。

情景3：甲理解乙的选择，找其他同学或者老师寻求帮助。

教师：现在换位思考，如果你是同学乙，设身处地想一下，为什么会出现当时的反应？

可能答案：

情景1：乙当时被吓了一大跳，没控制住情绪，反应过来后反而关注甲是否受伤。

情景2：不愿意用破书是人之常情。

情景3：只有两支笔，备用笔借出有风险，或者不愿意别人用自己的私人物品等。

教师：以后如何避免类似情况？

可能答案：

情景1：雨天走路注意安全，碰到突然情况不要着急。

情景2：领取物品时做好检查。

情景3：考前准备要充分。

●教师总结

伤害往往是无心的，帮助却是有心的。我们应该学会理解、学会宽容，不要因为一些小摩擦、小误会就互不理睬。要学会站在对方的角度想想，互相谅解，保持一颗宽容的心，你便会交到更多真诚的好朋友。

环节二　学生主持人组织活动

通过别人的优点认识自己的不足：将同位的优点写在卡片上，与全班同学分享。

主持人1：请将同位的优点，特别是相对于自己做得更好的地方写在卡片上，与全班同学分享。

主持人 2：分发卡片让同学们填写。

主持人 1：填写后请同位之间互相交流。

环节三　学生主持人组织游戏

游戏：信任＋团结＝力量。

第一关：人生的导航灯 ——友谊。两人为一个组合，一个同学被蒙上眼睛，另一个作为导航指导其前进，走过障碍，一个来回后另一组接力，两个来回后另外的四个同学接力。

第二关：齐心合力赛过诸葛亮。四个同学用四根绳子运送一个乒乓球，要求是绳子不可以打结。

第三关：团结就是胜利。四个同学，每人发一张宽两厘米的纸条，组员一起想办法，四张纸不能同时接在一起，也不能同时碰到一起，把乒乓球运回起点位置。

环节四　学生主持人组织讨论

讨论 1：一个普通朋友和一个真朋友有何区别？

一个普通的朋友从未看过你哭泣，一个真正的朋友有双肩让你的泪水湿尽；一个普通的朋友找你谈论你的困扰，一个真正的朋友找你解决你的困扰。

讨论 2：真朋友的种类？

死友：交情甚笃，至死不相负的朋友。

挚友：志同道合的朋友。

诤友：坦诚相见，直言相规的朋友。

密友：亲密的朋友。

闺友：闺房中无话不谈的朋友。

恒友：永远不离不弃的朋友。

忘年交：打破年龄、辈分的差异而结为的朋友。

君子交：指道义之交，即在道义上相互支持的朋友。

莫逆交：指彼此心意相通，无所违逆的朋友。

贫贱交：贫困潦倒时结交的朋友。

至交：友谊最深、不猜不疑的朋友。

教师：你想交到怎样的朋友？

每位同学在心中给出自己的答案。

环节五　合唱

教师：朋友之间难免会有磕磕碰碰。相信周华健的《朋友》这首歌大家都听过，接下来就请同学们走到自己好朋友的面前拉着他们的手共同唱响《朋友》这首歌！

全班一起高歌周华健歌曲《朋友》。

●教师总结

从大家温暖的歌声里我听出了同学们的友谊，友情像金子，越炼越纯，永远闪烁着金色的光芒；友情像一瓶葡萄酒，越陈就越醇。众人拾柴火焰高，团结就是力量，希望同学们能更好地与人相处，养成良好的行为习惯，团结同学，完善自我。

【班会反思】

作为高一的新生，能正确了解自己，能与同学和谐相处很重要，这直接影响着学生的心理健康水平。本节班会引导学生走进自己和他人的心灵，培养正确的友情观，在学习、生活中建立真正的友情，找到真正的朋友，做一个能与他人彼此欣赏、团结合作的中学生。

爱　没那么简单

——高二年级理解“爱情”主题班会

语文组　李玉娇

【教育背景】

1.由于高中生各器官组织发育日趋成熟，对异性自然会产生好感，校园情侣日渐增多。

2.高中生身心发育尚不成熟，对爱情的内涵及其包含的责任认知并不清晰，也尚未形成完善的道德观念，假如缺乏正确的教育和引导，对个人、家庭、社会都可能造成严重的消极影响。

3.本节班会面向高二年级学生。

【班会目的】

1.帮助学生树立正确的爱情观，深入了解“爱”的内涵，明白“爱”不只是感性的冲动，还必须有责任和担当。

2.引导学生建立健康阳光的交际圈，开阔眼界，拓展格局。明确不当的异性交往行为，切实认识不当的异性交往带来的危害。

3.引导学生确立远大的理想和信念，明确当前最主要的任务是学习，想收获理想的爱情，必须先让自己更优秀。

【课前准备】

1.班会前提供相关资料，剧本《罗密欧与朱丽叶》《女驸马》故事简介、《窗外》歌词。

2.视频片段：《红楼梦》宝玉哭灵、《罗密欧与朱丽叶》殉情、黄梅戏《女驸马》大婚片段。

3.经过特殊处理的校园情侣不当行为的图片。

【班会过程】

环节一　爱之初感知

爱情是美好人生不可缺失的一环，今天我们就来谈谈这个话题。

问题：请谈谈你认为的理想的爱情模样。

可能答案：体贴包容，和谐淡静；相互扶持，共渡难关；相互理解，甘于奉献；彼此忠诚，生死相依；平等尊重，人格独立；相互促进，共同提升等。

环节二　爱之再认识

引导学生认识理想和现实的差距。现场播放《红楼梦》《罗密欧与朱丽叶》和黄梅戏《女驸马》大婚等视频片段。

问题1：三个视频片段均为爱情经典，艺术形式不同，作品国度不同，所处时代不同，结局也各不相同。作为艺术欣赏，你认为哪个最动人？

可能答案：宝玉、黛玉彼此痴忠然而结局悲惨动人，或罗密欧、朱丽叶生死相依情比金坚更动人。

问题2：如果你就是其中一个主角，你希望是哪一个？

可能答案：选择《女驸马》的多，因为他们既有坚贞不渝的爱，也有幸福美满的结局。而《红楼梦》和《罗密欧与朱丽叶》尽管作为艺术作品哀婉动人，但以悲剧收场，是人生的大失落和不圆满。

●教师总结

可见，艺术和现实大家分得很清楚，值得点赞。鲁迅说，人必生活着，爱才有所附丽。幸福美满的爱情前提是你和你爱的人幸福地活着，我们必须珍爱生命，尊重现实。

环节三　爱之深思考

问题：请同学们再深入思考，如果让你选择另一半，你会选择谁？请说出原因。

此环节可提供更多参照案例，如李清照、赵明诚，李隆基、杨玉环，马克思、燕妮，毛泽东、杨开慧，钱学森、蒋英，钱钟书、杨绛，梁思成、林徽因，胡适、江冬秀，等等。注意引导学生总结理想的另一半应具备的素质，进而修习完善自身。比如善良、勇敢、坚毅、乐观，有理想、有信念、有人生规划等。

●教师总结

人无完人，世上也少有完美无瑕的爱情，但我们都有追求无限美好的权利。好的爱情应该是一所好学校，让处在其中的人自觉提升，完善自己，收获进步和成长。

环节四　爱之再思考

问题:同学们更喜欢同学间的哪种相处状态?你还发现高中生存在哪些异性间不当的交往行为?

此环节以图片展示同学间的不同相处状态。评判或有所保留,老师必须旗帜鲜明、态度明确、底线清晰。

●*教师总结*

爱情是两个人的私密,无须在公众场合直播;合适的年龄做合适的事情,早绽的花朵必无缘怒放,早摘的果实必无缘甜美,早恋必难收获爱情的幸福。全面检验一个人,需要足够长的时间,足够多的阅历,足够宽广的舞台,不要匆忙而草率地将自己交出去。

环节五　早花风易摧

结合极端案例,认识早恋危害。

事例1:2020年9月,湖南永州祁阳中专的学生因争抢女生发生冲突,一男生当场丧命。

事例2:2020年4月,安徽某中学女生因失恋欲惩罚另有新欢的男生,从五楼跳下。

事例3:某学长兴趣广泛、成绩优异,却陷于早恋执迷不悟,成绩严重下滑,无缘重点大学。

●*教师总结*

人的心灵是脆弱的,处于花季的你们更是如此。当心智还不足以控制欲望、心理还不足以承受压力、稚嫩的肩膀还不足以扛起责任时,请不要轻易涉足爱!等待是一种美丽,祝福是爱的更高境界。

环节六　共赏《窗外》,静待花开

播放李琛的《窗外》,静心欣赏。课下讨论歌曲主人公为何"爱了那么多年"却要"悄悄离开"。

【班会反思】

早恋现象很难硬性禁止,又绝不能任其发展。希望借助本节主题班会,通过班主任引导,让学生明白爱的真正要义,懂得爱的责任与担当,不轻易言爱,收获最好的爱。

感恩有你　世界很甜蜜

——高三年级报答“亲情”主题班会

英语组　张秀娥

【教育背景】

著名教育家苏霍姆林斯基认为：“只有爱妈妈，才能爱祖国。”亲情是一切情感的基础，对学生的人格发展极其重要。心理学家研究发现，决定一个人成功的因素中，个人智商只占20％，而占80％的情商却往往被我们忽视。重智商轻情商的教育结果就是我们可能会培养出学习成绩优异但心灵冷漠的学生，这样的学生怎么能对社会做出贡献、报效自己的祖国呢？随着我国经济建设的飞速发展，物质生活水平不断提高，现如今很多家长在带孩子的过程中，除了让孩子好好学习，其他的都不让孩子做。生活在这种环境中的孩子，对别人的一切付出都熟视无睹，认为别人给予他们的一切都是理所当然的，不懂感激，不会感动，不会关心，不理解父母的爱，亲情观念淡薄。所以说，对孩子开展亲情教育是非常重要的。本节班会面向高三年级学生。

【班会目的】

1.借助这节主题班会，让学生对亲情有全面的认识，体会亲情的无私和伟大，理解父母，感受中华民族传统美德。

2.让学生学会感恩，把对父母的爱付诸行动，做到心中有他人、心中有祖国，提升自己的责任意识。

【班会准备】

1.提前布置班会内容，同学们收集“感恩父母”的材料，每人准备一份感恩卡片。

2.几个视频片段：阎维文歌曲《母亲》MV、筷子兄弟歌曲《父亲》视频、公益广告《给妈妈洗脚》、林竦歌曲《感恩有你》。

3.选男女两名学生主持人，提前熟悉班会目的和流程。

4.男女主持人模拟现场，熟悉多媒体环境。

【班会过程】

环节一　引入

今天的班会是特殊的艺术欣赏课，请大家踊跃发表自己的真实看法。

环节二　体会亲情

全面认识并体会亲情及其伟大。现场播放阎维文歌曲《母亲》MV，创设情景，导入主题。

主持人甲：我们看到刚才同学们在看这个视频的时候都很专注甚至动容。

主持人乙：是啊，这首歌中描绘的母亲形象，不正是天天陪伴在我们身边的老妈吗？实际上，我们的妈妈为我们付出的比歌曲中多太多太多。下面请同学们抢答一下妈妈为你做的事。

可能答案：十月怀胎承受孕育之苦，一朝分娩给予我们生命；喂奶拍嗝，嘘寒问暖；努力挣钱供我们上学，为我们洗衣做饭；寒来暑往，送我们上辅导班；记得我们成长过程中的每一个重要时刻……

主持人甲：不难看出，妈妈为了孩子可以付出自己的一切。

支持人乙：下面我们再来欣赏另一首歌。

现场播放筷子兄弟歌曲《父亲》。

主持人乙：母爱细致入微，父爱低调深沉，二者的共同点是他们都无私而伟大。父母为了自己的孩子好，做什么都是毫不犹豫、不求回报的。

主持人甲：父母为了我们可以付出一切，那么我们都为父母做了些什么？也请在座的同学们回答一下。

可能答案：学生们也能说出一些为父母做的事情，比如打扫房间等简单的家务，下楼取个快递，帮爸妈捏一下疲惫的肩颈……但是所有孩子都承认，与父母对自己做的相比，自己为父母做的简直不及千分之一。

主持人乙：针对以上明显反差，请同学们认真思考，对于父母为我们付出的一切，你是什么样的态度？你是否思考过自己应该怎么做或做什么来报答父母为我们做的一切？

主持人甲：请大家观看公益广告《给妈妈洗脚》，然后结合自己的实际来深入交流。

（给同学们思考的时间，同时用视频来刺激同学们进行反思）

学生1：知道父母不易，我们要努力学习，好好表现，报答父母的养育之恩。

学生2：以前没思考过这个问题，认为父母对自己的付出是理所当然的。

学生3：今后一定会努力跟父母好好沟通，从生活、学习上严格要求自己，尽量让父母少为自己操心，要学会照顾父母，承担自己应尽的责任。

●教师总结

《给妈妈洗脚》不仅仅是短短几十秒的公益广告，它更是一扇窗户，让我们看到自己可以更好地和父母沟通与相处；它还是一面镜子，令我们对照其中的温馨画面，反省自己在和父母相处时的些许不足。是不是对父母的冷暖病痛关心不够？有没有因为与父母的生活习惯不同，而对他们冷言指责？《给妈妈洗脚》画面虽然不多，但是令人动容的细节却不少，也正因为如此，《给妈妈洗脚》这样的公益广告才能持久地给人"洗心"。希望我们以后能怀着感恩的心，用实际行动来跟父母和谐相处。

环节三　感恩有你，表白父母

主持人乙：毕淑敏在《孝心无价》中说："我相信每个赤诚忠厚的孩子，都曾在心底向父母许下'孝'的宏愿，相信来日方长，相信水到渠成，相信自己必有功成名就衣锦还乡的那一天，可以从容尽孝。可惜人们忘了，忘了时间的残酷，忘了人生的短暂，忘了世上有永远无法报答的恩情，忘了生命本身有不堪一击的脆弱。"用心去爱我们的父母吧，趁现在还来得及，为了表达对父母的感激，我们进入下一个环节：反思自我，表白父母。请同学们拿出感恩卡片，毫不吝啬地把对父母的歉意、爱意和感恩用语言表达出来，表白我们的父母。

●教师总结

感恩可以让人生美丽，感恩可以让世界温暖。一个心怀感恩的人，心地坦荡，胸怀宽广，会自觉自愿地给他人以帮助。最好的感恩就是用我们的爱心去帮助别人、温暖别人。

环节四　真情流露，爱的宣誓

主持人甲：从大家认真的表现中不难看出，大家都认识到了感恩父母的重要意义。下面请全体起立，举起右手，用爱的名义与我一起宣誓：感谢父母给我生命，感谢父母将我养育，我会永远记住您的教诲，勤俭自强，刻苦学习，团结友善，尊敬师长，立志成才，报效祖国。请您放心，养育之恩，终生不忘，我会是您永远的骄傲！

●教师总结

请同学们回家把感恩卡片送给父母，并在今后的生活中把对父母及他人的感恩落实到实际行动中，让自己发展成为智商高、情商更高的优秀人才，感恩他人，奉献社会，为祖国的发展增砖添瓦。

【班会反思】

本节班会课很好地激发了学生对父爱、母爱的珍惜。学生能反思自己和父母交往中的不足之处，情感得到激发，产生了行动力，很好地理解了感恩与付出。班会起到了不错的教育效果。

感恩教育

感谢师恩　双向奔赴

——高一年级尊重与成长主题班会

物理组　孟庆鹏

【教育背景】

虽然朝夕相处，但学生对老师的工作并不是十分了解，学生家长更是如此，在日常教学生活中还存在一些不尊敬老师的现象。

本节班会面向高一年级学生。

【班会目的】

1.学生知道教师节的来历。

2.学生更详细地了解老师的工作。

3.让尊师重教不只是停留在口号上，而是要落实到行动上。

【班会准备】

学生查阅资料、采访老师、准备课件。

【班会过程】

环节一　欣赏诗朗诵

诗朗诵《老师，您辛苦了》。

男：在我们的心目中，您就是一部写不完的故事，每一天都会有新的开头；

女：那没有结尾的结尾，总是回味无穷，有时虽然平淡，但平淡也是真，也是美，如遍布道旁的小花，清香宜人；

男：一抬手一投足，都是那么富有感召力，您瞧，几十双眼睛注视着您；

女：您抑扬顿挫的声音如同山间清泉，叮咚叮咚湿润每个人心底；

合：踏遍千山万水，历经风风雨雨，不能忘记的就是您；

女：知识的海洋无边无际，您就像那老练的舵手，带领我们劈风斩浪驶向远方；

男:也许有一天,我们站在一起,我比您高,但我清醒地记得,是您把我高高擎起;

合:您就是我们敬爱的老师,学生心中永不落的太阳。让我们发自内心地问候您:老师,您辛苦了!

环节二 介绍教师节来历

学习教师节的来历,学生展示查阅的资料。

1985年,第六届全国人民代表大会常务委员会第九次会议通过了关于建立教师节的议案,确定9月10日为教师节。新生入学伊始,即开始尊师重教活动,可以给教师教好、学生学好创造良好的气氛。同时,9月份全国性节日少,便于各方面集中时间组织活动和突出宣传报道,促进在全国范围内形成尊师重教、尊重知识、尊重人才的良好风气。

环节三 展示老师工作的视频

重新认识老师的工作,学生分组展示采访老师工作的视频。

▶引导

我们每天的生活中接触最多的人可能就是老师了,那么我们有没有仔细观察过老师的工作是怎样的?请每一组的学生代表来展示采访的过程。

▶学生展示

学生1:原来老师的工作不仅仅是上几节课那么简单,还要查资料,先集体备课,再个人备课,写教案,做课件。

学生2:老师课下还得批改好几摞作业,因为他不止教我们一个班。

学生3:老师有时还要出题检验某一章节大家学得怎么样,既得控制题量,又得控制难度,还要考察得全面、有区分度,太不容易了。

学生4:当班主任的老师更辛苦,班级事务烦琐,班主任老师简直是"十项全能",备课、上课、批作业自不必说,还要处理班级同学的关系,找学生谈心,与家长和任课老师沟通,还要准备学校或上级部门要的各种材料,很多都是教学活动之外的工作。太辛苦了!

▶总结

通过采访和观察,大家不难发现,老师为了我们的成长,精心备课,认真批改作业。课堂上循循善诱,耐心辅导,尽心尽力,既教书又育人,为把我们培养成德、智、体全面发展的新一代而废寝忘食、夜以继日地辛苦操劳,忘我地工作。

环节四　讨论如何尊师

▶引导

问题一：你以前有过哪些不尊敬老师的行为？

问题二：你打算今后怎样尊敬老师？

▶学生讨论

学生1：当我犯了错误，受到老师的批评时，我总是不服气，有时还会顶撞老师。我错了，老师批评我、教育我，都是在教我做人的道理，以后我一定虚心接受老师的批评教育并积极改正错误。

学生2：我有时上课不认真听讲，经常开小差。有时还会讲话，影响课堂纪律和老师讲课，这是对老师劳动不尊重的表现。我们应该尊敬老师，上课专心听讲，独立思考，积极举手发言，认真完成作业，支持老师的工作。

学生3：我有时候在校园里碰到老师觉得有些不好意思，就低着头从她身边走过，没有和她打招呼，这是对老师不礼貌的表现，以后我在校园里一定主动向老师问好。

▶总结

同学们都说得很好，也认识到了我们平时行为中的一些错误，希望大家积极改正，做到尊师重道。情感是双向奔赴的过程，尊师也是如此。

环节五　互动交流

(1)与大家分享你与一位老师间的故事。

(2)你觉得什么样的老师最值得我们敬佩？

(3)当我们与老师发生矛盾冲突时，我们该怎么办？

(4)做张“心意卡”，添上祝福词。

环节六　教师总结

尊师重教不应是一句口号，而应是实实在在的行动。许多同学在教师节给老师送上贺卡以表心意。其实，尊师不在于这些，而在于我们同学的头脑中是否时刻都有这样一个意识，在于是否将这种意识体现在自己的一言一行中。我真切地希望各位同学能将今天所说的一切化为实际行动，用你们的实际行动来表达对老师的尊敬与爱戴。

【班会反思】

本节班会的目的是继承中华民族的传统美德，培养学生尊师重教的意识。

通过一系列活动，在学生的自主安排下，同学们确实体会到了老师工作的辛苦，更深刻地理解了教师这份职业。班会的形式多样，内容丰富，目标明确，紧扣主题，达到了预期的效果。

感念师恩　学会沟通

——高二年级沟通与成长主题班会

语文组　李满

【教育背景】

不知不觉，站上三尺讲台已有23载。每年9月10日，我都会收到学生的祝福。欣慰感动之余不禁思忖，教师节成为一个节日已有多年，一句祝福就能实现这个节日的意义了吗？高中生正逐渐走向思想成熟，他们在这一天能否有新的感悟？我们教育者应该在这样一个契机给予他们怎样的引导以助力他们成长呢？我想应该不仅仅让他们学会感念师恩，还要让他们学会沟通，感受成长。本节班会面向高二年级学生。

【班会目的】

1.学生能深刻地体会教师之爱，从而学会感念师恩。

2.学生能深谙师生相处之道，学会沟通、理解、尊重。

3.师生明晓“教学相长”，成就彼此的精彩人生。

【班会准备】

1.给任课教师发出参加班会的邀请函。

2.每个学生准备一段感念师恩的话语。

【班会过程】

环节一　引入

善之本在教，教之本在师。中华民族5000多年的历史，有尊师重教的优良传统，全党全社会以“国将兴，必贵师而重傅”的精神，大兴“师道既尊，学风自善”之风，大为“师严道尊，民知敬学”之举，让传统美德发扬光大。

大家来实验已有一年，大家的成长离不开老师的谆谆教导，已为人师的我们曾经亦是学子，亦有难以忘记的师生情谊。值此教师节来临之际，我们师生齐聚一堂，共话真心，感念师恩，共促成长。

环节二　我言我师

人的一生会遇到很多老师。或许是你学习上的一次点拨，你遇到困难时的一次帮助；或许是你思想困惑时的一个引领，你成功时的一句激励；也或许就是那么一句话、一个眼神、一个动作，都能让你铭记终生，永生感念。同学们，在实验这一年，你们心目中有这样一位老师吗？下面进入“我言我师”环节，请学生代表畅谈心中永远的恩师。

环节三　学习名人感念师恩的故事

鲁迅，中国著名文学家、思想家、评论家、革命家，伟人毛泽东称之为“中国文化革命的主将”。鲁迅12岁时到三味书屋师从寿镜吾先生读书。鲁迅对寿镜吾老师一直很尊敬。他18岁到南京读书，每当放假回绍兴时，总要抽空去看望寿老师，1902年至1909年，鲁迅出国留学。这8年间，鲁迅经常写信向寿老师汇报自己在异国的学习情况。1906年6月，鲁迅从日本回绍兴与朱安女士结婚，在绍兴只停留了短短的4天，但他仍专程探望了年逾花甲的寿老师。

环节四　感念师恩

同学们，如果让你用一句话表达对恩师的感念，你会说些什么呢？

学生1：感念师恩，一方书桌，三寸粉笔，一生光阴，四季流转；他们是我们青春梦想的奠基人，是照亮我们未来的指路明灯。一朝为师，能为半生榜样。

学生2：感念师恩，他们帮我们“扣好人生第一粒扣子”，教我们长大；伴我们走过迷茫，助我们插上翅膀；教会我们闯荡世界的本事和坦荡做人的道理。

学生3：感念师恩，他们“捧着一颗心来，不带半根草去”，以人格魅力引导我们向善，以学术造诣开启我们的智慧之门。

学生4：感念师恩，他们是有大学识的“大先生”，也是有仁爱之心的“贴心人”；既是我们眼中的“超人”，也是我们心中的“男神”“女神”。

环节五　理解沟通

有学之涯，必有老师相伴。随着我们年龄的增长，学识的增多，我们对老师的要求和期望也越来越高。如今，我们的求学生涯又走向了一个新阶段，又有了新的老师。你心中一定对老师充满了无限期许，那当你发现他们并不完美时，你会怎样做呢？请同学们说说你们内心真实的想法。

●教师总结

感谢同学们畅谈真实的心声，让我们在座的各位老师心中充满了温暖和感动。刚才大家都提到了“程门立雪”的故事，程颐有强烈的向学之心，也能做到理解、尊重老师。古人尚且如此，我们更应该学会尊重和理解。如果你不适应老师的教学方法，首先应该试着改变自己；如果老师批评了你，先要反省自己为什么会受到批评；如果老师偶尔讲错了一个题目，你要想每个人都有可能犯错误；如果老师某些方面实在不能令你满意，那么与老师真诚沟通，坦诚提出自己的建议，相信老师也会重新审视自己并做出调整和改变。我们在真诚沟通中成长，这就是尊师的沟通之道 。

环节六　感悟师者仁心

播放“感动中国人物”张桂梅的事迹。

●教师总结

我们在座的各位老师虽没有张桂梅这位教书育人楷模的伟大胸襟和高尚情怀，但是我们会以她为榜样。既然选择了老师这个职业，我们就会坚守学高为师、身正为范，努力践行为人师者的基本责任。

环节七　共促成长

《礼记·学记》有言：“是故学然后知不足，教然后知困。知不足，然后能自反也；知困，然后能自强也。故曰教学相长也。”原意是说，学的人通过学习知道自己的不足，教的人通过教别人知道自己还有难点，然后都再去进一步钻研，所以无论学的人还是教的人都能通过教学过程得到提高。

光阴流转，授业之恩难忘；尺素之心，师生情谊弥深。同学们，让我们教学相长，共同铸就教育佳话，成就彼此的精彩人生！

【班会反思】

既然得人尊重，就要行教师之本，不仅传道授业解惑，还要教会学生懂得感恩、知晓沟通，从而使他们更全面地发展成长主题。本节班会扣住沟通与成长主题，改变了过去教育仅仅停留在表层的情况，从更深的层面让学生获得了新的感悟。

感悟师恩　感受成长

——高三年级感恩与成长主题班会

英语组　郭琳琳

【教育背景】

一年一度的教师节对于高三的学生而言意义非凡，因为这两年多来，老师们不辞辛苦地答疑解惑、传道授业，一路陪伴同学们成长。本节班会面向高三年级学生。

【班会目的】

1.引导学生感受老师默默耕耘、无私奉献的精神，懂得感念师恩。

2.激发学生从自身做起，发展自己，回报师恩。

【班会准备】

查阅资料、课件准备。

【班会过程】

▶引入

同学们，今天是一个特殊的日子——我国第36个教师节！我们特意组织“感悟师恩，感受成长”主题班会，希望同学们能够体会一路陪伴我们成长的老师们的辛苦，懂得感念师恩，用实际行动回报师恩。

环节一　你对“老师”知多少？

▶投影

> 老师是什么样的呢？
>
> 有人说老师像园丁，有人说老师像春蚕，也有人说老师像蜡烛，还有人说老师像蜜蜂……

▶提问

你知道歌颂教师的歌曲有哪些吗？

▶学生回答

《长大后我就成了你》《每当我走过老师窗前》《恩师难忘》《老师你好》《老师赞美诗》《红烛之歌》………

▶提问

你知道对教师的称谓有哪些吗？

▶学生回答

老师、先生、园丁、蜡烛、孺子牛、春蚕、春雨、灵魂工程师……

▶提问

你知道有哪些感恩教师的名言吗？

▶学生回答

三人行，必有我师焉。——孔子

一日为师，终身为父。——罗振玉

古之学者必严其师，师严然后道尊。——乐克正

教师是人类灵魂的工程师。——加里宁

▶引导

感恩教师的名句还有：

经师易遇，人师难遇。——司马光

古之圣王，未有不尊师者也。——吕不韦

举世不师，故道益离。——柳宗元

学者必求师，从师不可不谨也。——程颐

学贵得师，亦贵得友。——唐甄

为学莫重于尊师。——谭嗣同

▶提问

你知道有哪些感念师恩的故事吗？

▶学生回答

子贡与孔子的故事。子贡是孔子的学生，聪颖好学。一次，鲁国大夫叔孙武叔在人前贬低孔子抬高子贡，子贡非常气愤。他当即以房子为喻，说老师的围墙高十数丈，屋内富丽堂皇，不是一般人看得到的；而自己不过只有肩高的围墙，一眼就可望尽。他还把老师孔子比作太阳和月亮，说孔子光彩

照人，不是常人所能超越的。孔子死后，子贡悲痛万分，在孔子墓旁结庐而居，一直守墓 6 年。

▶投影

1.程门立雪

北宋进士杨时，为了丰富自己的学问，和他的朋友游酢一起去拜见程颐，但是仆人说程老先生正在闭目养神，坐着睡觉。这时候，外面开始下雪。这两人求师心切，便恭恭敬敬侍立门外，不言不动，如此等了大半天。程颐睡醒后，看见了外面的两个雪人——杨时和游酢，对此，程老先生感动不已。

2.毛主席的故事

1959 年 6 月 25 日，毛泽东回到阔别 32 年的故乡韶山。他邀请自己读私塾时的老师毛宇居一起吃饭。毛宇居被特意安排在上桌。毛泽东端起酒杯向毛宇居敬酒，毛宇居连忙站起来，连声说道："主席敬酒，岂敢岂敢！"毛泽东边扶老人坐下边说："敬老尊贤，应该应该！"

▶小结

程门立雪的典故，体现了中华民族尊师爱师的传统美德，同时也给了我们一个启示：感念师恩不仅要停留在认识上，还要落实在行动中。毛主席为全国人民树立了尊师榜样。对于我们而言，感念师恩不仅仅是一句口号、一张贺卡，而应是实实在在的行动，要融入自己的一言一行中。

环节二　感悟师恩

▶提问

能说说老师的日常工作吗？

▶学生回答

备课、上课、写教案、写班会反思、批改作业、午休晚休巡查、跟学生沟通交流、跟家长沟通交流、开教育小组会、开阶段分析会、教学科研、研修培训……

▶提问

能说说身边老师的故事吗？

▶学生回答

(1)老师们精心准备，耐心细致地传授知识……

(2)老师们中午下课后仍留在班里耐心地解答同学们的问题，完全忘记了自己的饥饿……

(3)老师们在我们考试失利、失去信心时不断鼓励我们,让我们逐渐重拾自信、勇往直前……

(4)老师们早晨7点前到校,几乎陪伴我们一整天,经常晚上七八点才离开学校,顾不上接送自己的孩子……

(5)某同学腹痛,某老师扶着这位同学去办公室休息,倒热水,送暖宝宝……

▶提问

我们应该怎样感念师恩呢?

▶学生回答

……

▶小结

其实,老师们有两个最大的愿望,希望同学们能感悟到。一是希望同学们健康成长,二是希望同学们学有所成。老师对学生的要求并不高,只是希望在培养学生健全人格的前提下,不断提高学生的学习成绩,让学生们都能考上理想的大学,为以后的发展奠定坚实的基础。

环节三　感受成长

▶提问

尊师的目的更多的是创造良好的师生关系,促进师生共同成长。我们如何营造良好的师生关系呢?

▶学生回答

(1)每堂课前,全体同学起立,大声问候"老师好"。

(2)上课认真听讲,不扰乱纪律,扎实学好每一天。

(3)课后完成作业,有问题及时请教老师。

(4)认真做好日常清洁,创造一个干净美好的学习环境。

(5)虚心接受老师的意见,多与老师沟通。

(6)不怕失败,积极阳光,为心中的目标勇往直前,考上理想的大学。

……

▶引导

今天,在这个特殊的日子里,你想对老师们说什么?请写下自己想对老师说的话或祝福语,下课后送给亲爱的老师们。

●教师总结

同学们，老师是世界上最值得尊敬的人，是老师教会我们做人的道理、传授我们知识。光阴流转，授业之恩难忘；尺素寸心，师生情谊弥深。相信通过这节班会课，大家能够更加深刻地体会到老师对我们的辛苦付出，更加理解老师、感恩老师。老师们陪伴我们成长，促进我们成长，希望大家今后怀揣一颗感恩之心，把对老师的感恩之情融入日常学习和生活中，用我们优秀的日常表现和优异的成绩回报师恩！让我们真诚地说一句：教师节快乐！

【班会反思】

这节班会课引导学生进一步了解老师，感受老师默默耕耘、无私奉献的精神，感恩老师的辛苦付出，感念师恩，并激发学生从自身做起，用实际行动表达对老师的感恩之情，回报师恩。

身心和生命教育

少年强则中国强

——体质健康教育主题班会

生物组　辛同民

【教育背景】

1.我国学生发育水平和营养状况不断提高，然而，学生疾病谱也正在发生重大变化，如肥胖、近视等呈明显上升趋势。另外，学生中的意外伤害、心理卫生等问题也日益引起社会关注。

2.受我国的传统观念及教学模式的影响，人们普遍忽视健康在个人和社会发展中的作用，部分学生在参与学校健康教育时缺乏主动意识和责任感。在日常教学中往往会发现，绝大多数孩子和家长依然感觉体育运动只适合少数人，甚至有的学生对体育有厌烦感。

3.《国家学生体质健康标准》(2014 年修订)是学校教育工作的基础性指导文件和教育质量基本标准，是评价学生综合素质、评估学校工作和衡量各地教育发展的重要依据，是《国家体育锻炼标准》在学校的具体实施，适用于全日制小学、初中、普通高中、中等职业学校、普通高等学校的学生。

4.通过对往届学生体质健康测试结果的分析发现，大多数学生的成绩不能达到良好等级。为切实加强学校体育工作，促进学生积极参加体育锻炼，养成良好的锻炼习惯，提高体质健康水平，结合学校实际，山东省实验中学制定了《关于落实〈国家学生体质健康标准〉测试工作的实施方案》。本节班会可面向高中各年级学生。

【班会目的】

1.认知目标：了解健康的内涵，了解体质、健康、体能的概念；熟悉《国家学生体质健康标准》(2014 年修订)，熟悉高中阶段测试的内容、等级和评定标准；明确参加《国家学生体质健康标准》(2014 年修订)的锻炼和测试对我们的健康成长有哪些好处。

2.情感目标：通过对健康知识的普及，帮助学生充分认识到学校健康教育课程的重要性，自觉养成良好的日常生活习惯和锻炼习惯；帮助学生树立正确的健康观，明确生理健康与心理健康是相互影响、相互作用的，生理健康是心理健康的基础，心理健康有助于生理健康。

3.行为目标：促进学生积极地参加体育锻炼，上好体育课，增强体质，提高健康水平，把学生培养成为德、智、体、美全面发展的高素质人才。

【班会准备】

1.查阅相关网络资料并结合教育主管部门下发的通知，获取《国家学生体质健康标准》(2014 年修订)较详细的相关资料。

2.进行两项调查：初步调查班级学生在小学和初中阶段参加过哪些体质健康测试的项目，所取得的成绩如何；调查分析 2017 年山东省实验中学三个年级的体测结果，总结出各项指标的具体数据，分析学生在体测中的表现。

【班会过程】

环节一　体质健康的内涵

▶引入

近日，针对 115 万多名在校学生体质健康的调查数据显示，截至 2020 年，全国学生体质健康不及格率为：小学生 6.5%，初中生 14.5%，高中生 11.8%，大学生 30%。随着年级的增长，不及格率逐渐提高，为什么会出现这种情况？我们来看一段视频。

播放视频。

▶提问

视频中分析：从初一到初三学生的体质健康水平是逐年攀升的，而高一是整个高中时期最好的阶段，高中和大学学生体质健康水平逐年下滑，视频中给出了怎样的解释？

▶总结

从初中到高中乃至大学，学习压力提升，在课业负担加重的情况下，学生没有锻炼的积极性。很多人没有形成良好健康的生活方式，没养成锻炼习惯，体质健康水平就会明显下滑。

▶追问

我们每个人都希望自己有一个健康的身体，到底什么样的身体状态是健康的？体质和健康之间又有怎样的联系？

▶投影

体质、体能的概念
体质：人体的质量，它是在遗传性和获得性基础上表现出来的人体形态结构、生理功能和心理因素的综合的、相对稳定的特征。具体表现在5个方面： • 身体的发育水平，包括体格、体型、营养状况和身体成分等。 • 身体的功能水平，包括机体的新陈代谢状况和各器官、系统的效能等。 • 身体的素质及运动能力水平，包括速度、力量、耐力、灵敏性、协调性，还有走、跑、跳、投等身体的基本活动能力。 • 心理的发育水平，包括智力、情感、行为、感知觉、个性、性格、意志等方面。 • 适应能力，包括对自然环境、社会环境的适应能力，对疾病和其他有碍健康的不良应激原的抵抗能力等。 体能：通过力量、速度、耐力、协调性、柔韧性、灵敏性等运动素质表现出来的人体基本的运动能力。

▶追问

每个人的体质和自身健康息息相关，如何才能更全面地了解自己的体质、体能以及健康状况？

▶引导

通过进行国家体质健康测试。

▶投影

进行国家体质健康测试有着重大的意义
体能测试的目的是让锻炼者了解和掌握自己的体质与健康变化的情况，激发其锻炼的自觉性和积极性，使其科学地制订体育锻炼计划，有的放矢地选用适合自己的锻炼内容和方法，养成坚持锻炼身体的良好习惯，达到增强体质与健康的目的。

环节二　解读《关于落实〈国家学生体质健康标准〉测试工作的实施方案》

▶引导

为切实加强学校体育工作，促进学生积极参加体育锻炼，养成良好的锻炼习惯，提高体质健康水平，结合学校实际，山东省实验中学制定了《关于落实〈国家学生体质健康标准〉测试工作的实施方案》。

▶投影

> **山东省实验中学《关于落实〈国家学生体质健康标准〉测试工作的实施方案》**
>
> 一、测试对象
>
> 测试对象为我校全体学生。测试分为健康查体和体育项目两个部分。
>
> 二、测试项目
>
> 测试项目共八项，分别为身高、体重、肺活量、50 米跑、坐位体前屈、立定跳远、1000 米跑（男）/800 米跑（女）、引体向上（男）/1 分钟仰卧起坐（女）。

▶提问

高中阶段学生体质健康测试共有哪些测试项目？共分为几个等级？各项目在总分中占比为多少？得多少分以上为优秀？

▶总结

体质健康测试有助于我们了解自身健康状况，通过制订切实可行的锻炼计划增强体质和提高健康水平，有利于自身全面发展，同时也与我们的评优评先和顺利毕业有很大的关系，需要引起我们的足够重视。

环节三　体测结果分析

▶比较

某班体测结果显示，从高一到高三男生和女生的体质健康水平均存在下降趋势，请大家结合数据分析导致女生体质健康水平下降的主要因素。

学生 1：女生 50 米跑优秀率不断下降。

学生 2：女生 800 米跑良好及以上等级逐年下降。

……

请大家结合数据找出导致男生体质健康水平下降的主要因素。

学生 1：男生 1000 米跑良好及以上等级逐年下降。

学生 2：男生引体向上的良好和优秀率太低。

……

▶总结

立定跳远是测试学生的下肢爆发力与弹跳力的项目。它要求下肢与髋部肌肉协调快速用力，并与上肢的摆动相配合，所以也需要一定的灵巧性。50 米跑是一个能体现快速跑能力和反应能力的体育项目，对速度、灵敏协调性、下肢力量和耐力都起到了重要作用，还能促进学生刻苦锻炼。引体向上主要测试男生上肢肌肉力量的发展水平，是自身力量克服自身重力的悬垂力量练习，是衡量男生体质的重要参考标准和项目之一。800 米跑和 1000 米跑主要测试学生的心肺耐力水平，需要学生有较好的生理机能和顽强的拼搏精神。

环节四　提高体质健康水平

▶讨论

针对我们发现的问题，谈谈在日常的学习生活中如何提高自己的体质健康水平。

学生 1：管住嘴，每顿八成饱，少吃高糖食品及高脂肪食品。

学生 2：定期锻炼，如跑步或游泳，不仅可以维持体重，还可以塑体形。

学生 3：每天坚持进行大课间的集体跑步练习。

学生 4：每周两节体育课，每次上课按照老师的要求进行身体素质练习，内容包括跑、跳、上下肢力量锻炼、耐久跑等。

……

▶投影

•合理膳食：多吃蔬菜、水果、豆制品，饮食结构应该是低脂肪、低动物蛋白、低热量、低盐、低糖、高维生素和纤维素。 •按时作息：保证充足的睡眠。 •科学锻炼：全面锻炼、循序渐进、持之以恒。

▶总结

爱默生曾说过，健康是人生的第一财富。通过体质健康测试了解自己的体质与健康状况后，应设定自己的锻炼目标，有针对性地选择锻炼策略，制订切实可行的锻炼计划，使体育锻炼收获更好的成效。

【班会反思】

本节班会课围绕体质健康展开，例证丰富，数据翔实，提高了学生的体育锻炼意识，使其养成锻炼的好习惯。以后，在日常教学中，会定期组织学生观看一些体育激励人生的视频、材料；在家长会上，加入学生体质健康问题，并谈及正确的体育锻炼常识、运动和学习的相互促进作用、科学营养等知识，让家长认识到体育锻炼对于孩子们成长的重要性。家校合作，科学锻炼，让学生的锻炼与生活结合起来，让学生掌握体育运动技能，在快乐锻炼中越来越健康。

精彩的人生

——心理健康教育主题班会

生物组　亓艳青

【教育背景】

1.高中生正处于青春期，其所处的家庭环境、社会环境相对优越，因而多数学生养成了安逸享乐的习惯，解决困难的能力、心理承受力较差。当困难突然降临时，往往不知所措，采取逃避的态度，心理问题迭出，有的甚至轻生。

2.由于学生家庭环境相对优越，再加上一些“金钱至上”“不读书也能上大学”等错误观念的影响，现在有很多同学缺乏理想，缺乏积极进取精神。

3.本节班会可面向高中各年级学生。

【班会目的】

1.认知目标：认识生命的共性和韧性，体味生命的价值；认识生命的意义。

2.情感目标：珍爱生命；立志做一个有志向的人，做一个对别人、对社会、对祖国有用的人，让自己的生命焕发光彩。

3.行为目标：增强应对挫折的勇气，培养笑对困难、挑战挫折的乐观精神；养成良好的学习习惯、积极的处世态度，不断充实自己的生命，不断增加生命的分量。

【班会准备】

1.查阅报刊，收看电视或利用网络资源等，获取世界及我国一些名人精彩生命的资料。

2.进行两项调查。调查从出生到入学，父母、亲朋好友都为你做了些什么；调查自己身边的不同层次、不同年龄阶段、不同职业的人，了解他们用积极心态面对困境的事例，他们是怎样度过一生的或准备怎样度过一生，他们认为怎样的人生才是充实有意义的。

【班会过程】

环节一 生命的共性

▶引入

世界是美好的，其美好在于有生命的存在。我们每天都可以看到无数的生命，而且我们每个人就是一个生命。那么，我们关注过这个熟悉而又陌生的“生命”吗？今天，让我们来关注自我，关注我们的生命。

▶投影

自然界中的生命。

▶引导

体会大自然中生命的共性。

▶追问

到底什么是“生命”？生命的共性有哪些？请同学们谈一谈对生命的理解。

▶总结

历史唯物主义认为：人的生命主要有两重属性——自然属性和社会属性，归结为两种形态——生物性生命与价值性生命。

环节二 生命的韧性

▶引导

人不但要思考如何活下来，还要思考如何更好地生活。只要人在世界上存在一天，大脑就不会停止思考，人类就要创造、就要超越，就要更好地认识世界、改造世界。

简单地说，生物性生命就是活着，是所有生物都具备的特征；价值性生命就是创造价值地活着，这是人与其他生物的区别。

▶追问

人如何活才精彩呢？

▶引导

我们济南人的骄傲张海迪、普通人的楷模雷锋，分别体现了生命的宽度和高度。投身到为人民服务中，生命的价值才能达到最大化。

▶追问

在了解了名人对待生命的态度和行动之后，请同学们思考：我们如何理解生命的意义？我们要怎样活着？我们应该如何保持健康的心理？

▶总结

人,应当丰富人生,在有生之年实现自己的理想,勇敢面对困难,快乐地生活,为社会的和平与发展奉献自己的力量,不虚度年华,不碌碌无为,不给自己留下遗憾。

环节三 装饰生命

▶提问

现在影响大家心理健康的事情有哪些?

▶学生回答

1.学习压力大。

2.情感问题,例如早恋。

3.学生之间的人际关系处理不好。

4.家长、老师不理解自己。

▶经验分享

教师引导学生分享缓解或解决以上问题的好办法。

▶引导

课前我们进行了两项调查。第一项调查了在我们的成长阶段,父母、亲朋好友为我们做了些什么。第二项调查了我们身边的人如何用积极心态面对困境的例子,他们怎么看待人生。下面我想请调查小组作分享。

▶调查分享

调查小组分享结果,用具体事例感染同学。

▶引导

精彩的生命离不开亲朋好友的帮助,需要有健康的心理,也需要科学计划和装饰。今天课堂时间有限,我们会针对大家的问题,陆续开班会进行解决。我们要有健康的心理,正视这些烦恼并科学地解决以上烦恼,我们就能一步一个脚印地领略生命的精彩。

▶投影

心理健康标准、生命之树、生命轴规划图。

▶引导

合唱《最初的梦想》。

环节四 敬畏生命

假如你是一个谈判专家,现在在18楼的天台上,有一个高考落榜的女孩准备纵身一跳,结束人生,你将如何凭借你的三寸巧舌,说服这个女孩打消轻生的念头呢?

▶请你来表达

学生1:从亲情角度劝导。

学生2:寻找轻生者的优点,鼓励她活下去。

学生3:从寻找比轻生者更不幸的例子入手,给轻生者勇气。

▶学生讨论

本节课的收获。

▶总结

希望每位同学都珍惜生命中的每一天,保持心理健康,努力奋斗,实现精彩的人生。

【班会反思】

关注生命,热爱生命,这是人类永恒的话题。我们每个人都要珍惜自己的生命,热爱自己的生命,让自己的生命焕发光彩。本节课从心理健康延伸至生命健康,引领学生进行深入思考,运用展示、分享、情景模拟等方式,很好地启发了学生。

珍爱宝贵生命　体会生命意义

——珍爱生命教育主题班会

化学组　汲晓芳

【教育背景】

1.社会、家庭对生命教育重视不够。

2.学生普遍缺乏对生命意义的深度思考。

3.有些学生不珍视生命，甚至自残、轻生或伤害他人。

4.本节班会可面向高中各年级学生。

【班会目的】

1.开展生命教育，帮助学生认识生命、珍惜生命、尊重生命、享受生命，使生命更有价值。

2.帮助学生掌握生存方法，提升生命质量。

【班会准备】

学生查阅资料、课件准备。

【班会过程】

环节一　唤醒对生命的认识

▶引入

很高兴在五四青年节这天与同学们一起探讨“珍爱生命”这一话题。102 年前的今天，一群青年走上北京街头，面对着荷枪实弹的军警，青年们奋力疾呼“宁为玉碎，不为瓦全”“头可断，青岛不可失，血可流，主权不能丢”。他们用自己的热血甚至生命点燃了国民救亡图存的豪情，他们的生命价值也得到了充分的体现。今天，我们一起探讨生命这一主题，体会生命的价值。

▶投影

“珍爱宝贵生命，体会生命意义”主题 PPT。

▶引导

西安音乐学院的大三学生药家鑫驾车撞人并刺死伤者，这是对别人生命的漠视，最终他也失去了自己的生命。尽管他意识到了自己的错误，但为时已晚。

▶追问

这不由得让我们反思：到底什么是“生命”？生命的意义是什么？请同学们谈一谈你对生命的理解。

▶学生回答

学生1：生命是我们生存的根本条件，我们所有的活动都以此为基础。

学生2：生命只有一次，我们应该通过自身的努力使自己的生命更充实。

……

▶总结

人的生命可以分为生物性生命与价值性生命。

环节二　感悟生命的意义

▶引导

生物性生命是指人首先是作为自然生理性的生命而存在的。价值性生命是指人不但要思考如何活下来，还要思考如何更好地生活。

▶追问

如何活着才有意义呢？我们先来看看名人怎么说。

▶投影

名人谈生命

1.巴金说：“生命的意义在于奉献而不在于享受。”

2.冰心在《谈生命》中写道，要记住：不是每一道江流都能入海，不流动的便成了死湖；不是每一粒种子都能成树，不成长的便成了空壳！生命中不是永远快乐，也不是永远痛苦，快乐和痛苦是相生相成的。等于水道要经过不同的两岸，树木要经过常变的四时。在快乐中我们要感谢生命，在痛苦中我们也要感谢生命。快乐固然兴奋，苦痛又何尝不美丽？我曾读到一个警句，它说“愿你生命中有够多的云翳，来造成一个美丽的黄昏”。

3.奥斯特洛夫斯基在《钢铁是怎样炼成的》中写道：人最宝贵的东西是生命，生命属于人只有一次。人的一生应该是这样度过的：当他回首往事的时候，他不会因为虚度年华而悔恨，也不会因为碌碌无为而羞耻，这样，在临死时候他就能够说：“我的整个生命和全部精力，都已经献给了世界上最壮丽的事业——为人类的解放而斗争。”

▶学生齐读

通过读文字，体会其中的内涵。

▶引导

榜样们不仅深刻地理解了生命的意义，而且活出了自己的人生价值。下面来看我们济南人的骄傲——张海迪的事迹。

▶视频

播放张海迪事迹。

▶追问

在了解了名人对待生命的态度和行动之后，请同学们思考，我们如何理解生命的意义？

▶学生讨论

学生1：我要为父母好好活着，父母培养我很辛苦，等长大后我要好好回报他们。

学生2：人活着就是要在生命结束的时候不留遗憾。

……

▶总结

"盛年不重来，一日难再晨。"人的生命只有一次，生命应该更有意义才对。以上几位名人都是经历了丰富的人生，深刻地认识了生命的意义后，把自己的人生感悟真诚地告知我们，引导我们思考人生、珍惜光阴、积极奉献。

环节三　掌握保护生命的方法

▶引导

疫情暴发以来，我们的生活和学习都受到了很大的影响，在与疫情斗争的一年半多的时间里，我们学习到了很多健康卫生知识。下面，我们一起思考以下问题：

问题1：新型冠状病毒感染后的初期症状是什么？

回答：感染新型冠状病毒的患者早期临床症状通常比较轻微，感染初期常以发热、乏力、干咳为主要表现。患者发热通常以低热为主，体温一般在37.3和38.5度之间。较少患者会出现高热、畏冷、寒战等症状。早期症状类似于普通感冒，部分患者在一周后症状会逐渐加重，严重的患者会出现活动后气促、喘憋、呼吸困难、窒息、胸闷，甚至可引起急性呼吸窘迫综合征，呼吸衰竭从而导致死亡。

问题2:新型冠状病毒的传播途径是什么?

回答:新型冠状病毒的传播途径主要是呼吸道以及密切接触传播。患者打喷嚏、流鼻涕、咳嗽、说话带出的飞沫以及呼出的气体,如果近距离接触到其他健康人员,使其吸入到气道内就可能导致感染。另外飞沫混合在空气中会形成气溶胶,在密闭环境中被健康人群吸入后会导致感染。飞沫沉积在物品的表面,健康人群接触污染物后,再接触自己的口腔、鼻腔、眼球等黏膜处,也会导致感染。

问题3:密切接触的患者该怎么做?

回答:及时到医院隔离治疗,由医生在密切观察下制定合理的治疗方案。

问题4:预防措施有哪些?

回答:

(1)咳嗽或打喷嚏时,建议使用纸巾或是曲肘遮掩住口鼻;不随地吐痰,以防止造成飞沫传播;打完喷嚏后不要用手揉眼睛或是接触黏膜等部位。

(2)外出前往公共场所、去医院就医或是乘坐交通工具时,应当注意佩戴医用外科口罩或N95口罩,做好个人防护,降低感染别人和被传染的概率。

(3)每天开窗通风20～30分钟,保持室内的空气流通,尽量避免到一些封闭空间、空气流通不畅的公众场所或是人员聚集的地方,比如车站、超市、购物中心等。

(4)保持双手卫生,在咳嗽、饭前便后或是接触了动物的排泄物后,一定要用流动的水正确洗手,或者是使用含酒精的洗手液清洗双手。

(5)注意饮食卫生与饮食安全,改变不良的饮食习惯,做饭时要彻底煮熟,尤其是肉类和蛋类等。

(6)及时接种疫苗。

(7)积极锻炼身体,提高身体免疫力。

疫情暴发至今,在国家和医护人员的共同努力下,得到了很好的控制。

▶投影

上述卫生健康知识是珍爱生命的人需要掌握的,可是令人痛心的是,还有很多中学生不爱惜自己的生命,我们来看一组令人触目惊心的数字。

> 北京大学儿童青少年卫生研究所公布过一项全国性的调查结果，此次调查的对象为10～24岁的学生，北京、上海、广东等13个省（自治区、直辖市）的具体调查结果如下：共调查了141580人，其中男生69091人，女生72489人，平均年龄16.3岁。在过去12个月内，有20.4％的学生（男生为17.0％、女生为23.7％）曾经考虑过自杀；6.5％的学生（男生5.7％、女生7.4％）为自杀做过计划。上述两种行为女生报告率高于男生；2.9％的学生（男生2.9％、女生2.9％）曾采取措施自杀，男女生无显著差别。

▶引导

就在前段时间，济南有一名14岁的初中生纵身从7楼跳下，摔成重伤。具体原因现在还不明确，但估计与学习压力大或家庭问题有关系。中学生自杀的原因多种多样，你认为原因有哪些？

▶学生回答

（1）学习压力大。

（2）情感问题，例如早恋。

（3）学生之间的人际关系处理不好。

（4）家庭问题。

（5）家长、老师对自己不理解。

▶引导

学生自杀的原因是多方面的，但是无论怎样，采取自杀的方式来结束生命都是不可取的，因为生命是宝贵的，是美好的。

环节四　体会生命的珍贵

▶总结

通过本节班会，我们认识到了生命的珍贵与美好，懂得了如何健康地生活，如何使自己活得更有意义。希望每位同学都珍惜生命中的每一天，努力奋斗，实现自己的人生价值。最后，让我们在歌曲《生命的意义》中结束今天的班会。

【班会反思】

如何引导青春期的孩子去感受生命的珍贵、珍惜自己的生命、使自己的生命更有意义，是我们老师应该努力去做的事情。反思这节课，如果能将问题设置得更能触动学生内心、引起学生共鸣，效果就会更好。

奏响生命的乐章

——生命的意义主题班会

英语组 朱崇军

【教育背景】

生命的价值超越一切，对于每个人来说，生命只有一次，是短暂的、宝贵的。如何珍惜生命，拓展生命的宽度、厚度，从而提升生命质量，是每个人都应思考的问题。本节班会可面向高中各年级学生。

【班会目的】

学生在教师的引导下更好地认识生命、尊重生命，进而通过实际行动拓展生命的宽度，增加生命的长度，在享受生命的同时创造更多价值。

1.情感目标：让学生通过欣赏配乐诗朗诵从感性上认识生命的美好与宝贵。

2.认知目标、价值目标：从小卫的故事中，认识珍惜生命、关爱生命、守护生命的重要性和必要性。吴子尤同病魔作斗争的故事给学生树立超越生命、拓宽生命、创造生命价值的榜样，从而让学生明确生命的价值和追求。健康问卷调查让学生认识到锻炼身体对于延长生命的重要性。

3.态度目标：在老师的引导下，通过感性认知、理性思考，推导出“生命黄金定律”，作为对生命的誓言，并在以后的生活中践行这一誓言。

【班会准备】

1.了解学生。走进班级，全面了解学生的生活和学习状态，初步确定上课风格——体验升华课。

2.采集素材。采集家人假期外出时的各种照片、影像，同时创作诗歌，制作《带着阳光心态，感受生命涌动》短片。

采集班内先天性心脏病患者小卫(化名)的真实故事，通过网络整合吴子尤的故事。

3.问卷调查。进行班级学生健康状况问卷调查，分析学生健康现状。

【班会过程】

环节一 引入

有一种声音能够给自己带来自信，更能给别人以鼓舞；有一种声音既能激励自己，又可以让别人感到温暖。这种声音就是掌声，让我们以热烈的掌声开启今天的主题班会，同时也把这掌声送给我们自己。

请大家思考一个简单而又具有丰富内涵的问题：人的一生最宝贵的是什么？

学生：是生命。

教师：人的一生最宝贵的是生命。人的生命就是一曲美丽的乐章，那么就让我们一起奏响生命的乐章吧！

课件投射班会主题：奏响生命的乐章。

环节二 分享假期的快乐 体会生命的美好

▶体验分享

师生共同聆听"第一乐章"。（课件投放）

教师引导学生讨论：快乐的假期刚刚过去，你是怎样度过的呢？请同学们先把自己的快乐与同桌分享一下，然后再向全班谈谈。

（同学们相互分享自己的假期活动）

教师：大部分同学都和家人外出，去了很多优美的地方。我也和家人一起去了几个地方，近距离地亲近了大自然。

师生共同欣赏配乐散文《带着阳光心态，感受生命涌动》。

教师：欣赏完了《带着阳光心态，感受生命涌动》，请谈谈你对散文中所提到的感受生命、享受生命的理解。

（学生谈自己的感受）

教师：是啊，生命是美好的、宝贵的，但它只有一次，我们应倍加珍惜。有时，生命也是非常脆弱的。那么，我们如何才能更好地保护脆弱的生命呢？怎样才能珍爱和尊重生命呢？我们继续聆听"第二乐章"。（课件投放）

环节三 介绍真实故事 热爱珍惜生命

教师：这是发生在我们班的真实故事，故事的主人公叫小卫。两年前，她和同学们一样带着青春美好的梦想踏进了实验的校园。然而，与同学们不同的是，她患有先天性心脏病，医生很早就给出了定论，她的病终生不能治愈。她的心脏连走 50 米远的路都不能承受，她每天上厕所都需要同学用轮椅推着。就是这样一位天真、富有梦想的女孩却失去了健康的体魄，她的生命是非常脆弱的。4 月 27 日，参加完最后一门期中考试科目后，她吐血不止，再次住进了医院。但这位生命脆弱的女生，却从未因自己特殊的身体状况而不交作业、迟到。所有的活动她都参加，学校的各种会议她一次不落。运动会她不能参加任何项目，却第一个到场为同学们加油助威。她对待生活和学业的乐观态度打动了班内每一位同学，同学们也争相帮助她。上校本课需要走很远的路，同学们争着推她的轮椅；需要爬楼，同学们轮流背她。住院期间，她儿时的伙伴来了，初中的同学来了，高中的同学也来了，受感动的不仅仅是小卫，更是我们大家，我们感动的是她顽强的毅力和旺盛的生命力。下面我们一起观看关于小卫的几个录像片段，再次感受她对生命的阐释。

（播放小卫生活和学习的几个片段）

教师：生命对于我们每个人只有一次，小卫用实际行动向我们阐释了如何珍爱、尊重生命，我们应当像小卫一样坚强、乐观、豁达，像小卫一样热爱和珍惜生命。我们既要珍惜和尊重生命，还应不断拓展生命的宽度。那么如何拓展生命的宽度呢？（课件投放）

▶思考

2004 年 3 月 24 日，正读初二的吴子尤忽然感到右肩痛、呼吸困难而被送入医院，经医院确诊，年仅 13 岁的子尤患上了罕见的纵隔恶性肿瘤。一次手术，两次胸穿，三次骨穿，四次化疗，五次转院，六次病危……2006 年 10 月 22 日凌晨 2 时 50 分，16 岁的吴子尤停止了呼吸。他短暂的一生，用自己的颜色画天空，用自己的笔写世界，出版了多部优秀作品，创造了一个又一个奇迹，超越了自己的生命，创造了生命的价值。

教师：人生就像一道选择题，重要的不是题目而是选项。我们的选择决定着我们生命的质量和价值。因此，我们要正确地选择，勇于承担责任，敢于担当，这样才能更好地体现我们生命的意义。我们在拓展生命宽度的同时，也不能忘记延长生命。

环节四　珍视身体健康　拓展生命长度

▶调查分析

对我们班 49 名同学就健康问题进行的问卷调查结果如表 1 所示：

表1　我班同学健康状况调查结果

不吃早餐	熬夜	近视眼	不常锻炼
12人	13人	35人	23人
24.5%	26.5%	71.4%	46.9%

通过表1,我们可以看出高中学生的健康状况不容乐观,不吃早餐的学生占24.5%,不常锻炼身体的人有46.9%,不同程度近视的学生占71.4%,这是多么可怕的数字啊。这足以说明,我们对待自己的健康、生命还不够珍视。那么,怎样才能改变这种现状呢?(课件投放)

教师:我平时喜欢散步、跑步、游泳,有时打乒乓球、羽毛球。我的运动理念是"我运动,我快乐;我运动,我健康;我运动,我长寿"。那么同学们的运动理念又是什么呢?

学生1:张扬青春活力,放飞青春梦想。

学生2:我运动,我张扬,我个性。

▶总结升华

在教师引导下,学生总结"生命黄金定律"。(课件投放)

教师:今天,我们一起感受了生命的伟大与宝贵,体会了生命的意义,懂得了如何守护生命、如何拓宽生命和延长生命。在平时的生活中,请写一篇作文《生命的长度与宽度》,这个作业需要同学们用一生的实际行动来完成,需要时刻践行我们对生命的誓言。

【班会反思】

在本节班会中,学生发言积极踊跃,思维敏捷,语言表达能力强,给大家带来一个个惊喜。这足以表明,学生全身心地投入并感受到了生命的珍贵,从内心深处发出对生命的誓言。

谈到生命教育问题,人们往往进行反向思考,以大量负面事例的形式向学生展示生命的宝贵,这样虽然有一定的作用,但往往会给学生带来不安的感觉,使他们不是带着美好的期许领悟生命、享受生命,而是带着忐忑看待生命。这种反向的教育久而久之会给人带来诸多阴影,形成不好的心理状态。本节主题班会以正向思维为设计主线,让学生在温馨、自然、美好的氛围中领悟并受到感染。

班会的效果主要体现在准备的过程,师生在准备的过程中共同体验、相互教育,进而通过主题班会进行升华,达到对事物由感性到理性认识的升华。然而,此次班会准备时间较短,老师和学生都没有充足的时间进行准备,加之师生之间不够熟悉,课前参与太少,淡化了应有的过程。

扣好人生第一粒扣子

——生命的价值主题班会

英语组　任兴华

【教育背景】

相对于小学、初中学生，高中学生处于三观形成的关键时期，理性思维能力提高，但是对生命的价值还缺乏深入思考，适宜且有必要进行生命的价值教育。高中学生心智并未完全成熟，容易受环境影响，网络上轻视生命、生命庸俗化的事例对学生有一定影响。本节班会可面向高中各年级学生。

【班会目的】

认知目标：(1)学生能够认识到“生命健康”包括身体健康和精神健康，人的价值分为个人价值和社会价值；(2)学生对“生命价值”有全面理解，能够认识到人的价值在于通过自己的活动满足社会、他人和自己的需要，主要在于对社会的贡献；(3)学生了解马斯洛需求层次理论的各个层次。

情感目标：(1)学生通过体验和对比，从情感上对“身体健康”和“精神健康”产生强烈的珍惜和敬畏，从而自觉抵制网络上轻视生命、生命庸俗化的影响；(2)学生分享关于生命价值的中华诗词，对中华民族一以贯之的家国情怀产生认同和自豪之情；(3)学生尊重、崇敬为社会创造价值的英模人物、普通劳动者、身边同学，见贤思齐，主人翁意识得到增强，创造“生命价值”的情感得到激发。

行为目标：(1)学生自觉地从身心两方面珍惜、保护自己的“生命健康”，并在奋斗中磨砺；(2)学生将中国传统家国情怀内化于心、外化于行，自觉做有益于班级、社会的事情，在创造社会价值中实现“生命价值”；(3)学生受身边人、班级楷模的引领，自觉树立正确的价值观，把“担当民族复兴大任的时代新人”作为实现生命价值的导航，为这一目标付出努力、锻炼本领。

【班会准备】

学生准备：(1)学生分组，四人一组，选出组长；(2)小组成员讨论关于家国情怀的诗句,每个小组选定三句。

教师准备:(1)给每一位同学准备一张心形卡片;(2)准备关于青春与奋斗的视频剪辑;(3)组织学生评选班级楷模,并准备颁奖词。

【班会过程】

环节一 热身和导入环节——“身体健康多重要”(身体发肤,受之父母,不敢毁伤)

教师:今天我们班会的主题是“生命的意义”,班会开始我们有一个体验环节,叫作“体验黑暗”。我给大家发了一张小纸条,请拿出纸条,闭上眼睛,在上面写一句关于生命的名言警句,或者自己对于成长和生命的理解思考。

(学生拿出纸条书写)

教师:教师根据学生现场情况,引导身体健康的重要性。

展示:课件上显示“身体健康多重要”。

环节二 对比环节——“精神健康亦可贵”(文明其精神,野蛮其体魄)

展示照片:一个是残奥会盲人冠军刘翠青奋力奔跑的图片,一个是身体健康但有自伤行为的图片。两幅图片触发两种对比。

1.两个图片的对比:通过视觉冲击和对比,学生能自觉抵制自伤行为,对盲人冠军刘翠青产生敬佩之情,自然意识到精神健康的重要性。

2.自己内心感受的对比:在“体验黑暗”环节,学生体验了失去视力带来的不便,而盲人运动员却赢得了奥运金牌为国争光,学生形成强烈的内心对比。

教师:请大家再看两幅照片。(老师介绍刘翠青的事迹)

教师:大家看后有什么感受。

(学生分享感受)

环节三 讨论环节——“生命健康的内涵”(身体健康是船,精神健康是帆)

展示:“身体发肤,受之父母,不敢毁伤”(《孝经·开宗明义》),“文明其精神,野蛮其体魄”(毛泽东)。教师引导学生思考生命健康的内涵和意义。

教师：2000多年前，《孝经·开宗明义》就提到“身体发肤，受之父母，不敢毁伤”。1917年，毛泽东同志在《新青年》上指出，年轻人要“文明其精神，野蛮其体魄”。这跨越千年的两句名言，印证了我们中国人对生命的理解。那么，生命健康包含什么呢？

学生：包含身体健康和精神健康。

教师：很好。在座的各位身体健康，就更应该重视和追求精神健康。那么，精神健康有哪些特征呢？

（学生分享观点）

教师：同学们给出了精神健康的多个特征，我们在平时就要从这些方面去培养健康的精神。那么，老师有一个问题，需要大家深刻思考。李白说“天生我材必有用”。我们身心健康必要“有用”，我们的“有用”体现在哪里？

展示：课件上显示“生命的价值”。

环节四　思考环节——“生命的价值”（先天下之忧而忧，后天下之乐而乐）

教师讲解个人价值和社会价值，师生品读家国情怀经典诗词，师生分享袁隆平院士、钟南山院士的伟大贡献，思考人生价值。

学生小组讨论“用健康的生命做什么”，2～3位同学代表小组发言，可以说做对个人、家庭、社会有益的事情。

教师：同学们说得都很好，都是有价值的事情。我们常说，人活着要有价值。那么，什么是价值？

展示：

物的价值——在于满足人的需要。

人的价值——在于通过自己的活动满足他人、社会和自己的需要，主要在于对社会的贡献。人的价值分社会价值和个人价值。

教师：人的价值分为社会价值和个人价值。每个人应该各司其职，对社会承担责任、做出贡献，这就是我们的社会价值。社会也应该变得更好，尊重和满足个人的合理需要，这就是个人价值。我们怎么去评价一个人的价值大小？

学生：看对社会的贡献大小。

教师：中国人历来重视个人对社会的贡献，也就是“家国天下”。比如“先天下之忧而忧，后天下之乐而乐”的范仲淹。大家能分享其他的人物和他们的诗句吗？

（学生分享）

教师：品读了这些诗句，大家对生命价值有什么体会吗？

（学生分享体会）

教师：这些就是我们的精神财富，也是我们的文化自信。这种精神鼓舞我们一代代中国人为了民族独立、国家富强而舍生忘死、前仆后继。袁隆平院士就是其中典型代表。欣赏短片，怎么理解袁隆平院士的生命价值？

学生：袁隆平院士创造了巨大的社会价值，也实现了生命价值。

教师：我再介绍另一位英模人物。（师生互动，不断加深钟南山院士在身体健康、精神健康、人生价值方面给我们的启发。）

环节五　行动环节——生命价值在奋斗中闪光（人生的扣子从一开始就要扣好）

教师介绍马斯洛需求层次理论，学生讲讲身边人在平凡的岗位上如何实现社会价值。教师为班级楷模颁奖，学生再次拿出“体验黑暗”环节的小纸条，在上面写上对生命意义新的体会。

教师：刚才我们了解了钟南山院士的事迹，大家有没有想过，钟南山院士奉献背后的心理因素。英模人物令人崇敬，疫情期间的“逆行者”、普通劳动者的工作和奋斗同样重要。下面，我们一起欣赏一组短片。大家看完短片后对奋斗和生命价值有什么新的体会？

（学生分享体会）

教师：在我们身边，就有很多默默奉献的人，他们并不有名，但我们需要发现他们的闪光点。大家能不能分享一下他们的故事？

学生分享身边故事。教师可以选择1～2位同学分享。

教师：鲁迅先生曾经说过，中华民族自古以来就有埋头苦干的人，就有拼命硬干的人……他们是中国的脊梁。在我们班，就有这样的“脊梁”。课前我们开展了班级“奉献楷模”的评选，现在我公布大家的投票结果。

学生楷模上台领奖。

教师：习近平总书记说过，人生的扣子从一开始就要扣好。接下来我们将继续进行班级楷模评选，请大家积极争做班级楷模，多做有价值的事情，树立正确的价值观。

在班会之初，同学们写了自己对生命意义的体会。请大家再次拿出这张小纸条，在上面写上对生命意义新的体会。

（2～3位同学分享）

教师：这节班会课，我们明确了生命健康的内涵、生命价值的所在。同学们，人最宝贵的是生命，生命每个人只有一次。我们宝贵的一生应该如何度过，这是需要大家不断思考的人生课题。今天的班会是一个良好的开始，我希望若干年后，大家都能自豪地向老师汇报："老师，我正在实现我的生命价值！"

【班会反思】

1.围绕教育目标实施教育环节

教育目标集中明确，得到较好的实现。班会聚焦"生命健康和生命价值"，是生命教育的第三部分，体现出教育序列性和生成性。目标集中明确，符合班级学生思想实际，学生明确了生命健康的内涵、生命价值的所在。

教育环节逐步递进，两个导向落实较好。本节班会课的目标导向、问题导向落实得比较好。班会的五个环节环环相扣、由浅入深，紧紧围绕认知、情感、行动目标，针对如何解决学生对生命价值认识不深等真实问题，开展教育活动。

2.发挥学生主体作用

环节设计符合学生认知，学生参与度高。设计不同的教育活动，有体验、对比、思考、交流，学生对"生命健康"和"生命价值"的认识从感性认知上升到了理性认识。这符合班级学生的年龄阶段、认知特点及思想发展脉络，学生乐于参与。

学生互相激发、自我教育。有意识地在不同环节选用经典名句、品读古典诗词、分享现代英模事迹，学生在感受精神财富中体会到厚重的历史传承，自觉思考自己的历史定位。学生评选班级楷模，讲身边人、身边事，这些都避免了空洞的说教，尊重了他们表达的需要，学生处于主动的地位，思维活跃，比较主动，情感真诚。同学分享家人的敬业故事时，充满感动。当班级楷模领奖时，所有同学热烈鼓掌。这些都是学生在互相激发、自我教育，教育效果良好。

3.需要进一步探索、完善的地方

给学生更大的空间并发挥教育多方面的合力。在设计时，时刻把学生放在中心地位。以后准备、组织召开班会时，我要给学生更大的空间，不光要指导学生，还要依靠学生，让学生既当主人又当参谋。另外，如果家长和任课老师能参与班会，讲讲自己的故事，这样效果可能更好。可以由他们给楷模颁奖，增进家校合作、师生感情。这些都是本节班会课可以改进、提高的地方，也是我以后会不断思考完善的方向。

规划教育

高中时间规划与管理

——高一年级时间规划教育主题班会

数学组　何娟

【教育背景】

从初中到高中有较大的跨越，并不是所有学生都能很快适应，诸多原因影响着学生的学业成绩。所以，有必要对高一新生进行高中规划教育，其中包括时间规划与管理。时间管理的核心就是对自我的约束和管理，增强自己的时间观念，把精力集中到所计划的事情上。本节班会面向高一年级学生。

【教育目的】

帮助高一学生更好地适应高中的学习节奏。

科学指导学生进行时间规划与管理。

提高学生的学习效率，提升其效能感。

【班会准备】

分组，打印并分发“时间管理表”。

【班会过程】

环节一　了解高中生活

▶主题引入

一些初中的佼佼者到了高中，学习上也会出现困难，这是什么原因造成的呢？

▶学生回答

学生 1：知识难度升高，用初中思维无法理解高中知识。

学生 2：学习习惯发生变化，初中的习惯有的不适合高中。

学生 3：从高中开始住宿的学生需要打理生活各个方面。

●教师总结

第一,学习内容增多,题目难度增加。高中内容需要更多时间进行消化,很多同学没时间预习,形成恶性循环。

第二,学习方法没有切换到高中模式。学习的每个阶段是不一样的,每一个阶段所用的方法也是不同的,而不适当的学习方法只会浪费更多的时间。

第三,在周末或假期没有很好地安排时间。高中考查基础知识相对较少,需要同学们利用好节假日时间去积累提升。

第四,学习目标、人生目标不明确。刚上高中,有的同学会因为目标不明确而陷入迷茫状态。

因此,为自己设定一个目标吧!比如说两个月前进多少名,或者单科提升多少分,或者想上的大学……

那么如何科学地制定目标并朝着这个目标努力呢?

环节二　科学管理时间

▶引导过渡

每个人每天所拥有的时间都一样多,所以时间管理这个问题在于如何分配时间,有效率地把事情完成。时间管理从良好的计划开始,良好的计划又从行动开始。有计划没行动,达成率为零;有行动没计划,容易浪费时间在修正错误上,所以两者应该并重。

1.明确目标

生涯规划的目标金字塔如图1所示。

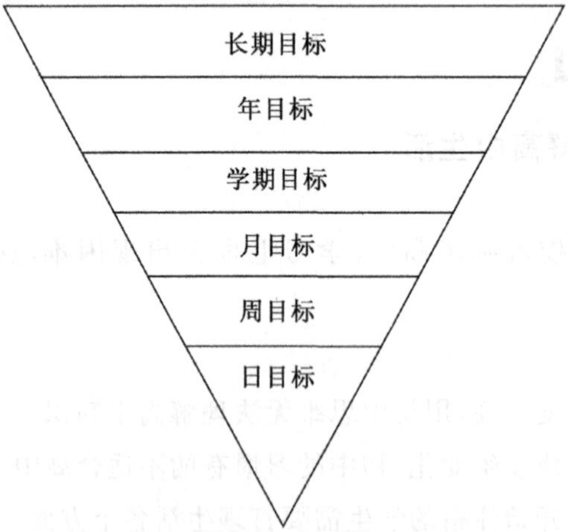

图1　生涯规划的目标金字塔

第一，规划长期目标。比如考进重点大学，那就要先查查分数线。有目标后我们就要分解目标，主科三科要达到多少分，等级科目分别要达到多少分。

第二，制定年目标。高中三年时间，我们可以先制定第一年的目标，假设最后一年我校前300名才能去重点大学，那么按照现在的分数和状态，我们需要制定适合的年目标，把目标分解，细化到各个科目。

第三，制定学期目标，同样细化到各个科目的分数。

第四，制定月目标，每科要学习多长时间，记忆多少知识点等。

第五，按照月目标，制定周目标的学习任务量。

第六，按照周目标，制定每天的任务量，也就是日目标。

2.计划作息

将一天(24 h)的活动时间按比例画成饼状图。

▶学生讨论

四人一组，浏览组员的时间饼图(见图2)，对比后发现其中存在的问题。

▶展示作品

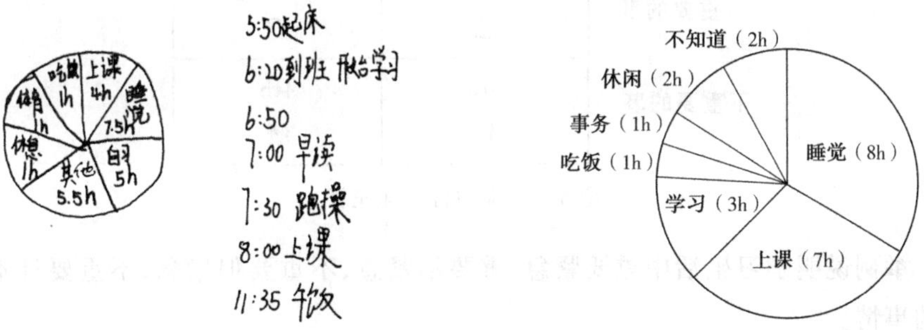

(a)学生1的时间饼图　　(b)学生2的时间饼图

图2　学生的时间饼图

▶投影

展示名人的时间饼图。

●教师总结

从学生图中可以看出，有很多时间不知道都去哪里了。对比名人的时间饼图，我们可以发现其中的差距很大。其实，高中和初中时间分配也有很大差距，高中占用的学习时间更多，相应地，休息时间会减少，一般时间分配如下(见图3)：

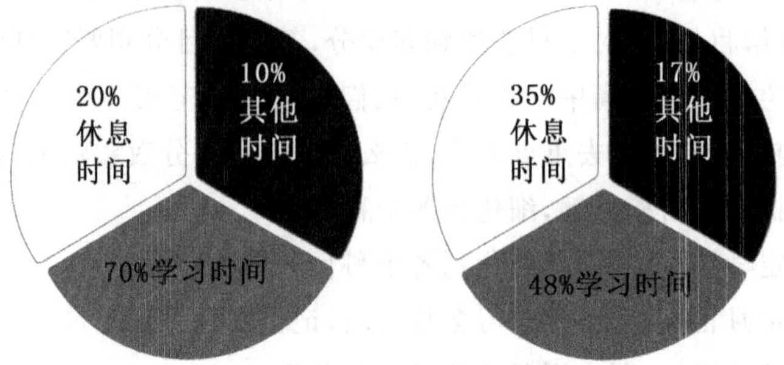

图 3　高中(左图)与初中(右图)的时间分配

3.厘清优先级

(1)用计划“超越”时间(见图 4)。

	紧急的事	不紧急的事
重要的事	1st 急	2nd 重
不重要的事	3rd 轻	4th 缓

图 4　正确的行事优先级

举例说明学习生活中重要紧急、重要不紧急、不重要但紧急、不重要且不紧急的事情。

▶学生回答

学生 1：重要紧急的事情是数学考试，重要不紧急的事情是数学作业。

学生 2：我认为重要紧急的事情是各种考试和课前预习，重要不紧急的事情是写作业和整理笔记，不重要但紧急的事情是学校事务和社团活动，不重要且不紧急的事情是看课外书和闲聊天。

●教师总结

同学们总结得全面、到位。首先考虑做好重要紧急的事情，其次安排好不重要但紧急的事情，再次做好重要不紧急的事情，最后考虑不重要且不紧急的事情，放弃重复、价值不大的事情。及早完成重要不紧急的事情，有利于减轻完成重要紧急的事情的压力，有利于我们从容不迫、高质量地完成任务，从而达到目标。

(2)用目标“超越”时间。在确定了事情的轻重缓急之后，需要对所做的事情确立目标，即完成任务的时间限制和完成的质量。首先，目标需要具体化，把自主学习的时间合理分配给各科作业，力求均衡发展。其次，目标要切合实际，在自己的能力范围之内，任务量要与时间量相匹配。最后，目标要落实到行动中，用行动不断实现目标。

4.科学安排日程

请你按照“轻重缓急”的原则制定自己的时间管理表，例子如表1所示。

表1 ________月________日时间管理表

时间段	计划内容	重要性排序	预期完成时间	实际完成情况

环节三　让时间更高效

计划执行的技巧：

(1)坚持不懈：只有坚持执行计划，目标才能逐步实现。

(2)避免打扰：在适当时候要说“No”，你不可能满足所有人的要求。

(3)不要拖延：拖延会使小问题演变成大问题，稻草也会压死骆驼。

(4)避开焦虑：无法完成的计划往往会导致焦虑，在适当的时候做出计划调整可以使你轻装上阵。

▶投影

鲁迅名言：时间就像海绵里的水，只要愿挤，总还是有的。

环节四　珍惜高中时光

在高中，由于课业负担重，老师们讲课进度快，同不们一旦有几节课跟不上或者听不明白，就可能会长期处于混沌状态。希望同学们在高中的学习生活中能够高效利用时间，合理规划生活，提升学业成绩，实现人生梦想！

【班会反思】

反思这节班会，如果将每篇内容设置成问题，让学生展开交流讨论，课堂氛围会比较活跃。另外，展示一些优秀的高中规划单和时间管理表，让学生学习借鉴，收效会更好。

新高考政策与选科走班

——高二年级课程规划教育主题班会

历史组　武志东

【教育背景】

1.山东高考新政策将高中阶段的考试分为合格性考试与等级性考试，高考模式变为“三必考＋三选考”，即三科必考科目（语文、数学、外语）和三科选考科目（物理、化学、生物、历史、地理、思想政治六科中任选三科）。

2.高一学年第二学期，学生需要了解新高考模式，在期末结束前完成自己的选科，为将来的成长做好准备。

3.学校要做好准备工作，介绍相关情况，指导学生选科学习；学校要实施新的教学安排，既要保证语数外的正常教学，同时要满足不同学生不同选择的等级考需要，还要兼顾合格考科目的考试要求。

【班会目的】

1.让学生了解高考政策的调整。

2.让学生知道如何选科，结合今后的成长和就业目标确定自己的等级考选修科目。

【班会准备】

1.查阅山东省教育招生考试院网站，了解高考的新政策。

2.查阅阳光高考网，了解高校招生政策。

3.要求同学们思考自己的兴趣爱好，结合自己的成长、就业目标，尝试选择心仪的大学或者专业。

【班会过程】

环节一　引入

请几位同学介绍自己心仪的大学或者专业，说明理由。教师结合课件，介绍山东省高考招生政策。

1.考试科目和考试类型

合格性考试：语文、数学、外语、思想政治、历史、地理、物理、化学、生物、技术（含信息技术、通用技术）、艺术（音乐、美术）、体育与健康等12门科目，成绩只有合格与不合格，对成绩不合格的学生再提供一次考试机会，与该科目下一次合格性考试同时进行。

等级性考试：思想政治、历史、地理、物理、化学、生物等六门科目，任选三科作为高考统考科目。条件成熟时，增加技术（含信息技术、通用技术）科目。等级考试科目成绩分为五等21级。A5为满分100分，E为40分，两个等级间分差均为3分。

2.考试时间

理论上合格性考试每学年组织两次，分别在每学年上、下学期末；高中在校生第一次参加合格性考试的时间不早于高一下学期末。

等级性考试时间即高考时间，安排在语数外高考之后。

高中考试时间表：

高一下学期末：合格性考试第一次，物理、化学、生物、地理、历史五选三，建议选择未来不考的三科。

高二上学期末：合格性考试第二次，语文、数学、外语、思想政治可以考，之前未通过的科目可以再考。

高二下学期末：合格性考试第三次，技术合格考，以及其他未通过的科目。

高三上学期末：合格性考试第四次，可以考之前未通过的科目；外语高考听力两次考试机会，间隔20分钟。

环节二　介绍新高考计分政策

2020年，山东高考综合改革实行之后，考生的高考总成绩将由三门统一高考科目成绩和自主选择的三门普通高中学业水平等级考试科目成绩组成，总分为750分。等级考试科目包括思想政治、历史、地理、物理、化学、生物六个科目。其中，统一高考科目语文、数学、外语的卷面满分分值均为150分，总分450分；考生自主选择的三门普通高中学业水平等级考试科目每科卷面满分分值均为100分，转换为等级分按满分100分计入，等级考试科目总分300分。

根据高考综合改革方案，将每门等级考试科目中考生的原始成绩从高到低分为A、B+、B、C+、C、D+、D、E共八个等级。参照正态分布原则，确定各等级人数所占比例分别为3%、7%、16%、24%、24%、16%、7%、3%。等级考试科目成绩计入考生总成绩时，将A至E等级内的考生原始成绩，依照等比例转换法则，分别转换到91～100、81～90、71～80、61～70、51～60、41～50、31～40、21～30分数区间，得到考生的等级成绩。

按照等级赋分的计分规则，考生要注意三点：

(1)高考分数不取决于卷面成绩，而取决于当次选考科目卷面成绩在全省的排名。

(2)每一个等级都是一个排名范围，同一个等级排名范围内的不同卷面分数的考生取得的等级赋分相同。

(3)等级赋分的结果之一是不论选考哪门科目，当次考试都将会有1%的满分考生。

假设大海同学考了61分，大海同学成绩所在原始成绩区间的最高分为69分，最低分为58分，转换分数区间为61～70分，那么大海同学转换后的成绩为63分，具体转换方法为：假设大海同学转换后的等级成绩为x，$(69-61)/(61-58)=(70-x)/(x-61)$，求得$x=63.45\approx 63$。可以看到，通过等比例转换去除四舍五入的影响因素，每门等级考试科目内，考生的成绩排名顺序是不变的。

环节三　介绍选科组合

介绍选科组合的情况，引导同学们合理搭配。

1.选科组合的种类

由于自选考试科目为三科，不同科目组合将产生不同的结果，总计20种组合。表1为所有自选科目学科组合选专业受限比例，数值越高，在选专业时受的限制越小。例如，“大理科”组合物理、化学、生物在2021年可报96.73%的专业，而“大文科”组合历史、政治、地理在2021年仅可选择41.37%的专业。

表1　不同选科可报考的专业统计(本科)

序号	组合名称	2020年占比	2021年占比
1	历史、物理、化学	97.12%	98.60%
2	政治、物理、化学	96.91%	98.31%
3	地理、物理、化学	96.36%	97.93%
4	物理、化学、生物	96.60%	96.73%

续表

序号	组合名称	2020年占比	2021年占比
5	历史、物理、生物	92.94%	95.73%
6	政治、物理、生物	92.89%	95.58%
7	地理、物理、生物	92.23%	95.15%
8	历史、政治、物理	92.49%	93.81%
9	政治、地理、物理	92.07%	93.57%
10	历史、地理、物理	91.79%	93.12%
11	历史、政治、化学	66.80%	63.18%
12	政治、地理、化学	66.44%	62.85%
13	历史、地理、化学	66.36%	62.66%
14	历史、化学、生物	67.35%	62.61%
15	地理、化学、生物	66.47%	61.77%
16	政治、化学、生物	66.63%	61.62%
17	政治、地理、生物	59.72%	53.75%
18	历史、地理、生物	59.54%	53.54%
19	历史、政治、生物	59.03%	52.98%
20	历史、政治、地理	50.30%	41.37%

是根据自己喜欢的专业来选择科目，还是根据自己的强势科目选择专业与大学呢？必须综合考虑。

2.以山东大学为例看高校的选课要求

山东大学2020年共有47个专业大类在山东招生，其中19个科类不提选考要求，包括艺术类、语言类、社会学类、新闻传播类等。16个科类符合一门即可报考，其中15个科类必选物理，包括管理科学与工程类、电气工程及其自动化、数学类等；临床医学(5+3)、临床医学(五年制)、临床医学(5+3，儿科)三个专业要求物理、化学、生物三科全部选考；化学类要求考生物理、化学必须选；要求物理、化学、生物三选一即可的有7个科类；建筑学则要求选考物理和历史的其中一门。总体看来，对物理提出必考要求的，一共有19个专业大类，占比达到

40%以上。如果选考科目包含物理，可以报考山大47个专业类别中的45个，只有历史学类和政治学类不能报考，可报专业占招生专业总数的95.7%。山东大学2020年拟在山东招生普通高校专业(类)选考科目要求(节选)如表2所示。

表2　山东大学2020年拟在山东招生普通高校专业(类)选考科目要求(节选)

序号	层次	专业(类)名称	选考科目要求	类中所含专业
25	本科	数学类	物理(1门科目考生必须选考方可报考)	数学与应用数学 信息与计算科学 统计学 信息安全
26	本科	能源动力类	物理(1门科目考生必须选考方可报考)	能源与动力工程 能源与环境系统工程 交通运输
27	本科	微电子科学与工程(含微电子、集成电路)	物理(1门科目考生必须选考方可报考)	
28	本科	城市地下空间工程	物理(1门科目考生必须选考方可报考)	
29	本科	土木类	物理(1门科目考生必须选考方可报考)	土木工程 水利水电工程
30	本科	软件工程(含软件、数媒技术)	物理(1门科目考生必须选考方可报考)	
31	本科	物理学类	物理(1门科目考生必须选考方可报考)	物理学 应用物理学

3.全国其他高校对选科的要求概况

以清华大学为例，考生只要选考了物理，除了艺术史论专业要求必须选考历史之外，可以报考其他任何专业。清华大学对设计类等6类专业不提科目要求；工科试验班要求必选化学；艺术史论要求必选历史。

北大、中科大、复旦、上海交大、哈工大等，考生只要选考科目中有物理，则可报考这些学校的任何专业。北大35个专业不提选考要求，7个专业要求必选物理，5个专业要求物理、化学二选一。中科大一共3个试验班在山东招生，全部要求必须选考物理。复旦13个专业不提选考要求，8个要求必选物理，3个专业要求物理、化学二选一。上海交大13个专业不提选考要求，22个专业要求必选物理,7 个专业要求物理、化学二选一。哈工大 7 个专业不提选考要求,26 个专业要求必须选考物理,1 个专业要求物理、化学、生物三选二,1 个专业要求物理、化学、生物三选一 。

4.山东其他高校对选课的要求概况

中国海洋大学一共有 63 个专业大类在山东招生,其中 25 个专业不提选考要求,主要是文科类专业,包括汉语言文学、法学、语言类等;4 个专业要求必选化学;3 个专业要求化学和生物二选一;23 个专业要求必须选考物理。

中国石油大学(华东)57 个专业招生,因为学科门类相对复杂,对选考要求提得比较具体。其中,俄语和法学不提选考要求;地理信息科学和测绘工程要求必选地理;市场营销要求地理、化学二选一;经济学要求地理、物理二选一;4 个专业要求必选化学。

省属高校中,山东师范大学和青岛大学的选考要求备受关注。因为都有艺术类专业与师范类专业,这两所高校不限选考科目的专业相对较多。山东师范大学 2020 年在山东招生的专业中,22 个专业不提选考要求;遥感科学技术要求必选地理;化学专业要求必选化学;历史学类要求历史、地理二选一;美术学、设计类、政治与行政学、哲学要求政治、历史二选一;戏剧影视文学、公共管理、广电编导要求历史、地理、政治三选一;8 个专业要求必选物理;化学与制药要求物理、化学二选一;地理科学类要求物理、化学、地理三选一;心理学等 4 类专业要求物理、化学、生物三选一。

青岛大学一共有 69 个专业大类在山东招生,其中不提选考要求的有 33 个;5 个专业要求必选化学;6 个要求必选化学与生物;1 个要求历史、地理二选一;法学要求政治、历史二选一;15 个专业要求必选物理;2 个要求物理、化学二选一;2 个要求物理、化学、地理三选一;医学影像与口腔医学均要求必选物理、生物。

综上所述,理工科必选物理,医学类专业的选考科目要求中,绝大多数要求必选化学和生物。当然,像山大这样临床医学的三个专业全部要求物理、化学、生物必选的并不多见。也就是说,如果 2020 届高考的孩子想学医,你至少要把化学和生物给学好了;如果你想读公安警察类院校,最好把政治学好,因为如果你不选考政治,这类院校中的很多专业都没法报考。

环节四　介绍志愿填报

简要介绍高考志愿填报和录取方式的改变,请同学们谈体会。

2020年起采用“专业(类)+学校”志愿模式。由原来的六个平行志愿,院校+专业,服从调剂,转变为“专业(类)+院校”模式,有三种变形,不再服从调剂。

介绍“3+3”模式科目选择攻略,指导同学选择。

我们在确定选考科目时到底要考虑什么?第一,初步明确自己将来想做什么,或者确定较为清楚的职业发展领域,然后在此基础上选择现在的学习科目。明确自己将来做什么及职业发展领域的前提是对自己的兴趣、能力、愿望、父母期望、社会发展以及环境变化等有综合的分析与把握。第二,如果没有明确的职业目标,应当更多地从当下的兴趣与能力出发,同时要注意考虑自身兴趣与能力的变化。

要了解未来的职业趋势,人社部最新公布的13种新职业如下:人工智能工程技术人员、物联网工程技术人员、物联网安装调试员、大数据工程技术人员、云计算工程技术人员、数字化管理师、建筑信息模型技术员、电子竞技员、电子竞技运营师、无人机驾驶员、农业经理人、工业机器人系统操作员、工业机器人系统运维员。

【班会反思】

新高考政策需要仔细研读,如何选课也不是开一次班会就决定的,还要学生们慢慢体会,也需要家长参与交流。人生做选择的机会很多,希望这次班会能带给他们明晰的思路,选择最适合自己的组合,努力奋斗!

新选课 新机遇

——高二年级课程规划教育主题班会

英语组 潘晓雯

【教育背景】

1.山东等地实行“3＋3”新选科制度。

2.学生对新选科制度的认识还不够充分。

【班会目的】

1.解读新选科制度的重要意义，让学生了解新选科制度带来的新机遇。

2.动员同学们刻苦学习，努力拼搏。

【班会准备】

学生查阅资料、课件准备。

【班会过程】

环节一 介绍新选科

所谓“选科制”，是指学生在必选语文、数学、外语的基础上，可以在物理、化学、生物、政治、历史、地理中选择3门自己较为擅长的科目作为高考科目，剩下的3门通过合格考即可。这样一来，本来只有文科或理科两种选择，而如今共有20种选择，因此新选科给我们带来了新的机遇。

2018年，《山东省深化高等学校考试招生综合改革试点方案》发布。根据方案，山东省2020年夏季高考将实施“3＋3”模式，招生院校将依据考试科目总成绩，参考学生综合素质评价择优录取；同时采取“专业(类)＋学校”方式，实行平行志愿投档，最大限度地满足考生志愿需求。

所谓“3＋3”模式，是指考生的高考总成绩由3门统一高考科目成绩和自主选择的3门普通高中学业水平等级考试科目成绩组成。总分为750分，其中，统一考试科目为语文、数学、外语，卷面满分均为150分，且不分文理科。外语考试将分别进行听力考试与笔试，考生最多参加 2 次外语听力考试，笔试机会只有 1 次。

普通高中学业水平等级考试科目包括政治、历史、地理、物理、化学、生物。学生可根据自身兴趣、志向、优势和高等学校招生要求，从中自主选择 3 门科目参加等级考试，但所选等级考试科目必须在学业水平合格考试中达到合格。等级考试科目成绩将按照相应计分规则计算，总分为 300 分，且在当年有效。山东与北京、天津、海南是深化考试招生制度改革的扩大试点地区。

学生不再分文理科，可以自主选择选考科目。就 3 门选考科目而言，各地多采用“6 选 3”模式，即从政治、历史、地理、物理、化学、生物 6 门科目中自主选择 3 科作为考试科目。值得注意的是，浙江采取的是“7 选 3”模式，除了以上所提到的 6 科，还多了技术(含通用技术和信息技术)科目。在分值设置上，绝大多数省份明确统一高考语文、数学、外语每科满分 150 分，学生自选的 3 门科目每门满分 100 分，总分合计 750 分。不过，上海、西藏 3 门选考科目每门 70 分，高考成绩总分满分 660 分；江苏高考科目分值尚未最终确定，但会比现行的 480 分要高。海南要求以每个科目原始分转换后的标准分呈现考生成绩，是目前唯一采用标准分这一计分方法的省份。与高考科目变化相对应的一项措施是高中学业水平考试，不少省份也公布了改革时间表。比如，北京将从 2017 年启动高考综合改革，从秋季入学的高中一年级起，开始实施高中学业水平考试，实行合格性考试和等级性考试。改变“一考定终身”是新一轮高考改革的重点方向。

在已公布高考改革方案的 19 个省份中，绝大多数省份为外语科目提供 2 次考试机会，考生可选择其中较高一次考试成绩计入总成绩。上海提出要建设外语标准化考试题库和标准化考场，外语考试要为今后其他科目逐步推行标准化考试积累经验。

“3＋3”制度施行后，考生们共有如表 1 所示的 20 种选科组合：

表 1　山东省新高考各选科组合可选专业统计(本科)

序号	组合	可报专业数量	专业覆盖率
1	物理＋化学＋历史	586	96.06%
2	物理＋化学＋地理	583	95.70%
3	物理＋生物＋历史	574	94.09%
4	物理＋政治＋历史	588	96.39%

续表

序号	组合	可报专业数量	专业覆盖率
5	物理＋历史＋地理	568	93.11％
6	物理＋生物＋政治	589	96.55％
7	物理＋生物＋地理	571	93.60％
8	物理＋政治＋地理	585	95.90％
9	物理＋化学＋政治	568	93.11％
10	物理＋化学＋生物	585	95.90％
11	化学＋生物＋历史	465	76.22％
12	化学＋政治＋历史	472	77.37％
13	化学＋生物＋政治	480	78.68％
14	化学＋政治＋地理	472	77.37％
15	化学＋历史＋地理	455	74.59％
16	化学＋生物＋地理	465	76.22％
17	生物＋历史＋地理	390	63.93％
18	生物＋政治＋地理	407	66.72％
19	生物＋政治＋历史	392	64.26％
20	政治＋历史＋地理	277	45.40％

同学们应当结合自身情况，谨慎地进行选科。

环节二　选科分析

▶互动环节

步入高二后，相信同学们都体会到了选科制度带来的变化。请大家谈一谈选科制度为你带来了哪些变化。

学生1：学习的科目变少了，我能够更加专注地学习选择的科目。

学生2：选择自己擅长的科目后，学习成绩有了显著提高。

总结：毫无疑问，“3＋3”的选科制度使我们每一个人都能够选择自己最擅长的科目，进而最大限度地发挥出自己的实力。回看过去的文理分科，只有政史地与物化生两种选择，这两种选择对大部分学生来讲，可能并不是他们最擅长的3门学科，所以过去的文理分科制度在一定程度上限制了部分同学实力的发挥，而选科制度最大限度地解决了这个问题，使每一个同学都可以根据自己的兴趣、未来想要学习的专业、想要从事的职业、学习成绩等来选择适合自己的学科。

考生选择的科目不仅与高考成绩相关,还与高考后的专业选择有着十分密切的联系。

▶"物理+"组合

在"物理+"组合下,工科大类中的电子信息类、通信类、计算机类、电气类、建筑类、交通运输类、土木类等专业都可以报考,还可以报考财经类、理学类、文史社会类的绝大部分专业。

如表2所示,"物理+"组合之所以有如此大的专业选择余地,主要是因为物理。有物理在,专业可以任意选。但是这个组合对于物理基础薄弱的考生来说,非常不适合。如果对于物理的确不擅长,可以选择其他更为擅长或更容易拿高分的组合。

表2 山东省新高考"物理+"组合可选专业统计(本科)

序号	组合	可报专业数量	专业覆盖率
1	物理+化学+历史	586	96.06%
2	物理+化学+地理	583	95.70%
3	物理+生物+历史	574	94.09%
4	物理+政治+历史	588	96.39%
5	物理+历史+地理	568	93.11%
6	物理+生物+政治	589	96.55%
7	物理+生物+地理	571	93.60%
8	物理+政治+地理	585	95.90%
9	物理+化学+政治	568	93.11%
10	物理+化学+生物	585	95.90%

在此,需要特别强调的是,如果学习医学类专业,尤其是临床医学、口腔医学等热门医学专业,仅选择物理是不够的,必须在"物理+化学""物理+生物"、"化学+生物"或者"物理+化学+生物"组合下才可以。

在仅选考物理而没有选择化学和生物的情况下,也可以报考部分医学相关专业,比如中医学、部分院校的口腔医学、部分院校的医学检验技术和医学影像技术、部分院校的预防医学等约310个医学相关专业。

▶“化学+”组合

对于成绩中等的学生而言，选考物理可能并不占优势，“化学+”组合也是一个不错的选择。

这个组合中包含“化学+生物+历史”“化学+生物+政治”“化学+生物+地理”“化学+政治+历史”“化学+政治+地理”“化学+历史+地理”等，因其均包含化学学科，而且可选择的专业范围大致相当，统称为“化学+”组合。当然，这一组合是将“化学+物理+X”排除在外的。

如表3所示，在“化学+”组合下，各个组合内可报考专业的数量差别并不大。在可以报考的400多个专业中，各个组合内可以报考的专业类别相差也不大，主要集中在材料类、食品科学与工程类、环境科学与工程类、化工与制药类、地质类、矿业类、水利类、纺织类、生物类等报考热度不是很高的工科大类专业(这些专业对物理要求不高)；化学类、地理科学类、生物科学类、海洋科学类、地质学类、心理学类等理学大类专业；文史社科类等专业。

表3　山东省新高考“化学+”组合可选专业统计(本科，不包含“化学+物理+X”组合)

序号	组合	可报专业数量	专业覆盖率
1	化学+生物+历史	465	76.22%
2	化学+生物+地理	465	76.22%
3	化学+生物+政治	480	78.68%
4	化学+政治+历史	472	77.37%
5	化学+历史+地理	455	74.59%
6	化学+政治+地理	472	77.37%

相比“物理+”组合，“化学+”组合在选择专业范围上更受限。最明显的限制在于工科大类专业的选择。

在“化学+”组合下，电子信息类、计算机类、兵器类、航空航天类、核工程类、仪器类专业几乎都不能报考。可以报考的工科类专业一般都对化学要求比较高，比如材料类、食品科学与工程类、环境科学与工程类、化工与制药类、地质类、矿业类、水利类、纺织类、生物类。

此外，在理学类专业中，可以报考化学类、地质学类、海洋科学类、生物科学类、统计学类、心理学类等大部分专业。但是数学类、物理类等理学专业，要求必须选考物理才可以报考。

对于想要学习财经、语言或者传统意义上文理兼招的专业的学生而言，选考“化学＋”组合，相对于“物理＋”组合较为容易达到预期的目的，不失为一条捷径。

在“化学＋”组合下，如果不选考物理和生物，也可以报考部分院校的330多个医学相关专业，主要集中在中医学、部分院校的预防医学、口腔医学、医学技术类、中西医临床医学、医学检验技术等相关专业。其中不乏一些医学专业强校，比如四川大学、首都医科大学、上海交通大学、华中科技大学等。

▶“生物＋”组合

这里所说的“生物＋”组合中是不包含物理、化学学科的，有“生物＋历史＋地理”“生物＋政治＋地理”“生物＋政治＋历史”三种组合（见表4）。

表4　山东省新高考“生物＋”组合可选专业统计（本科，不包含“生物＋物理＋X”“生物＋化学＋X”组合）

序号	组合	可报专业数量	专业覆盖率
1	生物＋历史＋地理	390	63.93%
2	生物＋政治＋历史	392	64.26%
3	生物＋政治＋地理	407	66.72%

在“生物＋”组合下，各个组合内可报考专业数量差别并不大。在可以报考的近400个专业中，各个组合内可以报考的专业类别相差也不大，管理学类、经济学类、教育学类、理学类、部分医学类、少部分工学类专业均可报考。

在“生物＋”组合下，考生可以报考的工学类专业不多，相比“物理＋”组合、“化学＋”组合，不仅数量极大缩减，而且多集中在食品、粮食工程、种子科学、环境科学、生物医学工程、物流工程等冷门专业。

“生物＋”组合的优势是可以报考大部分药学相关专业。医学相关专业中的中医学、部分院校的口腔医学、部分院校的医学影像技术、部分院校的预防医学和中西医临床医学等专业也可以报考。传统意义上的文理兼招专业也可报考，比如会计、财务管理、工商管理、审计、人力资源管理、金融学、经济学、金融与贸易、财政学等。

“生物＋”组合报考专业最致命的缺陷在于大部分的工科类、理学类专业报考受限，所以如果想要学习工科类专业，“生物＋”组合选择很少。如果想要学习理工类专业之外的其他专业，这一组合反而很容易达到预期目标，因为不涉及物理、化学等科目，学习难度也小一些。

▶“政治＋历史＋地理”组合

对于那些不擅长学习理科的学生来说，“政治＋历史＋地理”这种传统意义上的纯文科组合可能是最好的选择。

“政治＋历史＋地理”组合可选择的专业范围是20个科目组合中最小的，只能覆盖45％左右的专业。没有物理、化学、生物，意味着95％以上的理工科专业都不可以选择，意味着与医学类专业无缘，但可以选择财经类、语言类专业。

环节三　介绍与选科制相关的赋分制

选科制采取的是等级赋分模式，也就是选出的3门选考科目不直接评分，而是以等级形式呈现，然后再换算成分数。将考生的原始成绩从高到低划分为A、B＋、B、C＋、C、D＋、D、E共8个等级区间，参照正态分布原则，确定各等级区间人数所占比例分别为3％、7％、16％、24％、24％、16％、7％、3％。等级考试科目成绩计入考生总成绩时，将A至E等级区间内的考生原始成绩，依照等比例转换法则，分别转换到91～100、81～90、71～80、61～70、51～60、41～50、31～40、21～30分数区间，得到考生的等级成绩。每科等级成绩本质上是考生的位次成绩，主要由考生在科目内所处位次决定，原始成绩进行等级转换后，排名顺序不变。

赋分制按照人数占比划分等级区间，换句话说，新制度下将更加注重单科排名，有效避免了以纯分数区分考生和不同学科难度差异的弊端，在尊重学生兴趣、特长的基础上，使人才选拔考试更加公平。因此考生在新制度下不仅要提高分数，更要关注排名。

举例来说，如果物理考试难了，尖子生考80分，地理简单了，中等生考88分，一起算总分的话似乎中等生分数更高些，可等级赋分以后，尖子生还是比中等生分数高。

环节四　介绍新选科制度带来的新机遇

选科制使我们在高中阶段就对未来的专业和职业有了一个初步的规划，有利于我们未来的发展。不仅如此，由于新高考制度取消了文理分科，学生可以选择文理科混合的组合，这在很大程度上缓解了过去学生只懂文或只懂理这种发展不全面的问题。

新选科制度不仅为我们带来了新机遇，更给我们的社会以及国家带来了新机遇。习近平总书记指出，强起来要靠创新，创新要靠人才。人才政策、创新机制都是下一步改革的重点。高考是国家选拔人才的一个重要渠道，过去传统的文理分科使人才的类型过于单一，人才之间分化严重，不利于国家对人才的培养。而新选科制度有20种组合，使人才得到更加均衡的发展。

环节五　互动环节

小组讨论选科制带来的困难与压力。

学生1：每一科的难度增加了。

学生2：选科的时候十分纠结。

总结：当然，组合种类数目的增多也导致了我们在选科时候的纠结。原来我们只需要思考是全理科适合自己还是全文科适合自己，而现在我们有20种选择，难免纠结，这就要求我们对自己有清晰的认识。

环节六　总结选科的意义

《论语》中有这样一段话：

子路问："闻斯行诸？"

子曰："有父兄在，如之何其闻斯行之？"

冉有问："闻斯行诸？"

子曰："闻斯行之。"

公西华曰："由也问：'闻斯行诸？'子曰：'有父兄在'；求也问：'闻斯行诸？'子曰：'闻斯行之'。赤也惑，敢问。"

子曰："求也退，故进之；由也兼人，故退之。"

这段话体现了孔子"因材施教"的教育理念。山东作为孔子的故乡，新高考的新选科制度也体现了孔子"因材施教"的思想。由此我们可以看出，新选科制度是以孔子的思想为基础，融合了新时代教育特点的产物。

【班会反思】

老师帮助学生明确自己的强势学科与弱势学科，同时还要结合学生兴趣、以后想学习的专业对选科的要求等，切不可盲目选择，而应当客观、全面地根据自身情况，选择一个最适合自己的组合。

节奏　实效　扎实　稳定

——高三年级一轮规划教育主题班会

历史组　张立武

【教育背景】

高三是学习生涯中关键的冲刺阶段。学生对高三的快节奏感到一种新鲜的刺激,同时又有点不知所措,普遍觉得自信心不足。设计这一次主题班会旨在帮助学生解决当前的困惑,使他们尽快适应高三的学习,少走弯路,力争达到事半功倍的学习效果。本节班会适用于指导新高三学生进行一轮复习规划。

【班会目的】

1.通过视频、故事等方法引导学生反思自己的学习方法,及时纠正备考过程中错误的方法。

2.向学生提供一些高效率的复习方法,引导学生合理、高效分配时间,摸索出适合自己的复习方法。

【班会形式】

讨论、分享与交流。

【班会准备】

1.事先了解学生存在的困惑,有的放矢,从而使班会有针对性和实效性。

2.学优生准备经验分享。

【班会过程】

环节一　引入

高三,也如高山,用一年的时间攀登一座精神的高山,回头看时就会发现这山并非高不可攀,人生总是在翻山越岭。要到达山顶就要有一个好的开始,调节好心理状态,坚信风景总在高处！高三一轮复习中,大家会经历多次考试的检验，面对即将到来的一次次考试，我们如何抓紧时间努力学习、力争上游呢？今天就来讨论一下高三一轮复习中如何备考。

▶展示故事

老鼠们在一起开会，商讨怎样才能不被猫抓住。其中一只老鼠提议，在猫的脖子上挂一个铃铛。全体老鼠欢声雷动："这个主意太好了！"但有一只老鼠问："怎样才能将铃铛挂到猫的脖子上？"全体老鼠鸦雀无声。

引申出主题：方法比想法更重要。

环节二 高三学习的节奏

▶学习方法介绍

选取高考状元、毕业学长、班级学优生的经验，介绍其学习方法。

▶小组讨论

对比以上优秀学生的经验，请反思自身的学习方法是否正确？存在哪些问题？

▶学生回答

……

●教师总结

高三一轮复习备考的关键就是落实八字方针——节奏、实效、扎实、稳定。

你是否也这样？许多背过的知识已忘，做过的题又错；每天忙忙忙，开始有些"盲"；写不完的作业，刷不完的题；书本和笔记合上又开，开了又合；考试还是没有获得理想的名次和分数……

把握人生的有效生长期是成功的一个重要因素，所以我们需要踏好节奏。

环节三 高三学习的实效

高三的学习，忙，正常；忙乱，不正常！如何杜绝忙乱，增强学习的实效性？

1.认清并接受高三学习的特点

(1)快节奏、大容量、高强度、快循环。

(2)任务多是正常的，有些任务完不成也是正常的。

(3)老师有多少要求，有什么样的要求，都是应该的，没有这些要求，我们将很难提升。

(4)功夫不是下在逃避要求，而是下在高效落实要求，准确提升。

2.唤起学习的激情，不给自己的人生设限

跳蚤效应：将跳蚤随意向地上一抛，它能从地面上跳起一米多高，但是如果在一米高的地方放个盖子，这时跳蚤跳起来就会撞到盖子，而且是一再地撞到盖子。过一段时间后，拿掉盖子就会发现，虽然跳蚤继续在跳，但已经不能跳到一米以上了，直至生命结束都是如此。为什么呢？理由很简单，它已经调节了自己跳的高度，而且适应了这种情况，不再改变。

3.加强时间管理和学习任务梳理

把每天要做的事列一份清单，用数字表明优先顺序，从最重要的事情做起，每天都这么做，养成习惯。

环节四　高三学习的扎实

PPT 展示问题试卷和答题规范工整的试卷。

●教师总结

我们在高三复习中一定要把工作做扎实：基本知识要反复夯实；背诵类要抓牢分数；错过的题不要再出错；每天每科都要有自主复习的时间；卷面规范；字迹赏心悦目；审题时做个研究型学生，找多个题眼；平时出声阅读，考试提高专注度。

环节五　高三学习心态的稳定

稳定的内涵是什么？

1.拒绝外界干扰

过多的外界干扰会造成一个人精力分散。在我们精力有限的情况下，只有集中精力做某些事才有可能取得应有的效果。

不要盲从那些空耗生命的人；不要有过多的交际，天天忙着串班、交朋友、聊天；要勇于说“不”，学会拒绝别人不合理的请求，将外界干扰最小化；要有定力，学会专注做事，一次只做一件事。

2.拒绝拖延，立即执行

拖延是一种不良的习惯，是没有行动力、没有自信、力不从心的表现。我们要养成雷厉风行的做事风格，让自己成为有行动力和执行力的人。

▶小组讨论

结合日常生活，找一找你做事拖延的例子。

3.行为迅速，心态稳住

走路快一点、吃饭快一点、吐字快一点、动手快一点、动脑快一点、整理快一点、节奏快一点。

4.咬牙挺住

成功往往不在于瞬间的爆发,而在于一路的坚持,挺过撞墙期,就有不一样的人生等着你。

环节五　班会总结

同学们,决战的号角声已经吹响,爱拼才会赢！我相信,只要我们竭尽全力、奋力拼搏,一定能取得胜利。在今后的日子里,我们每个同学都要踏准节奏、扎实复习、狠抓实效、稳定心态,发扬奋力拼搏、永不言败的精神,不犹豫、不彷徨,我们共同努力,全身心地奋战高考,向家长、老师、学校和社会交出一份满意的答卷,铸无悔青春,创高考神话!

【班会反思】

本节班会课基本达到了预期的效果。从教育目标上看,要让学生反思高三复习备考中存在的问题,并在交流反思中形成更好的复习备考方法,这一教育目标基本实现。从形式上看,这次班会采用了多种形式,比如运用故事引入班会主题;运用优秀学生的事例介绍更好的学习习惯和方法;通过班级讨论,帮助学生发现自身的问题。从班会过程看,学生参与度比较高,基本能做到以学生为主体,使其在参与中产生共鸣。

本节班会课仍存在一些不足:各个教学环节之间衔接不够紧密,环节间的过渡不够自然;由于课堂时间有限,部分同学没在课堂上倾诉自己的心声;有些环节理论性比较强,需要注意提高可操作性。

考试心态和方法教育

学会与压力同行

——高一年级期中考试前心态指导主题班会

英语组　任会娟

【教育背景】

1.班里有些学生考前不能及时调整心态，导致“考试焦虑”。

2.有些学生自我期待过高，目标设定不合理，导致“习得性无助”。

3.有些学生缺乏科学有效的备考计划，时间与精力分配不均，复习效率不高。

4.本节班会面向高一年级学生。

【班会目的】

1.通过开展心理小测验等活动，学生有意识地关注自身心理状况。

2.通过小组讨论帮助学生探寻焦虑的根源，进一步寻找疏解途径。

3.通过小组活动帮助学生增强自我认知，树立切实可行的学习目标。

4.使学生端正考试态度，指导学生制订可行的复习计划。

【班会准备】

学生查阅资料、课件准备。

【班会过程】

环节一　主题引入

同学们，本学期期中考试马上就要到了。这也是你们进入高中以来第一次参加规模较大的考试，是见证两个月学习成果的时刻。考试就像航海出行，只有掌好舵，才能顺利抵岸。为了保证大家首次“航行”顺利，今天我们一起探讨期中考前的心态与备考方法。

环节二　关注心态

▶引导

一次顺利的航行不仅需要出色的掌舵技巧，掌舵人良好的心态也至关重要。

▶投影

两个推销员的故事

两个欧洲人到非洲去推销皮鞋。第一个推销员看到非洲人都打赤脚，立刻失望地说："这些人都习惯打赤脚，怎么能买我们的皮鞋呢？"于是沮丧而回。另一个推销员看到非洲人打赤脚，惊喜万分："这些人都没有鞋穿，看来皮鞋市场大得很呀！"于是想方设法向非洲人推销自己的皮鞋，最后发了大财。这就是不同心态导致的天壤之别！

▶过渡

是什么造成了两个推销员的不同结果？是两个人不同的心态。

即将踏入考场的你们，是否准备好了？接下来，我们通过一个小游戏来认识一下真正的"自己"。

▶投影

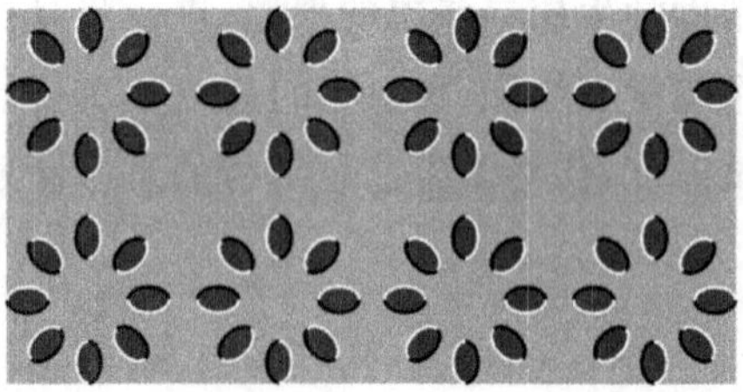

▶学生回答

学生1：我看到了花瓣好像在旋转。

学生2：我感觉有点晕。

学生3：我看到八朵花的花瓣一直是静止的。

▶过渡

大家对同一幅图片，有不同的感受。这反映了什么呢？

▶投影

看到的内容与你的压力程度有关
如果你看到的图片是静止不动的，说明你没有什么学习压力。 如果你看到图片中的花瓣是一点一点缓慢转动的，那说明你存在一定的学习压力。 如果你看到的图片是高速旋转的，说明你现在有较大的压力。

环节三　探寻压力的根源

▶引导

有同学没有意识到自己有压力，那是因为压力具有不同的性质、来源和水平。

▶投影

认识压力
压力是指外界环境的变化和机体内部状态所造成的人的生理变化和情绪波动。 导致心理压力的因素有很多，可能来自社会，也可能来自家庭。短暂的心理压力危害很小，但长期的心理压力使人在生理上产生过度反应，严重的话会导致身体疾病。

▶学生讨论

学生1：我有一点压力，自己学得不是很扎实，所以我觉得这次期中考试有点悬。

学生2：我也是存在一定的学习压力。但这次考试应该差不多吧，自己平时上课也能听懂，作业也差不多能做完。

学生3：我也有学习压力，这次期中考试我不好说结果。

▶过渡

对于这次期中考试，大家内心有很多感受。通过调查，主要有以下几种感受，来看看是不是“你”。

▶投影

高中生普遍存在的学习问题
上高中以来,作业没有写完过,自己对这次考试既没有信心,也没有目标。
考不好的话有点丢人,毕竟我在这么好的学校。
我上高中以前都考班里前三,这次我怕考得不好。
平时只顾赶作业,无暇复习,突然期中考试,有点不知所措。
我自己有复习计划,但感觉没有成效。

依次询问学生是否存在 PPT 上所列问题,并进行概括总结。

环节四　认识自我,设定合理的目标

▶引导

如何突破这些问题?接下来,我们做一些活动。

自我效能感低的学生:

______在	______方面能/有	______,我很佩服ta。
1.	______	______
2.	______	______
3.	______	______
4.	______	______
5.	______	______
6.	______	______
7.	______	______
…	______	______

自我期待过高(目标设定不合理)的学生:

______在	______方面能/有	______,我很佩服ta。	√
1.	______	______	□
2.	______	______	□
3.	______	______	□
4.	______	______	□
5.	______	______	□
6.	______	______	□
7.	______	______	□
…	______	______	□

规则 1:

四人一组填写表格。每位组员将第一个空填上自己的名字,依次传给其他三位组员,让他们写下此组员至少一个优点,不要重复。

规则 2:

同桌两人交换表格,浏览对方的每条优点。若自己也有,则在对应的方框后打钩;若没有,则不打。

▶小组讨论

完成这个活动后,你有什么感受?

学生1:我觉得每个人都有自己的优点,都有自己的独特之处。

学生2:我发现别人身上总会有我可以学习的地方,我还需要继续努力。

▶过渡

这两位同学讲得非常好。要想做好一件事,不仅要对自己有信心,还要发现别人的优缺点。不要过度自卑,也不要给自己设定过高的目标,要保证考试顺利,就要提高自我效能感,保持适度的动机。

那什么是自我效能感呢?为什么适度的动机是最好的?

▶投影

自我效能感的定义,耶克斯一多德森定律。

▶过渡

大家要对自己有信心,并且要对考试保持适度的动机。不要给自己设定过高的目标,否则会导致自己过度紧张,反而不利于发挥;相反,如果设定合理实际的目标,让自己处于适度紧张状态,会让你最大限度地提高学习效率,超额完成任务。现在给大家两分钟的时间,为自己设定一个可行的目标。

很多同学动机过高,可能并不是出于自己的原因,而是外界的原因。那接下来,让我们勇敢地面对自己的恐惧。

▶投影

如果这次考砸了的话,________________
1. ________________
2. ________________
3. ________________
4. ________________
5. ________________
6. ________________
7. ________________
…

第一步:把自己想到的考试失败的后果都写下来。

第二步:把除"我"以外的后果都划去。

▶总结

虽然一开始大家列举的后果有很多,但最后真正与你利害相关的也不过一两条。检测你对所学内容的掌握程度才是考试真正的意义。

只有好的心态是不够的，还需要一副敏捷精准的“舵”。为了更好地“乘风破浪”，一份科学的复习计划是必不可少的。

▶学生讨论

分享自己的考前复习计划。

学生1：更多的时间给理科类科目，因为要演算。

学生2：文科类科目提前一周开始复习，每天复习一个或两个章节。

▶过渡

大家都有自己的复习计划，但高中与初中阶段的学习有点不一样。为了使复习更有效，接下来让我们一起学习一下复习的几大策略。

▶投影

策略展示

策略一：文理交叉复习。文理交叉复习有利于减少用脑压力，从而提高复习效率和质量。

策略二：知识系统化。将所学内容通过思维导图或树状图等形式进行系统的整合，尤其是文科。可按照章节形式或者打破章节限制，整合成相应的专题。

策略三：循序渐进夯实基础。理科类科目，尤其是数理化，要注重知识在实际中的应用，但前提是掌握好基础知识。

策略四：弱势科目少拉分。偏科现象在高中阶段，尤其是高一打基础的阶段需要高度重视。在课余时间，针对性地学习基础相对较弱的科目，尽快补好短板。

策略五：自我检测碎片化。要及时进行自我检测，查漏补缺。可以利用好晚上睡前半小时和早上起床后的半小时。

▶学生讨论

学生讨论本次班会收获。

▶总结

最后希望大家面对这次期中考试能保持“三心”：考前有信心，考中要细心，考后持恒心。把压力化为成长路上的动力，同学们，加油！

【班会反思】

考试是贯穿学生学习生涯的话题。引导学生正视高中阶段的学习压力、调整心态、制订可行的复习计划非常重要。反思这节班会课,如果采用"贴笑脸"等趣味性活动,将小组活动扩展到全班范围,效果或许会更好。

你所期待的未来正在路上

——高一年级期末考试前心态指导主题班会

数学组　张素文

【教育背景】

高一上学期期末考试临近，部分学生的考前焦虑逐渐凸显，明明知道要努力学习，但会感到惶恐急躁、心神不宁，注意力难以集中，内心非常矛盾。而自我效能感与学生的学习及身心健康密切相关。所以，有意识地培养自我效能感是非常重要的。例如，学生知道，努力学习会提高数学成绩。这里“提高数学成绩”是“努力学习”的结果期望，而学生对自己努力学习以提高数学成绩的自信程度就是自我效能感的体现。本节课意图是通过游戏及案例激发学生的自信心，增强自我效能感，坚定“我能行”的信念。本节班会面向高一年级学生。

【班会目的】

1.针对学生的考前焦虑情况，帮助学生调整应考心态，提高应考质量，使学生最大限度地发挥自己的潜能和水平。

2.引导学生回忆自己的成长和收获，增强学生的成就感和自我效能感。通过看见自己的准备过程，缓解学生的考前焦虑，给予学生“我已经做了很多准备”的积极暗示。引导学生关注过程中的收获，合理看待考试的意义。

【班会准备】

杯子、水、回形针、白纸、笔、PPT。

【班会过程】

环节一　热身游戏——装满水的杯子能放多少回形针

往一只装满水的杯子里放回形针，询问学生放多少个回形针水会溢出，然后做实验验证。

教师：你认为能放多少个？

学生 1：一个也不能放。

学生 2：5 个。

……

教师：我们本以为放几个回形针，水就会溢出，但事实一次次刷新我们猜想的数据，突破了我们能想象到的极限数值。看似满满的一杯水还能容纳 100 多个回形针，可以谈一谈你们的感受吗？

学生 3：要相信自己还有很多能量可以挖掘，那些原本看上去不敢做的事，只要有信心和勇气，就能做好。

学生 4：固有的思维固化了我们的思想，很多事情我们以为自己做不到，事实是我们自我设限、自我否定，我们应该勇敢挑战自我、突破自我，才能成就全新的自我。

教师：我们一个个把回形针放入满杯的水中，第 99 个放进去水也没有溢出来，如果你坚持再放入回形针，也许第 100 个之后水就溢出来了。量变到质变也许就差最后一点坚持，在量变的积累过程中要沉得住气，学会持之以恒，这样才能达到质的飞跃！

环节二　探索活动——可圈可点

现在，我们面临的只不过是一次期末考试。也许你还有些忐忑和不安，或者怀疑自己是否真的准备好了。接下来，让我们一起来回顾一路走来我们的努力和收获，或许会有新的发现。让我们走进第二个环节——可圈可点。

1.讲解任务

教师：请大家在空白纸上绘出一条直线代表自己的成长路径，左边是过去，右边是现在，向未来延伸。然后请你回忆自己的成长经历，从记忆中搜索值得标记的成长点，小的成就用小圆点表示，大的成就用大圆圈表示，在相应的时间轴上标记出来，并在旁边简单注明事件内容。

2.学生绘制自己的成长路径图

学生绘制的成长路径图如图1所示。

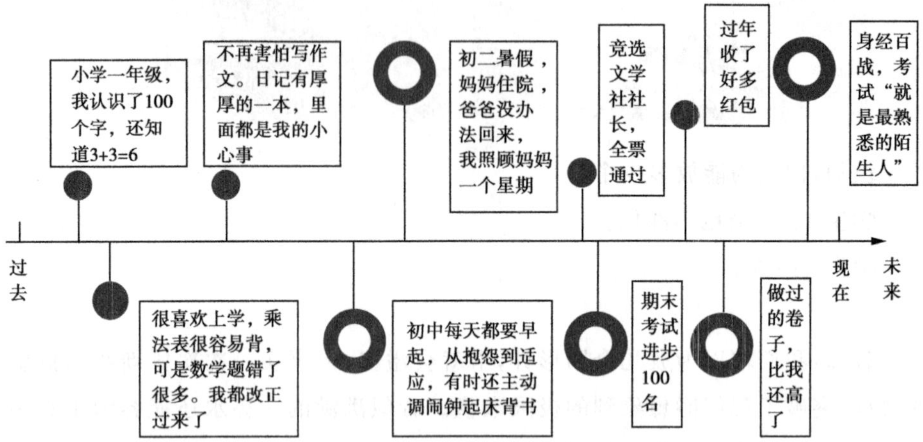

图1　学生绘制的成长路径图

3.思考讨论

请同学们简单分享自己的感悟。在绘图的过程中，你有什么新的发现？

教师：非常感谢同学们的积极思考和分享。正如大家所说，有些成长让我们印象深刻，而有一些成长"润物细无声"，需要仔细回味，才能知觉。当我们用心描绘出自己的成长路线图就会发现，原来我们还有这么多可圈可点的成就，原来我们已经成长了这么多！

环节三　主体活动——你比想象中优秀

1.案例分享

1796年的一天，在德国哥廷根大学，一个很有数学天赋的19岁青年吃完晚饭，开始做导师单独布置给他的每天例行的三道数学题。前两道题他很快就完成了。第三道题写在另一张小纸条上：要求只用圆规和一把没有刻度的直尺，画出一个正十七边形。这个青年发现，自己学过的所有数学知识似乎对解开这道题都没有任何帮助。困难反而激起了他的斗志，"我一定要把它做出来"！他拿起圆规和直尺，尝试着用一些超常规的思路去寻求答案。当窗口露出曙光时，青年终于完成了这道难题。见到导师时，青年有些内疚和自责。他对导师说："您给我布置的第三道题，我竟然做了整整一个通宵，我辜负了您对我的栽培……"导师接过学生的作业一看，当即惊呆了，用颤抖的声音对青年说："这是你自己做出来的?”青年有些疑惑地看着导师,回答道:“是我做的,但是我花了整整一个通宵。”

导师激动地对他说:“你知不知道,你解开了一桩有2000多年历史的数学悬案!阿基米德没有解决,牛顿也没有解决,你竟然一个晚上就解出来了,你是一个真正的天才!”那天,导师阴差阳错将写有这道题目的纸条交给了青年。每当青年回忆起这一幕时,总是说:“如果有人告诉我,这是一道有2000多年历史的数学难题,我可能永远也没有信心将它解出来。”这个青年就是“数学王子”高斯。

2.学生分享

教师:你在生活中有没有像高斯一样,完成了一件自己意想不到的事情?请说一说。

学生5:我上高中之前一直没有担任过班干部,上高中之后想锻炼一下自己的交际能力,于是勇敢地报名参选。参选班干部的同学很多,竞争相当激烈,我的第一想法就是想放弃,会否定自己,觉得自己不行。

教师:那你是怎么克服这种情绪的呢?

学生5:我记得当时一直在心里想我的优点,我责任心强,愿意帮助同学……我想最坏的结果就是落选,对我来说,并没有任何损失,我还可以积累经验。所以我鼓起勇气,抱着“赴死”的决心,决定参选。最后,我如愿以偿当上了班干部,这件事情使我之后面对困难变得更加勇敢。

教师:任何事只要敢想就一定要付诸实践,要有实际的行动,即使最后失败了,但至少我们曾经经历过,我们也会因此而成长得更快,更加成熟。你比你想象中的要更加优秀。

学生6:我从5岁开始学习钢琴,每天坚持练琴2小时。即便学习再忙也会挤出时间来练习,练琴的过程是枯燥无趣的,我有一段时间也是不喜欢,想放弃。

教师:那你最终是如何坚持下来的呢?

学生6:为了让练琴更有意思,我把曲子想象成游戏通关,打通每一首曲子的难点,就像是游戏通关一样,把曲子分成一个个小目标去练熟,再像拼图一样完整拼起来。我觉得练完一首曲子是一件很有成就感的事情。

3.升华与总结

教师:今天的活动,大家都热情参与,充分体验。下面,我来为这次活动作一些总结。

针对学生学习倦怠、学习效率低、上课常走神、作业不会做、小测试不如意这些问题，有意识地培养自我效能感是非常重要的。

第一，设定合理的学习目标。我们可以将大目标分解成小目标，每天进步一点点，改变一点点。制作每日待办清单，每完成一项便打个钩，积累小的成就感。希望大家都有一双发现的慧眼，看见自己的努力，也看见自己的收获。不妨大家就做一下今天的待办清单吧。我们每天完成自己的待办清单，一个星期之后、一个月之后、一个学期之后我们来共同见证大家的变化！例如：

待办事项	□整理笔记 □完成作业 □整理错题 □背英语单词 10 个 □阅读英语文章 1 篇 □阅读 20 分钟 □……
目标	
复盘	

第二，从过去的经验中汲取能量。情绪和生理状态与自我效能感的形成有着重要联系。勇于尝试，以过程为导向，从过去的经验中汲取正向能量，肯定自己。不要给自己设限，要学会自我暗示，“我能做到，我比自己想象中优秀”。大家可以自觉地经常调整自己的面部表情，更多地呈现出愉快、自信的精神面貌，这样有利于大家体验积极的自我情绪，进而提高自我效能感。

同学们，我们今天进行了有意思的回形针实验，分享了自己的个人经历，通过今天的探索请大家看见其实自己已经作了很多的准备，而且在准备的过程中，你已经收获了很多成长。我们确信凭借自己的力量可以达成目标，获得成功。但不得不承认偶尔的失败是正常的，同时也是不可避免的，并且它常常在学习中起到促进作用。我们应该具备面对失败的能力。成绩是一个顺其自然的结果，我们努力过就值得。请大家释然。

请记得你们青春热血的样子，记得你们努力拼搏的样子；请给你们的高中生活，多带上一些自信，相信自己，笑看未来。

【班会反思】

本节课的课程设计主要以活动分享为主，学生通过参与和行动，产生积极的情绪体验，以体验促进生成积极的信念，以信念应对考前的压力和未来的人生。

各环节之间层层递进，环环相扣，紧紧联系教学目标来推进。要唤起学生的情绪和情感，的确需要一个循序渐进的过程。通过经典的拓展活动，教学效果是有保障的。

本节课的难度在于，既要充分调动学生的参与积极性，又要控制好时间，掌握好节奏。所以，教师在实施过程中要根据学生的感受和反应灵活处理。

身为一名数学教师，充分挖掘数学教材中的德育因素，努力促进学科知识教学与德育的有机结合，将德育贯穿教育教学活动的始终，做到既教书又育人。

自我认知与修正

——选课后首考总结主题班会

历史组　门世恩

【教育背景】

进入高中后，许多学生出现不适应的情况，部分学生成绩波动较大，出现了自我认知不够准确、自我认知修正不及时的问题。

在高二选课的第一次大型考试后，部分学生深受成绩浮动的触动，内心焦虑，希望可以迅速提高成绩改变现状，但因认知修正较为困难，难以根据自身情况调整心态，产生心理压力和心理冲突。本节班会面向高二年级学生。

【班会目的】

1.通过介绍科学的自我认知方法，帮助学生形成正确的自我认知，明确奋斗目标，调整自己在各阶段的心理状态，不断前行。

2.从心理认知的角度强化新形式的励志教育，帮助学生在自我认知和修正中增强学习的内驱动力，厘清高二阶段的学习思路，探索新学段学习的更优方案。

【班会准备】

课件、心理测试、学生自主概念查询、个人阶段总结。

【班会过程】

环节一　关注自我——从“小”认识新阶段

进入山东省实验中学的学生应该是同龄人中的佼佼者，但是进入实验中学后，高水平的学生聚集，同时高中阶段知识难度提高，学生学习和成长中的困惑与无力日益增加。

青春是与奋斗相伴随的，成绩的取得离不开汗水的浇灌，但只有“蛮力”是远远不够的，还应该不断探索科学的认知方法，探寻学习道路上的技巧与规律。

▶引导

针对刚刚结束的选课后考试,有的同学发挥得不错,取得了理想的成绩;有的同学觉得发挥不如意。但无论结果如何,这些都是“演习”,我们应该更明确自己奋斗的方向,通过不断强化自我认知,在学习的不同阶段及时进行自我认知的修正,以强大的内心迎战未来风雨兼程的学习岁月。

▶追问

进入高中后的变化有哪些?到底应如何正确认知自我?自我认知的方法有哪些?如何及时修正自我认知?下面先请同学们将通过查阅资料结合个人体会形成的研究成果分享一下,谈一谈自己的理解。

▶学生回答

过去初中阶段,自己在学习上信心满满,总以为自己会很多,进入实验后发现高手如云,即使自己很努力,也很难十分出彩。我一般通过感知自我来感受自己当下的状态,也会通过与同学沟通交流,了解别人眼中的我,发现问题,不断改进。

环节二　自我认知——从状态分析出发

正视现实,从自己的表现谈起。

▶学生回答

学生围绕早读、课堂、自习、晚自习、作业完成等方面谈谈自己的近期表现,谈谈日常表现和学习状态的关系。

▶总结

从学生学习方法、日常表现、心理活动、个人态度差异出发,结合实际学情与当前发展现状,分析学生成绩暂时不理想的原因。

环节三　理性认知——从自我认知开始

理性认识自我,谈谈对自己的认知。

▶引导

每个人的“自我”都是“父母、成人、儿童”的三位一体,最为理想的是让三种状态处于和谐之中,根据特定的情境和要求而表现出某种自我状态。于是,你的“自我”成熟与否也就在此显现出来了。一般说来,自我认知的透彻度、清晰度与“自我”的成熟程度是成正比的。

▶追问

从心理测试谈如何认知自我。

▶投影

进行学习心理测试,还原学生答题时的实际心理状态。

▶学生畅谈

通过答题与“学习倾向”的测试,同学们选出了填写考卷的状态与心理,通过这一测试了解到同学们的学习动机差异、规则意识及协同意识的差异,进一步明晰自我当前的心理状态。

▶引导

认知自我是形成自我意识的重要方面,自我意识的完整统一是心理健康的核心。通过心理测试结果分析,我们大致了解了同学们自我认知的现状,那么,如何形成适度、全面、辩证、客观的自我认知方法呢?

▶学生讨论

讨论自我认知和自我认知调整的个性化方案。

▶总结

认知自我,如同观察所有事物一样,不妨近些,再近些。

环节四　美好期待——从修正认知做起

修正自我认知,谈谈对自己的期待。

▶引导

每位同学对自己、对未来都有不同的期待。期待是什么?让天空告诉你,期待就是那黎明的曙光。期待是什么?让我来告诉你,期待就是那心底的光明。那么同学们心中的期待是什么,请大家敞开心扉分享一下。

▶投影

绘制自己的人生坐标,用不同的期待勾画不同时段的奋斗之路。

学生抢答、老师点评。

请学生谈自己的人生理想,谈自己对后续高中生活的期待。

结合乔韩窗口理论,从自观和他观的多层视角进行自我认知评价。

▶引导

科学地认知自我,每一个人都拥有绚烂的生命,我们需要从多角度分析,形成对自我的认识,做更好的自己,客观评价自己,自信有度,谦逊有节。

▶总结

理性的自我认知,助力我们追求卓越,内心变得更加强大,成就更好的自己。青春代表着朝气与激情,无惧无畏。没有困难,没有险阻,只有奋斗和热血，别迷茫、彷徨、踟蹰，青春的地盘是我们的，拼一拼就能赢得更辉煌的明天。

【班会反思】

本节班会精心创设情境，引导出问题，让学生在活动中体验和理解，老师再与学生共同分析并解决问题，以帮助学生做最好的自己。

仔细回顾和总结本节班会的教学活动，还是有诸多问题：各个教学环节之间衔接不够紧密，环节间的过渡不够自然；有些教学方法比如合作学习的开展比较浅，学生还不能有效地进行分工学习；在 40 分钟时间内完成课堂教学，时间比较仓促等。这些情况都需要在以后的课堂教学活动过程中得到完善。

正确看待自己和他人的成绩

——高二年级期中考试后心态调整主题班会

物理组　孙莉

【教育背景】

1.伴随着期中考试的结束，三年高中生活即将过半，考试的分数和名次加重了学生甚至家长的焦虑情绪，而考试的诊断和导向功能反倒弱化了。

2.多数学生的考后归因停留在表面，很难制定出合理有效的改进措施，久而久之事倍功半，越发沮丧。

3.考试成绩引发的压力令部分学生长期抑郁，来自“别人家小孩”的比较很容易让学生背负思想包袱，忽略学习本身的意义。

【班会目的】

1.分析学生考试归因的误区，引导学生学会科学归因并正确认识自己，确立合理的目标和可行措施。

2.引导学生正确看待自己和他人的成绩，让学生重拾自信，专注于学习本身，厚积薄发。

【班会准备】

制作并分发“考后自我诊断表”、制作课件。

【班会过程】

环节一　导入

拿到期中考试的成绩单，有人欢喜有人愁。眼看着高中生活即将过半，再也不能用“一时大意”宽慰自己，你是否感到“压力山大”呢？你认为导致成绩不理想的原因是什么呢？看到曾经和你不相上下的同学考得比你好，有没有感到心里不是滋味？

环节二 探究成绩背后的因素

▶提问

你觉得考试成绩说明了什么？

▶学生回答

学生1：考试展示了知识和技能。

学生2：考试检测了学习态度和学习习惯。

▶总结

每次考试都只会有少数人得到较为理想的分数和名次，如果说考试代表个人的成败，那么大多数人都是失败者，所以，我们更应该关注考试的目的——检测而非评价。一次考试不会涵盖学过的所有知识，因此，分数高不代表知识完备，分数低也不代表各方面都差。我们更要明确，期中考试是阶段性检测，是"过去"，可以弥补、改进，要把握"现在"，才能成就"未来"。

▶引导过渡

重要的不是成绩本身，而是成绩背后存在的问题，考后的归因比分数和排名更重要。

对于刚刚参加过期中考试的学生来说，不管考试成功还是失败，都会进行自我归因，会在心里给自己一个关于成败的解释。而不同的归因方式又会影响到学生后续的学习态度和学习行为，并最终影响下一阶段的学习效果。

▶学生活动

在"考后自我诊断表"上写下自己失分的原因。

▶提问

请同学们思考一下，合理、有效的归因方式是什么样的呢？

展示常见的浅层归因（这些题我都会做，就是考试的时候太粗心了……）并提出如何合理归因：

(1)客观地分析影响成败的原因，不要主观臆断。

(2)一般情况下，先从内部找原因，激发自我责任感，不要一味地埋怨外部环境，也不要一味地自责。

(3)尽量找出自己可以改变的原因，不要过多归因于不可改变或太难改变的原因。

▶学生活动

检查自己的归因是否合理并进行修正。

▶引导过渡

找到失败的原因只是第一步，接下来我们要确立一个合适的目标并制订合理的计划来实现它。

▶学生活动

写下自己下一阶段的目标。

▶提问

你认为自己的目标需要多长时间来实现？为了实现这个目标，你准备做出哪些改变？

▶学生回答

学生1：这次考试是个意外，下次我只要认真一点，应该可以有很大的提升。

学生2：我的数学成绩太差了，我想把数学提高30分，但是又觉得好难。

▶总结

过高的目标很难短期实现，这样你还愿意坚持下去吗？尝试把大目标拆分成小目标，分阶段完成，这样每次踮一踮脚都能够得着，才想继续挑战。

▶学生活动

调整下一阶段的目标并制订不多于三条具体的计划。

在小组内分享自己的计划，日后小组成员互相监督提醒。

环节三　合理学习他人长处

▶引导过渡

你有没有过这样的疑惑：某某看上去不比我努力多少，为什么每次考试都比我考得好？平日里我也不比他差，为什么一考试我就不行？我是不是真的很笨，为什么总是不如某某？

▶总结

即使是天才也要付出努力才会有成就，我们既要看到别人的成绩和成功，也要看到别人付出的艰辛与汗水；既要看到别人比自己强的一面，也要看到自己比他人强的地方。海明威说过，优于别人，并不高贵，真正的高贵应该是优于过去的自己。世界那么大，总有人比你优秀，如果你老想着争个高下，注定会活得身心疲惫。我们每个人真正的对手其实只有自己，当你不再把别人当作假想敌时，就不会对他们的成绩耿耿于怀。放下强烈的胜负欲，嫉妒心自然就不会那么容易从心底升起。

承认别人优秀，是一个人优秀的开始。那么，我们一起来找找身边人的优点和值得你学习借鉴的地方吧！

▶学生讨论

学生1:某某每次课后都会及时整理错题本,我要向他学习。

学生2:某某平常做的题都很难、很灵活,我也得多做做。

学生3:某某平时都是有选择性地做作业,我也该先做弱势学科作业。

▶总结

甲之蜜糖,乙之砒霜。适合别人的,未必适合你。老师提出的基本要求是必须要做到的,作业既要保质也要保量,把精力投入到某几门学科上的做法不可取。另外,怪题、难题可以开阔思路,但并不适合所有同学,要有选择,有侧重。及时整理错题、系统化总结提升十分有必要,根据自己的实际情况选择最有效的方式整理错题才好,不必拘泥于一种形式。

世界之大,总会有人比你更加优秀,但你身上也一定会有别人所欠缺的美好。那些过得好的人,路并没有比我们好走多少。不要让任何人打乱你的节奏,每个人都有不同的人生目标,我们不能拿别人的人生来否定自己的人生。

泰戈尔曾说过,最好的事情总在不经意的时候出现,所以不必慌张赶路,按自己的节奏,步履不停地走过每个今天。

春樱,夏荷,秋菊,冬梅,万事万物都有自己的时间。每一朵鲜花都会盛开,只不过花期不一样,每个人的人生也都有自己独特的花期,你只管修炼好自己,剩下的就是静待花开的那一天。

【班会反思】

高二年级的学生已经开始思考学习对于人生的意义,他们也感受到了更多来自分数和排名的压力。本节班会课以"考后自我诊断表"为线索,从如何认识考试到如何科学归因,制定合理目标,超越自我,合理分析了学生的问题和困扰,层层递进、较好地完成了教育目标。但是问题设置还需要进一步打磨,如何让学生更愿意说出自己的想法是这节课成功的关键,也是提高学生课堂参与度的关键。此外,课堂上留给学生自我反思和互相交流的时间太少,如果在课前给学生充足的时间填写表格,课上再引导学生修正会更好些。当然,学生面对的困境并不是一次班会课能解决的,还需要后续个性化的指导,希望老师有温度的关爱和鼓励可以助力学生在学业进步的同时习得应对人生挑战的黄金法则。

专心备考　忙而不乱

——高二年级期末考试前备考方法指导主题班会

历史组　刘坤

【教育背景】

临近高二期末，有的学生为了节约时间，直接啃面包；有的学生晚上挑灯夜战，第二天昏昏欲睡；有的学生计划满满，却缺乏实施的效果。大家看起来真的很忙，但我会告诉学生，"忙"也不一定有效果。为什么？第一，瞎忙，无计划，无目标。第二，盲目做加法，质量得不到保证。科学备考才最重要。本节班会面向高二年级学生。

【班会目的】

1.引导学生合理分配时间，学会制订计划。

2.帮助学生稳住心态，合理看待成绩与努力的关系。

【班会准备】

1.学生准备学习上的困惑。

2.安排优秀学生分享学习计划表。

【班会过程】

环节一　引入

各位同学，期末考试即将来临，我看到大家都忙碌了起来，这是一种好现象，可是你确定你是真的在忙吗？今天我们就来召开一次考前指导班会。

环节二　讨论

1.考试临近，忙起来的利弊

学生1：利：提高单位时间做事效率；战胜空虚，不容易胡思乱想；充实有作为，心有追求；能够安抚焦躁的内心。

学生2：弊：容易焦虑，容易失去章法和节奏，容易蛮干，更容易犯错。

……

总结：从同学们的分析中我们可以看出，忙也不一定有效果，瞎忙反而让自己更焦虑。瞎＝目＋害。无“目”即为“害”，那我们怎么才能做到有“目”呢？有计划。

2.没有计划会有什么后果

学生1：缺少紧迫感，复习起来没有章法，随心所欲，效率低下。

学生2：盲目从众，容易受旁边同学的影响，缺乏复习的自主性。

……

总结：没有计划会有以下不良后果：

第一，缺少目标意识，不知道一个晚自习结束后应该达到什么目标。

第二，缺少时间观念，造成时间分配不均。

第三，缺少自主意识，没有对个人查缺补漏。

第四，缺少章法和节奏，特别容易受周围人的影响。周围人对你来说都是“草木皆兵”“风声鹤唳”。

“三人行，必有吾师焉，择其善者而从之，其不善者而改之”。那我们身边有没有处理得很好的同学呢？我们让他们来分享下自己的经验。

优秀同学展示自己的学习计划表。

环节三　在奋斗中成长

大家都学过荀子的《劝学》，“骐骥一跃，不能十步；驽马十驾，功在不舍”，这句话很有道理。绝大多数人资质相差不多，但为什么有的人就能做成事情，有的就不能呢？我想以下几个问题很关键。

1.稳住心态是第一步

暗示自己忙也不一定出成绩。相反，慢也不一定全然是坏事。有些人只顾速度、效率而不顾质量，这其实是在舍本逐末。要有自己的复习“心法”，才会有自己的复习“章法”，有了“章法”才会有“节奏”。只有掌握属于自己的“节奏”，才能弹奏最美和弦。

（分享瓦伦达心态故事）

学生1：要专心致志地学习，不要老患得患失。

学生2：要不受之前成绩的影响，全力以赴地为考试而努力，每一次考试都是对自己的考验。

……

总结：事物的法则就是这样，如果太注重成功或失败，结果往往会失败。只要你注重事物的本身特点和规律,专心致志地去做好它,就会收到意想不到的成果。所以我们说:"心态最重要。"

2.计划任务切实可行

遵循"跳一跳够得着"原则。不要一下子把目标定得太高太难,当自己完不成目标时会有很大的落差感,对自己的信心也会造成打击。正确的做法应该是,每天给自己安排适量的任务并按照计划按部就班地进行。如果当天实现程度低,那说明计划制订或者学习过程中存在一些问题。要及时纠正,及时改进,日清日高,每天进步。

将大目标分解成小任务,"不积跬步,无以至千里",当你打算复习某一个学习单元时,应该将目标再细致地分成几个步骤来逐渐完成。

3.合理利用时间

(1)"黄金时间":高强度的主动学习。大段、完整的高效率时间是"黄金时间",是非常宝贵的学习时间,可以完成一些高强度的学习任务,例如难题的重点突破、对复杂问题的深入思考。

(2)"垃圾时间":低强度的被动学习。碎片化的低效率时间是学习的"垃圾时间",学生的精神状态欠佳,也没有充足的完整时间去进行深入的思考和学习。此时适合完成一些不需要大量思考的低强度学习任务,例如语文或英语的练字、摘抄积累作文素材。

(3)"反馈时间":总结、调整。完整的低效率时间是一天中的"反馈时间",适合对白天所学知识方法进行总结、错题分析与归纳、反思自己的学习计划、思考下一阶段自己努力的方向。

(4)"积累时间":背诵、记忆。碎片化的高效率时间是一天中的"积累时间"。适合完成与记忆和积累相关的学习任务,例如背诵语文课文、英语单词及文科知识点。

4.合理看待成绩与努力之间的关系

学习要讲究策略,但"坚持"本身就是很好的策略,成功的路上并不拥挤,因为坚持的人不多。努力了不一定成功,但如果你成功了,那一定是因为你努力了。

环节四　班会总结

"长风破浪会有时,直挂云帆济沧海",在接下来的求学和人生路上,我们都会面临很多挑战,但是我相信,你们有勇气面对这些挑战,并且战胜这些挑战!

今天的班会到此结束，谢谢大家！

【班会反思】

学习是学生的必备工作，如何调动学生的学习积极性、提高学习效率是件很重要的事情。本节班会课首先由学生积极发言，发现自身问题；其次展示优秀学生的计划，同学之间相互交流，在借鉴中学习；最后，教师积极引导，一方面进行学习上的指导，另一方面进行心态上的疏导。总体来说很好地完成了班会任务，学生反映良好。但是班会还存在以下问题：一是指导不够细致，在学习计划上的指导还有所欠缺；二是部分同学还未真正发现自身问题，内驱力没有被调动起来；三是教师的介绍过多，学生互动不足。一堂班会不能解决所有的问题，对学生学习的指导和督促是一件需要长期坚持的事情。

认知自我　高考启航

——高三年级一诊考试后心态调整主题班会

地理组　曲舒悦

【教育背景】

高三一诊(即第一次诊断考试)后,部分学生有付出但进步不明显,心理压力大;部分学生出现学习方法、学习习惯、个人心理及认知的调整与颠覆、重构。本节班会面向高三年级学生。

【班会目的】

1.学生能正确地分析成绩。

2.学生能掌握一定的自我认知与修正方法,减少抱怨,减少师生矛盾、生生矛盾、亲子矛盾,提升生命质量。

【班会准备】

教师准备学生的成长记录袋、轻泥、便利贴,学生准备各科试卷。

【班会过程】

环节一　心理宣泄——高三累不累

教师:一个月的高三生活,你还好吗?现在就请你来"抱怨"一下吧!

课前挑选几位负能量较少的学生发言(定好向上的基调)。

学生1:高三很累,我已经比高二努力很多了,但是成绩还是不动弹。

学生2:我是"特困生",睡觉更晚了,每天都很疲惫,上课还会打瞌睡。

学生3:大家下课都不出去活动,我如果不学习就会有点焦虑。

环节二　心理建设——击碎你的不开心

教师:我给大家准备了轻泥,每个小组派代表选择你们喜欢的两个颜色。你们可以把轻泥揉成一个大团,或设计一个小造型,10分钟后展示一下。

学生:起先有踌躇之色,之后有人略带兴奋地去讲台取轻泥,接着全班争先恐后地去选择颜色。

教师:高三必然是一个煎熬的过程,因为高三很关键,每个人都在用最大的努力学习,还担心别人比自己更努力。高三无法躲避,但可以用正确的方法、积极的态度去面对。有压力是正常的,我们要做的是直面压力、疏解压力。刚刚的轻泥是一个疏解思路,宣泄方式还有很多,比如,学校在高三楼口处设置了心理信箱,你可以给心理老师写信,之后在国际部三楼沙盘室取回信。还可以找我谈心或哭诉,我会做你的倾听者。高三不仅看意志还看体力,建议在大课间大家努力把太极拳做规范,一拳一拳用尽所有力气,就像在击打你的压力。我们马上开始跑操,那跑操时把步子踏响一点,踏平所有不开心吧!

环节三　分析成绩——别哭得太早

教师:有些同学不开心,是因为没能正确地分析成绩,只要自己不是第一,立马就哭鼻子。现在,请打开你的个人成长记录袋,里面记录着你高一和高二各科平均成绩、高二期末考试成绩、高三一诊情况。在此劝告大家,第一步,要脚踏实地、满怀希望,名校不是一天就考上的,也不是考不上的。我们要看自己的进步、退步情况,高三还有时间进步,一定要坚信你的高考分数必定比一诊高。第二步,利用高一、高二平均水平找准自己的相对位置,接受成绩的一时波动。第三步,做出对自己高三学习的评价,请填写高三一诊自我诊断表。

学生翻看各科试卷,填写一诊自我诊断表。

环节四　方法指导——来点新鲜的

教师:刚刚自我诊断的过程,其实属于心理学上的"元认知构建",这个过程也是对学习策略的调整。学习方法不仅仅是经验之谈,它已经成为一门科学。这里有一些心理学知识想和大家分享。

元认知是关于认知的认知,也被称为"自我管理能力"。计划策略是根据学习的目标在学习之前做好计划、预计结果、选择学习策略、想出解决方法并预估其有效性;监控策略是在学习中根据目标及时评价、反馈,正确估计目标达成度,例如考试时监控自己的做题速度;调节策略是检查学习结果并根据发现的问题采取相应的补救措施(见图 1)。

- 认知策略
  - 理解策略
  - 分散练习策略
  - 组织策略
  - 精细化策略
  - 复述策略
  - 身心支撑策略
- 元认知策略
  - 计划策略
  - 监控策略
  - 调节策略
- 资源管理策略
  - 时间管理策略
  - 学习环境管理策略
  - 努力策略
  - 其他人的支持

图1　学习策略的分类

资源管理策略认为时间、学习环境、对努力的定义和合适的学习工具都是学习资源。高中生的学业拖延现象严重，在这里给大家提供几条克服拖延心态的方法：决定了一件事情就马上去做；把你的全部精力投入到此事，将其他事情抛开；不必追求完美，先行动起来。特别强调的是，对“努力”的认识至关重要，研究表明，正确的归因将有助于学习者的自我认知发展与成绩提高，怨天尤人将降低人的阅读能力，阻碍人生发展。

关于认知策略，之前的班会课多有涉及，这里不再赘述。

环节五　方法落地——接下来我们可以怎么做

教师：我们是选修政治的班级，政治学科强调理论要联系实践、指导实践。那如何把上述认知理论中的知识应用到学习实践中呢？

学生：……

教师：

(1)合理规划晚上在家学习的内容和时间，不要太晚睡觉，保证锻炼身体。

(2)听懂不等于会做,限时练和琢磨练相结合,拒绝浅表学习、虚假学习。

(3)重视错题本和整理本,每周及时复习。

(4)学会使用答案:看答题的角度,看知识的运用,看对能力的考查,看素养的体现,看语言表述。

(5)合格的高三学生的三个关键词:扎实的基础(知识、心态、身体),坚持不懈的精神,再高一点的标准。

环节六　确立目标——高考目标大致确立

教师:高三是一个痛苦的过程,但经过痛苦与汗水灌溉的花朵必定更加鲜艳。请结合你的一诊自我诊断表,还有近几年的高考录取情况,在便利贴上写下你的高考目标分数段。宣传委员将便利贴贴在教室后黑板上,愿大家做自己的 NO.1(第一)。

【班会反思】

本节课历时较长,最终借助班会课后的自习课时间才得以完成。在高三,再谈学习方法已经不能够吸引学生,但通过捏轻泥和讲授相对新颖的心理学知识,学生心理压力明显减轻,更关注对自我认知的修正而非怨天尤人。

成功并不像你想象的那么难
——高三年级二诊考前心态调整主题班会

历史组　乌爱洁

【教育背景】

1.伴随着一次次大型考试的考验，高三学生的学习压力不断增加，有些学生产生了焦虑、厌学的情绪，甚至产生放弃的念头。

2.目前很多学生在学习上非常功利，学习的唯一目的是考高分、上好大学，没有从学习知识本身体会到乐趣。久而久之，学习就成为一种负担，缺乏长效的内在学习动力。

3.本节班会面向高三学生。

【班会目的】

1.从积极心理学的角度引领学生理解学习是一个掌握知识的渐进过程，不抛弃、不放弃、不激进，最后高中知识一定尽在掌握之中。

2.让学生学会在学习中获得掌控感，感受到学习的乐趣，进而获得内在的长效学习动力。

【班会准备】

学生查阅资料、制作课件。

【班会过程】

环节一　引入

▶故事

有一个老头，住在一个广场边，广场上堆满了废铁桶。一群小学生每天放学后经过广场时，都要对那些铁桶来一番拳打脚踢，以此取乐。老头有心脏病，那些噪声让他受不了。有一天他拦住那群学生，对他们说："我很喜欢听你们踢铁桶的声音，我想你们继续踢下去，为此我给你们每人每天一元钱。"

小学生们很高兴，踢打铁桶更加卖力。

在他们踢的时候，老头便找个地方躲了起来。一周后，老头又拦住那群学生说："我现在经济状况不好了，我只能给你们每人每天五角钱了。"

学生们听了很不高兴，但还是去踢桶，有点钱总比没有钱好。

又过了一周，老头又对小学生说："我现在经济状况更糟了，我不能付给你们踢桶的钱了，但我还是希望你们每天都为我踢一阵子。"小学生们愤怒地拒绝了。

老头复得安宁。

▶问题

小学生们为什么不愿踢铁桶了？同学们从中获得了什么启示？

▶学生回答

学生 1：大家最想要的、最感兴趣的，往往是非物质的，当你被物质绑架、被结果绑架，有了强烈的功利性，你对所做的事情也就失去了最初的快乐。

学生 2：就像我们现在的学习，更应该追求学习知识本身的快乐，淡化分数和高考给我们带来的束缚。

环节二　理论学习

怎样才能在学习中获得快乐呢？心理学上有一个概念叫"心流体验"。

20 世纪 60 年代，心理学家米哈里·契克森米哈赖观察到艺术家、棋手、攀岩者及作曲家等在从事工作的时候是全神贯注的，经常忘记时间以及对周围环境的感知，他们参与活动都是出于乐趣，这些乐趣来自活动的过程而非外在的报酬。这种由全神贯注所产生的心流体验，被认为是一种最佳的体验。

契克森米哈赖将心流(flow) 定义为一种将个人精神力完全投注在某种活动上的感觉，心流产生时人会有高度的兴奋及充实感。在此基础上，心理学家构建了心流体验八通道模型。

▶PPT 展示心流体验八通道模型

了解了心流体验八通道模型，对你自己目前的学习有什么启发？

学生 1：我目前应该处于外在的高挑战水平和个体的低技能水平相结合的阶段，所以我在学习上会产生焦虑。

学生 2：按照八通道模型，当外在挑战只是稍大于个体的能力水平时，会出现担忧体验。我应该就处于这样的阶段。

学生 3：根据八通道模型，我发现当个体能力大于外在挑战时，会产生控制、放松等体验。这给我一个启示，只要我们每天一点一滴地学习，我们掌握的知识、解题的方法、总结的规律越来越多,我们的能力就会越来越高,而高中要复习的知识就那么多,我们的能力会逐渐高于高中知识对于我们提出的挑战,这样我们就会在学习中感受到掌控感和放松的体验。

▶总结

通过研究八通道模型,我们发现了个体能力和遇到的外在挑战之间的关系,这增强了我们在学习上的信心。当同学们在学习上感受到掌控感和放松的体验时,你就可以考上“985”了;当你产生心流体验时,你应该就能考上清华、北大了。

环节三　实践操作

了解了心流体验八通道模型,同学们应该明白想要达到心流状态,我们要做的事情需要具有挑战性,同时我们的能力也可以接住这个挑战。如果接不住挑战,我们就会产生焦虑;如果事情没挑战性,我们又会产生厌倦。

▶课件展示

> 以学习唱歌为例,我们来看看如何在这个过程中达到心流状态,以找到快乐和幸福。
>
> •注意力。当学习唱歌时,大家会控制自己的意识,使大脑专注于唱歌这件事,其他想法不在大脑里。
>
> •愿意为之付出的目标。学习唱歌是我们的目标,且是自己非常愿意去完成的目标。
>
> •即时回馈。当学会唱一句时,就会有即时反馈,成为继续学下去的动力。
>
> •全神贯注于此,达到忘我的状态。这样就会觉得时间不存在,自己不存在。这时,我们内心感受到的是愉悦,即达到了心流状态,学习唱歌就会成为一种乐趣。

同学们可以尝试像学唱歌一样感受学习,争取达到心流状态,捕获学习中的成果和快乐。

▶成功案例

班会最后,再给大家分享一个故事。

1965年,一位韩国学生到剑桥大学主修心理学。在喝下午茶的时候,他常到学校的咖啡厅或茶座听一些成功人士聊天。这些成功人士包括诺贝尔奖获得者、某些领域的学术权威和一些创造了经济“神话”的人,这些人幽默风趣,举重若轻,把自己的成功都看得非常自然和顺理成章。

时间长了,他发现,在国内时,他被一些成功人士欺骗了。那些人为了让正在创业的人知难而退，普遍把自己的创业艰辛夸大了，也就是说，他们在用自己的成功经历吓唬那些还没有取得成功的人。

作为心理系的学生，他认为很有必要对韩国成功人士的心态加以研究。1970年，他把《成功并不像你想象的那么难》作为毕业论文，提交给现代经济心理学的创始人威尔·布雷登教授。布雷登教授读后大为惊喜，认为这是个新发现，这种现象虽然在东方甚至在世界各地普遍存在，但此前还没有一个人大胆地提出来并加以研究。惊喜之余，布雷登教授写信给其剑桥校友——当时正坐在韩国政坛第一把交椅上的人——朴正熙。布雷登教授在信中说："我不敢说这部著作对你有多大的帮助，但我敢肯定它比你的任何一个政令都能产生震动。"

同学们，这个心理学上的发现对你有什么触动？

学生抢答，老师点评。

●教师总结

奥地利心理学家维克多·弗兰克尔说："不要只想着成功——你越想成功，就越容易失败。成功就像幸福一样，可遇不可求。它是一种自然而然的产物，是一个人无意识地投入于某一伟大的事业时产生的衍生品，或者是为他人奉献时的副产品。"

老师想告诉大家，你们都是"00后"，出生在一个伟大的时代，家庭富裕，你们不需要通过奋斗去改变家庭的命运；而我们的国家和民族已在世界上强大了起来，你们不会像"70后""80后"那样，明显感受到来自国际的压力，要迫切地改变国家的落后面貌。

所以"00后"的你们不用面对这样沉重的家国压力，你们更应该做你自己，为自己的兴趣而学习，为自己的兴趣而执着追求。把分数和大学当作你执着追求兴趣的副产品，那么不但你目前的高考备考和未来所从事的事业能够成功，你还能在过程中感受到极大的快乐、满足和幸福。

祝愿同学们成功，更祝福同学们快乐、幸福！

【班会反思】

高三学生学习压力大，很多学生出现焦虑、烦躁情绪。多数是因为只功利性地追求分数，在学习中缺乏掌控感、收获感，感受不到学习的乐趣。本节班会课力图避免空洞的道理和说教，以科学的心理学理论为依据，让学生真正认识到学习是一个不断进步的过程，增强他们战胜困难的信心。

信心不是一天能建立起来的，同学们面临的压力也不是一节班会课能解决的，还需要在后续班级管理中持续跟进，助力同学们轻装上阵、快乐前行。

展望与总结

——期末考试总结及学期评优表彰班会

英语组　钟建香

【教育背景】

期末考试结束后，成绩分析和评优表彰对于帮助学生理性看待成绩、更好地成长有重要作用。利用好这节班会还可以鼓励学生进步，树立目标，为假期作准备。本节班会可面向高中各年级学生。

【班会目的】

1.通过成绩分析，帮助学生明确自己的位次，成绩突破点在哪里，该怎样学习，怎样避免非智力因素的失分。

2.通过民主方式，推选出学习以及其他方面表现优秀的同学并予以表彰。

【班会准备】

准备课件，包括成绩分析和民主推选三好学生与优秀团员。

【班会过程】

环节一　成绩展示奖励

▶导入

期末考试落下帷幕，一学期的学习生活即将画上句号。常言道，"总结才能更好地收获，反思才能更快地进步"，所以今天我们将开一个期末考试的总结会，总结一学期以来的收获，反思本学期学习中的不足，以便新的学年有更大的进步。本次班会的两个主题是期末考试总结和本学期评优表彰。

▶投影

屏幕显示本次班会主题：成绩分析及评优表彰。

▶成绩展示

先带领同学们了解一下本次考试参考人数、各科平均分等情况，并告诉同学们怎么看成绩条，每一栏数据代表的是什么。

老师解释:本次考试参考语文、数学、外语的总人数为2700,参考化学的人数为1640,参考生物的人数为1760,参考地理的人数为1260。咱们班参考人数43,语文平均分为103.9,数学平均分为83.9,英语平均分为127.6,化学等级分平均为69.3,生物等级分平均为76.2,地理等级分平均77.2,总平均分538.4。请参看自己成绩条各项得分及排名,明确自己的优劣势科目。(此处留1分钟让同学们各自分析)

▶颁奖

同样是学习,每个同学的成绩大不同,这里我们将表扬总分班级前十名、单科班级前十名的同学和成绩大幅进步的同学,并为他们颁发奖品。本环节的目的在于让同学们知道成绩好是很光荣的事情,有进步更是锦上添花。希望没有受到表扬的同学能从中获得激励。(此环节由学习委员宣读各项表彰名单,班主任颁发奖品)

环节二　分析学习方法

▶引导

老师:为什么在同一个教室里,同样的老师上课,我们的成绩却差距这么大呢?我们来看一下成绩好的同学都是怎么做的。

学生1:……

学生2:……

学生3:……

学生4:……

▶总结并展示PPT

考得好、进步大的同学的共性

- 学习态度非常端正
- 上课认真听讲
- 注重落实,认真完成作业
- 学习过程很细致,能做好笔记,充分利用错题本
- 善于及时调整学习方法
- 有自己解决不了的疑问时懂得求助
- 自习效率高,注意力集中

▶追问

老师：成绩暂时不理想、退步的同学有共同点吗？

学生1：……

学生2：……

学生3：……

学生4：……

▶总结并展示PPT

部分同学成绩暂时不理想、退步的原因

- 缺乏长期目标，期中考得好有了松口气的想法
- 心理上有惰性，被动学习
- 不听从老师的指导，自有一套
- 浮躁，学习不深入，疲于应付作业
- 不注重基础知识，依赖课外资料，本末倒置
- 学习方法不恰当，只听不记、只记不看、只看不练
- 个别同学压力过大或过小

其实成绩反映的是大家平时的学习状态和学习效率，我们要勇于剖析自己，直面成绩暴露出的问题，想一想我们的学习是不是也有如下问题：

(1)大家都在努力，而且是高效地努力，短期的努力不会立竿见影，贵在坚持。

(2)被动地遵守纪律，比如中午自习，不知道该学什么，没有计划。

(3)作业对着答案做，缺乏思考过程。

(4)过分依赖计算器致使计算能力退化，动辄依赖网络不会自己动脑。

(5)上课懒动脑，课下不回顾，笔记不复习，考完练完不总结错题。

(6)数学靠眼看，无演草纸，不动手演算。

(7)一知半解，差不多就满足，没有彻底弄明白的执着。

(8)积懒成笨。

▶追问

认识到自己的问题，就要明确下一步的做法。我们该怎么做呢？此处让同学们讨论，把自己认为正确的做法说出来，集思广益，互相借鉴。

学生1：……

学生2：……

学生 3:……

学生 4:……

▶展示 PPT

下一步该怎么做
• 克服浮躁,切忌眼高手低
• 认真听讲,注意课堂纪律
• 学会规划,用好零碎时间
• 不玩手机,提高学习效率

环节三　分析非知识层面的失分

我们刚才了解了正确的学习方法,这可以说是从知识层面确保了得分,那么考试中有哪些非知识层面的失分呢?请同学们各抒己见,说说自己在考试过程中曾经出现的原本可以避免的错误。

同学们一起诊断,一起吸取教训,此处用投影展示各种错误的涂卡案例,同学们有则改之,无则加勉。

环节四　其他表彰

成绩只是学校生活的一个方面,其实每个同学身上都有闪光点,下面我们将表彰本学期以来在各方面表现优异的同学。此次评优严格按照学校规定,民主推选,公开唱票,最终确定评优名单。(本环节由班长和团支书宣读颁奖辞,班主任颁发奖状)

环节五　班会总结

本节班会通过分析期末成绩,让每位同学明确了学习的正确方法,明确了提高自己的着力点。即将到来的假期,将是每一个成绩不理想的同学破茧成蝶的最好时机。

▶展示 PPT

接下来的假期怎么度过
• 利用本次期末成绩找出弱势学科并针对性地提高
• 不怕同桌是“学霸”,就怕“学霸”放寒/暑假

【班会反思】

成绩分析是为了找差距、找缺点、找突破口，让学生明白自己的优势、劣势，在下一步学习中能更好地发挥优势，避免劣势。反思这节班会课，一开始是老生常谈的模式，学生可能会感到没有新意。但是让同学们说说自己在考试中做得不好的点还是很有新意的，可以让大家有则改之，无则加勉。

自我管理教育

手机　让我欢喜让我忧

——高一年级自我管理意识培养主题班会

地理组　元杰

【教育背景】

高中生的年龄主要在15～18岁，正经历着生理、心理和社会关系的重要调整。这段时期孩子的智力和思维能力逐渐增强，自我意识增强，开始有独到的见解并以批判的眼光来看待事物。空洞说教式、简单粗暴型的教育效果越来越弱。再加上高中学习强度大、时间紧迫，只有规范的、适时的、深刻而影响持久的班会课才能起到作用。

2018年9月21日，《山东省学生体质健康促进条例》发布。2021年1月15日，教育部办公厅印发《关于加强中小学生手机管理工作的通知》。这些条例都对手机在校管理提出了明确的要求。基于此，我以"智能手机进校园的利与弊"这个热点话题为主题，召开了"手机　让我欢喜让我忧"主题班会。本节班会面向高一年级学生。

【班会目的】

以体验式和渗透式教育为主线，以学生表演和辩论为主要形式，以他律向自律的跨越、养成好习惯为最终目的。

【班会准备】

1.情景式表演准备：编写剧本，分配人物，练习彩排。

2.问卷调查：设置问卷，随机调查，统计分析。

3.学习教育主管部门印发的《山东省学生体质健康促进条例》和《关于加强中小学生手机管理工作的通知》等涉及手机管理的部分，学习学校关于手机使用的规定。

【班会课程】

环节一　开场语

信息化社会，手机逐渐成为中小学生的“新宠”，在学校内使用手机的情况有愈演愈烈之势。功能强大且实用性高的手机，怎么会既让我们欢喜又让我们忧呢？

环节二　情景式表演

1.剧本创作者

曾雅钦、张嘉元、杨媛、卓阳、柏鹤群、赵春阳。

2.表演人员

一组：曾雅欣、张嘉元(主持)。

二组：傅昱恒、侯博文、徐鹏昊、李佳怡、郑雅钦（情景式表演）。

三组：聂景宏、张天宇、杨媛、卓阳、杨杰豪、邵泽恩(感悟式辩论)。

3.人物设定

A：乖巧，有学习的意识，但很依赖手机。

B：不想违反规定，但想玩手机。

C：舍长为人正派，反对手机进校园。

D：很顽皮，视规章制度于无物，在教室玩手机。

E：值勤班长。

4.地点

宿舍、教室。

主持人：同学们选取了宿舍和教室两个典型场景，展现了午休、自习课、考试后的情景，情景中有肆无忌惮也有纠结反复，有欢声笑语也有矛盾冲突，最后同学们能够冷静和理智地看待问题。那么此刻上演的场景发生在我们身边的有多少呢？让我们来看问卷调查的结果。

环节三　问卷调查

调查1　学生使用手机的用途：

以聊天、玩游戏、上网三大用途为主，紧急联系用途仅占5%。

调查2　学生持有手机的动机：

40%的学生认为，只要家庭条件允许，不论需要与否，都应当配备手机。

19%的学生认为，手机只是为了满足个人的虚荣心。

21%的学生认为,持有手机是为了娱乐消遣。

10%的学生认为,联系他人需要手机。

10%的学生认为,学生无须拥有手机。

主持人:结合以上表演和调查,请大家踊跃发言……

环节四 感悟式辩论

辩论主题:从学习和身心健康的角度思考使用智能手机的利与弊。

使用手机的好处:查阅资料、搜题解题、了解新闻动态、休闲放松、联系亲朋、拍照、闹钟。

使用手机的危害:辐射强、视力下降、侵占睡眠时间、影响学业、独立思考能力下降。

主持人:下面,我们听听家长的观点。

环节五 家长怎么看

智能手机已经渗透到人们的工作、学习、生活等方方面面,给我们带来了极大的便利,作为家长我认为高中阶段智能手机进校园还是弊大于利。

如果允许带智能手机进校园,一是会造成同学们之间攀比;二是会影响视力;三是课余时间可能会人人都抱着手机,而忽略与同学、舍友之间的交流;四是网上负能量的信息会对同学们造成负面影响;五是同学们没有足够的自控力控制好使用手机的时间。

遇到难题时同学就是你最好的老师,因为你们思维方式相近,同学的讲解可能更容易被接受,一定不要不好意思问。可以等周末回家时抽出一定的时间玩手机,玩手机就专心玩手机,做作业就专心做作业,合理分配时间,一定不要一心二用,那样会没有效率。

希望每个同学都能把握好高中阶段宝贵的学习时间,将来才会拥有更多选择的机会。

环节六 制定班级公约

约定手机类型:智能机和非智能机。

约定使用情况:学生不得将手机带入校园。学生确有将手机带入校园需求的,必须经学生家长同意、书面提出申请,进校后第一时间将手机交由学校统一保管,离校时再将手机领回。

约定替代方式:学生可办理校园公话卡拨打电话,也可通过办公室、宿舍值班室的固话联系家长。家长可通过联系班主任、任课老师、宿舍管理员等相关人员联系孩子。

约定监管措施：与教育部和省教育厅文件精神保持一致，与校规保持一致。学生在校内使用手机，第一次被发现，手机由学部代为保管两个月，给予通报批评，责令学生反思，并约谈家长，共同商讨解决方案；第二次被发现，给予警告处分；三次或三次以上或者不服从管理者，按相应规定追加处分。

环节七　班主任总结

使用手机有利也有弊，手机没有对错，关键要看使用手机的人。在座的实验学子都希望自己越来越优秀，你可知所有的优秀背后都是苦行僧般的自律？自律是不是意味着失去了自由呢？正好相反，越自律，越有话语权，身体和人生都是如此。康德说："所谓自由，不是随心所欲，而是自我主宰。"越是自律的人，越明白自己想要什么，他们不会把时间和精力白白浪费在毫无意义的事情上，比如长时间玩手机，而是把碎片化的时间都利用起来提高自己。

我很高兴看到同学们把政府文件和学校规定的要求与精神写进我们的班级公约，践行自我主宰。也希望我们逐步从"别人要求我"转变为"我该这么做"，实现从他律到自律的跨越。祝愿你们越来越优秀！今天的班会到此结束，谢谢大家！

【班会反思】

手机进校园是利大于弊，还是弊大于利？通过这堂不一样的班会课，每个人心中都会出现那个唯一正确的答案。

本节课对创新型的主题班会课进行了一定的实践探索。突破形式和教条，让学生对班会课的评价从"班会课周周上，先总结后希望"转变为"班会课还可以这么上"。通过德育升华赋予班会课鲜活的生命力，让班会课教育契合时代精神，符合新课改和素质教育的要求。

隐形的翅膀

——高二年级自律能力提升教育主题班会

生物组　徐颖

【教育背景】

进入高二以后，伴随着进入高中的新鲜感的消失、对各项规章制度的敬畏心的减弱以及生理和心理年龄的增长，不少同学的思想和行为在悄悄地发生变化。自以为不是新生了，自以为长大了，一方面不满甚至反感老师和家长的管理与督促；另一方面尚显薄弱的自律能力又不足以进行有效的自我管理，有上课走神、自习课说话、课下抄作业、节假日沉迷电子产品等不良行为。本节班会面向高二年级学生。

【班会目的】

1.学生能更理性地认识自律的意义。

2.学生能反省自己在自律方面存在的问题及其危害。

3.学生能明确自己不够自律的原因并制定相关对策。

【班会准备】

1.提前发放自省卡，请同学们提前完成并做好相关统计。

“自律——隐形的翅膀”自省卡

1.列举出自己在自律方面做得最好的1～3个地方。

2.列举出自己在自律方面做得最欠缺的1～3个地方。

3.你认为导致自己不自律的原因是什么？

A.自律过程让我感到压抑，放飞自我更开心

B.不能抵抗诱惑

C.不明白自律到底有什么价值

D.其他原因

2.准备典型的优秀的自律案例;请同学从身边或者网上搜集能触动内心的优秀自律的案例,做好分享准备。

【班会过程】

环节一　君子慎独

《礼记》记载:“君子必慎其独也。”“慎”即“心真”,“独”指“独处”,独处之时仍旧心真,谨慎行事。慎独是自律的境界,自律到极致是不自欺。

环节二　三省吾身

展示自省卡的完成情况及统计结果,再次明确卡上的三个问题:

问题1:好在哪里?

问题2:差在哪里?

问题3:问题出在哪里?

小结:

(1)每个同学都在不同程度地自律着。

(2)同学们对自己的要求严格程度存在较大差异。

(3)同学们不够自律的原因存在共性。

(4)本次自省,统计结果能够体现问题,完成的过程及态度也能体现问题。

环节三　见贤思齐

▶案例:一张计划表

PPT展示“学霸”的计划表。

▶引导

仔细阅读“学霸”(朱某,数学竞赛一等奖获得者,被清华大学丘成桐班提前录取)的这张计划表,思考下面几个问题:

(1)哪些地方触动了你?

(2)对比自己,差距有哪些?最大的差距是什么?

(3)狠狠心,努努力,根据这份计划表给自己定个具体的小目标。

▶分享

(1)就以上三个问题,请同学们谈谈自己的看法。

(2)请同学们分享自己身边或搜集到的自律案例,并说一说你最大的触动是什么。

▶案例：早晨你怎样出门

精准的时间管理，强大的执行力，远离手机，不自欺。

一个小问题：你从起床到走出家门一共需要多久？具体的时间安排如何？

一个小例子：优秀毕业生杜某的做法分享。

睡觉前整理好书包和第二天的衣物。

闹铃一响就起床。

出卧室的时候，把外套搭在餐椅上，把书包放在客厅。

洗漱、吃饭的时候，打开新闻或者外语播报。

吃完饭拿外套、书包就出门。

▶小结

闹铃响后有没有睡回笼觉？有没有现找衣服？书包有没有丢三落四？有没有反复进出卧室？

环节四　弘毅笃行

关于自律，老师想说：

第一，自律不是自我压抑。

自律不等于“压抑”“控制”或“压力”，良好的自律应伴随着想要为之奋斗的目标和期待。有了这个渴望，我们才会去积极调整自己的行为，朝着能够实现目标的方向靠拢。自律应该是由内而外的，能帮我们获得一种井井有条和掌控生活的积极体验，而不是压迫自己，杜绝所有娱乐，艰难地进行行为和思想的“围堵”，导致自己筋疲力尽，在意志力不足时，自律往往也就随之失守。所以说，养成自律习惯，提高自律能力，很大程度上在于树立高尚、远大的理想并为之不懈奋斗。

第二，要充分认识自律的意义。

(1)良好的自律可以有效地减少拖延，拖延常常将重要不紧急的事件变为重要紧急的事件，给人带来焦虑的体验。

(2)自律让我们自知、自控，养成良好的行为习惯，最终获得更大的自由。

(3)自律不是最终的目的，而是更好地学习、生活的辅助手段。

(4)自律能提高我们的道德修养，使我们人格变得高尚。

第三，关于自律的养成，老师提出下面几点建议。

(1)提高时间管理能力，考虑计划的可操作性。从自省卡的统计结果来看，很多同学自律能力不足反映在时间管理上。同学们要尽快找到适合自己的时间管理方法，不是向睡眠要时间，而是向时间要效率。制订学习计划是管理时间的必要手段，但不少同学又因为无法按每天制订的计划学习而感到非常焦虑。问题出在哪里了呢？计划内容过多、过于理想化、过于死板详细都是原因。同学们在制订计划时要充分明确事情的重要性和紧急性，同时应该考虑到计划没有变化快，计划必须有弹性，可以根据自己的实际情况进行调整，计划起到的应该是一个指导框架的作用。

（2）提升情绪管理水平，避免情绪性拖延。某些同学比较容易产生消极情绪，可能是因为跟同学或父母有小分歧，也可能是因为被老师批评。一旦产生消极情绪，自律程度就会降到很低，无法集中注意力去完成手头的事情，随之而来的是拖延，即情绪性拖延。这又会带来自责、懊悔等消极情绪，从而形成一个恶性循环。针对这一常见现象，同学们应当提高自己的情绪管理能力，改变错误的归因模式和不良的认知习惯，这样才能更好地处理遇到的困难和挫折。

（注意：在这方面，除了学校教育，家长的教育和引导也非常重要。要注意和相关学生家长沟通下面的细节：在与孩子的沟通过程中，是否会先入为主或者只关注问题本身却忽视了对孩子情绪的关注。例如，当孩子与家长谈到考试不理想或者跟同学、老师的摩擦时，家长不应当打断孩子的情绪表达，要给予孩子适当的共情，避免因为孩子长期情绪表达受挫而影响其情绪调控的能力。）

（3）提高执行力。自律是一种习惯，更是一种状态，没有执行力，自律就是空谈。

（4）和自律的人做朋友。和自律的人做朋友，感受自律带来的美好和正能量，自己就会不由自主地想自律起来。

（5）共同营造良好班风，他律促进自律。长期强迫性的自律会大量消耗我们的精力和意志力，他律会帮助我们更轻松有效地实现自律。如果班级环境恶劣，同学们可能就会潜意识里降低自己的行为标准（破窗效应）。班风良好，同学们通过观察和学习，可以改变个人不良的行为习惯。

自律给我们插上了一双隐形的翅膀。自律到计划、计划到执行、执行再到计划，这是一个良性循环的过程。这一过程会带给大家“一切皆在掌控之中”的安全感，让大家实现心灵上和时间上的真正自由！

【班会反思】

自律并不是束缚自己,而是用行动创造一种井然的秩序来为我们的学习和生活争取更大的自由。本次班会通过多种形式,让同学们一方面正确认识到自律的内涵、价值,以及达成自律的有效做法;另一方面也对自己在自律方面存在的问题进行了反思。

拒绝“内卷” 合作共赢

——高三年级合作与竞争教育主题班会

英语组 宋方圆

【教育背景】

当今社会，发展迅速。无论是在哪个行业哪个领域，“内卷”现象都非常普遍。

学生还未成年，心智不够成熟，一旦不能理智地看待、客观地分析，就容易被这股“内卷”之风刮跑偏。有的因此成绩下降，有的因此心理焦虑抑郁，有的则因此迷茫无措、失去斗志。

在高三这个关键的成长节点，开一次关于正确看待“内卷”、正确认识竞争与合作的主题班会就显得尤为必要和重要了。本节班会面向高三年级学生。

【班会目的】

此次班会旨在针对同学之间的“内卷”现象进行观念普及和教育，加强和优化对提高学习成绩的方式的认识与选择，从而促进学生个人的身心健康发展和班级内的良性竞争与合作共赢。

【班会准备】

1.下载相关短视频。

2.上网搜查对于“内卷”的定义及网友们对于“内卷”的认知和解释。

3.将学生分成八个讨论合作小组。

【班会过程】

环节一 导入

亲爱的同学们，回想成长之路是不是一直处于不断学习、从未止步的状态呢？那么你又是如何看待学习这件事情的呢？它是快乐的还是痛苦的？有趣的还是无聊的？让你骄傲的还是遗憾的？今天的主题班会，我想先邀请大家观看一个短视频，题为“学习，是一件羞耻的事情吗？”

▶视频展示

教师：请同学们分享观后感。学生就视频里的现象谈自己的感受即可，无所谓对错，也不谈支持与否。

学生1：这段视频里的几位同学同住一间宿舍，难免会互相较劲不服气，这很正常。但他们每个人却各怀心思，自己偷偷学习，生怕被超越，也怕别人看见自己努力学习，这就是不健康的竞争了。

学生2：学习，不管是为自己还是为家人，从来都不是一件可耻的事情。但要保持健康平和的心态去对待学习这件事情。

教师：同学们观看视频很认真，而且能够描述出视频中所反映的现象，真实地表达出了自己的感受，特别棒！那么，请同学们观察一下自己的宿舍里、教室里或者我们的校园里有没有类似的情况发生呢？鼓励每个宿舍至少一人回答并具体讲述一下。

同学1：为了证明自己可以考得很好，宿舍还没人起床的时候我就起来了，第一个出宿舍门，来到教室也是第一个开门开灯，听课、做作业、刷题、看书、背书。回到宿舍后依旧背书学习，挑灯夜读最后一个睡觉。

同学2：午休回宿舍，舍友们个个都在背书刷题，我哪里睡得下去？晚上睡觉的时候，整个宿舍也在挑灯夜战，逼得我不得不去买台灯……

同学3：体育课想找个打球的人都没有，他们都是拿着一本本资料书在看，加上高考的压力，让我心中不舒服。

同学4：可能因为女生上厕所排队比较耽误时间，所以很多女生就拿着小册子，低头在背单词、记公式等，就我一个人直挺挺地站在那里，特别格格不入。

教师：同学们说得非常好，善于发现周围的人物和环境。其实，我们从视频中看到的和你经历的这种现象，就是时下所谓的“内卷”。那么，你知道“内卷”的含义吗？“内卷”（involution）这个词最早被使用，是针对演进、变革（revolution）的无意义的消耗，指同行间竞相付出更多努力以争夺有限的资源，从而导致个体“收益努力比”下降的现象，可以看作努力的“通货膨胀”。同学之间的“内卷”就是无论在学习时间上还是精力上，都竞相付出更多的努力，并且不愿让别人看见自己努力，更不愿别人比自己强，是一种非理性的内部竞争。

▶小组活动

教师：（1）你认为“内卷”是良性竞争吗？（2）如果不是，那么“内卷”和良性竞争有什么区别呢？

小组讨论：八个小组就以上两个问题进行讨论探究。

代表发言：每个小组派一名代表将本组的观点和大家分享。

教师："内卷"是被迫的努力，非理性的竞争。身边的人都在盲目地努力，而自己如果不努力的话就会显得特别不合群。同时，如果大家都在努力而自己不努力的话，那么自己就会变成落伍的那一个。良性竞争是大家都为了自己的实际目标努力奋斗，有竞争，有动力，从而有进步。良性竞争可以激发学生强烈的成就动机和高度的进取心，促使学生顽强拼搏，同时也会给同学们带来快乐，注入新的活力，最终达到合作共赢的理想目标。

教师深入提问：(1)你喜欢"内卷"吗？为什么？(2)你愿意被卷吗？为什么？(3)如果你不喜欢"内卷"，又不愿意被卷，那就选择"躺平""摆烂"吗？

学生讨论回答。

教师：同学们的回答是一致的，都不喜欢"内卷"也不喜欢被卷。但拒绝"内卷"不是"躺平"更不是"摆烂"，也不等于碌碌无为。不要让拒绝"内卷"成为你放弃努力的借口。适当的竞争，适当的压力，都能推动我们不断向前，共同进步。面对"内卷"，我们应该怎样做？

环节二　教师思考及分享

第一，摆正心态，专注当下。实际上，我们之所以会加入"内卷"，是因为我们内心焦虑。焦虑自己不如别人，害怕别人不认可自己。其实，我们不妨让自己静下来，不去在意外界的影响，不贩卖焦虑。摆正自己的心态，去和之前的自己对比，真正认识和了解自己，找到自己的长处。每个人都是独一无二的绝版，不要试图刻意模仿别人，也不要过于纠结在意别人的眼光和评价。关注自我，专注当下。

第二，明确方向，坚定理想。诚然，没有目标的人，往往是寂寞的。我们在学习之前不妨想想自己的目标与理想。当我们有了目标，就会正视前方的障碍，每个人都有自己的优势，成功也不是只有一条道路。所以，当你被外界环境影响，卷入不适合自己的赛道时，不妨跳出来问问自己："我还可以选择哪些赛道？"理想指引人生方向，信念决定事业成败。要坚定自己的理想，不忘初心。

第三，良性竞争，合作共赢。我们应学会与自己的竞争对手相互欣赏、合作，在竞争中相互学习，做到良性竞争，共同进步。我们有需要在竞争中合作，在合作中竞争，实现和谐共赢的目标，保证友谊的小船永远不会翻。

环节三　总结

教师选一两名同学就本次主题班会内容和自身感受来进行总结，播放歌曲《骄傲的少年》来鼓励同学们。

星光不问赶路人，时光不负有心人。成功靠的不是盲目竞争，而是脚踏实地的努力。就像高考语文作文题目启示我们一样，不要一味地追求妙手取胜，而应该从本手开始，夯实基本功。让我们一起理性地学习，良性地竞争，不忘初心，锐意进取，拒绝“内卷”，合作共赢！奔跑吧，骄傲的少年！

【班会反思】

本次班会的主题“内卷”是时下的热门流行词汇。学生对此熟悉且感兴趣，也深有体会。因此在课上的讨论探究就会比较容易推进，也很有教育意义。通过视频来引出话题，创设情景，生动形象地激发了学生的兴趣。在学生分享经历的环节，学生有不愿表达或者不善表达的情况，应及时鼓励他们积极探讨，主动参与。希望同学们能通过这次班会了解“内卷”，理性选择适合自己的学习方式，减少焦虑，拒绝假努力，砥砺前行，赢得高考。

法治教育

宪在我心　与法同行

——国家宪法日主题教育班会

政治组　韩旭

【教育背景】

国家宪法日是为了增强全社会的宪法意识、弘扬宪法精神、加强宪法实施、全面推进依法治国，在每年12月4日设立的节日。青少年是祖国的未来和社会的骨干，是未来社会建设的中坚力量。他们的宪法意识水平将直接影响宪法的贯彻和实施。加强青少年的宪法教育能让法治精神像种子一样深种在学生心中。本节班会课可面向高中各年级学生。

【班会目的】

1.加强法治教育，让学生增强法律意识，在了解相关法律制度的基础上，规范自己的行为，做一个知法、懂法、守法的青少年。

2.引起学生对现实生活的关注，激发公共参与意识，将校内依法治校与社会生活实践相结合，有助于学生提高公民意识、法律意识和社会责任感，做一个好公民。

【班会准备】

教师准备：PPT、《中华人民共和国宪法》。

学生准备：发现我们身边的宪法精神，小组分工搜集宪法相关知识。

【班会过程】

“国无法不治，民无法不立。”法治是一个国家治理体系和治理能力的重要依托，而法治的首要内容就是宪法法律至上。宪法是什么？可能大家心里都会浮现出那一句“宪法是国家的根本法，是治国安邦的总章程”。但宪法又不止于此，下面这节课我们就一起走进宪法、认识宪法、感悟宪法、维护宪法、运用宪法。

环节一　走进宪法

▶教师提问

请同学们欣赏歌曲《宪法伴我们成长》并谈谈感受。

▶学生回答

从歌词“生活中再多的磨炼，社会里再多的挑战，别怕，乘着宪法的翅膀，我们一同飞翔”中，我感受到了宪法在时刻维护着广大人民的利益，为我们营造了安宁的社会秩序和良好的生活环境，为我们追求理想、勇于挑战提供了坚强的护盾。

●教师总结

同学们说得非常好，宪法就像阳光和清风，你不会在生活中时刻注意它，但是它却在默默为我们的生活保驾护航。同学们，你们对宪法了解多少呢？

环节二　认识宪法

▶学生活动　体会宪法来之不易

大家看我手中这本红皮烫金的小册子——《中华人民共和国宪法》。宪法很薄，我时常感叹其精练扼要的文字与表述，但宪法又很厚，我们能真切体会到它深邃厚重的内涵与精神。它承载的是一代代人砥砺前行，无数伟大无产阶级革命战士呕心沥血与视死如归的精神。宪法是如何产生的呢？它有什么重要意义呢？请同学们分小组讨论并派代表到讲台上展示一下你们的成果吧。

▶分享展示

小组1：1953年12月，毛泽东亲率宪法小组着手起草工作。他说：“治国，须有一部大法。”直至1954年9月20日，在庄严肃穆的第一次全国人民代表大会上，中国第一部宪法正式颁布，也被称为“五四宪法”。正如纪录片《六亿人民的意志》所说，我们拥护宪法草案，因为它第一次把劳动、休息和受教育当作人民神圣而不可侵犯的权利，因为它铿锵有力地向全体人民庄严承诺：“中华人民共和国的一切权力属于人民！”1954年宪法，确认了中华民族站起来的革命成果，开辟了中国历史的新纪元，引领了新中国社会主义革命的历史进程。

小组2：我国现行宪法以1982年宪法为基础，经历了五次修订，第一次修订于1988年，第二次修订于1993年，第三次修订于1999年，第四次修订于2004年，第五次修订于2018年。宪法肯定了中华民族富起来的发展道路和发展成果，引领和保障了中国特色社会主义取得胜利的伟大实践。2018年修宪是中国特色社会主义进入新时代后的首次宪法修改，是新时代引领和促进中华民族强起来的国家根本法依据，提供了实现中华民族伟大复兴的中国梦的宪法保障。

小组3：历史是最好的教科书。我国宪法是对中国近现代100多年来中国人民革命斗争的历史经验的总结。宪法规定了国家生活中最根本的问题，规定了我们国家的性质，规定了社会主义制度……宪法的根基在于人民发自内心的拥护，宪法的伟力在于人民出自真诚的信仰，只有我们尊崇宪法、信仰宪法，才能推进国家各项工作法治化，助力法治中国建设。

●教师总结

经过同学们的介绍，我们进一步认识到了宪法自诞生以来不断探索和完善的历程，感受到了现行宪法的来之不易和重要性。

环节三 发现宪法

▶学生活动 宪法就在我身边

宪法与我们一路同行，她就像一位充满智慧的长者，默默地注视着我们，又坚定地护佑着我们，请同学们设想自己的人生规划，翻看宪法条文，以第一人称讲故事的形式来思考"宪法和你的一生有什么关系"。请同学们分阶段阐述。

▶分享展示

学生1：2007年，我出生了，成了具有独立人格的"人"。从那一刻起，我已经开始受到宪法的保护啦！我的父母有义务保护我、抚养我，不能虐待我、遗弃我。因为宪法第二章第三十三条规定：凡具有中华人民共和国国籍的人都是中华人民共和国公民。中华人民共和国公民在法律面前一律平等。国家尊重和保障人权。宪法第二章第四十九条规定：父母有抚养教育未成年子女的义务。

学生2：6岁时，我上小学啦，老师教我们唱国歌，带领我们升国旗，我知道了祖国的首都是北京，盼望有一天去看一看天安门。当时懵懂的我并不知道，上学、首都、国徽、国歌原来都是宪法规定的内容。宪法在第二章第四十六条规定：中华人民共和国公民有受教育的权利和义务。第四章第一百四十一条规定：中华人民共和国国旗是五星红旗。中华人民共和国国歌是《义勇军进行曲》。第一百四十二条规定：中华人民共和国国徽，中间是五星照耀下的天安门，周围是谷穗和齿轮。第一百四十三条规定：中华人民共和国首都是北京。

学生3：我18岁了，我成年啦！成年意味着我已经长大了，要对自己的行为负责，在享有宪法和法律规定的权利的同时，我可以行使自己的选举权和被选举权了。因为宪法第二章第三十四条规定：中华人民共和国年满十八周岁的公民，不分民族、种族、性别、职业、家庭出身、宗教信仰、教育程度、财产状况、居住期限，都有选举权和被选举权；但是依照法律被剥夺政治权利的人除外。

学生4：经过三年苦读，我从省实验毕业，考上了清华大学。为了圆我从小参军保家卫国的梦想，我在大二这年填写了应征入伍的申请，光荣入伍，学校会为我保留两年的学籍。因为宪法第二章第五十五条规定：保卫祖国、抵抗侵略是中华人民共和国每一个公民的神圣职责。依照法律服兵役和参加民兵组织是中华人民共和国公民的光荣义务。

学生5：24岁，我大学毕业了，在招聘会上过五关斩六将，回到济南做互联网工程师工作，成为光荣的纳税人。还不错的薪水可以让我赡养逐渐年迈的父母，让他们过好晚年退休生活。因为宪法第二章第四十二条规定：中华人民共和国公民有劳动的权利和义务。第二章第五十六条规定：中华人民共和国公民有依照法律纳税的义务。第四十九条规定：父母有抚养教育未成年子女的义务，成年子女有赡养扶助父母的义务。

学生6：26岁，这一年是累并快乐的一年，我在济南终于拥有了属于自己的房子，我在休年假的时候带爸妈和女朋友一起旅游，虽然有还房贷的压力，但是想到未来的美好生活，我充满了干劲。宪法第一章第十三条规定：公民的合法的私有财产不受侵犯。第三十九条规定：中华人民共和国公民的住宅不受侵犯。第四十三条规定：中华人民共和国劳动者有休息的权利。国家发展劳动者休息和休养的设施，规定职工的工作时间和休假制度。

学生7：28岁，我和女朋友走进了婚姻的殿堂。30岁，我们有了一个可爱的小宝宝。进入了上有老下有小的阶段，我必须更加努力承担起家庭的责任。因为宪法第二章第四十九条规定：婚姻、家庭、母亲和儿童受国家的保护。夫妻双方有实行计划生育的义务。父母有抚养教育未成年子女的义务，成年子女有赡养扶助父母的义务。禁止破坏婚姻自由，禁止虐待老人、妇女和儿童。

学生8：60岁，我退休了，每月领退休金，儿孙满堂，共享天伦之乐。《宪法》第二章第四十四条规定：国家依照法律规定实行企业事业组织的职工和国家机关工作人员的退休制度。退休人员的生活受到国家和社会的保障。

●教师总结

同学们讲述了“自己”在不同年龄阶段的成长规划，并且通过翻阅宪法发现，在人生旅途中，宪法自始至终都在保护着你的权利，同时也规定着你的义务，每个人都离不开宪法。其实，我们与宪法的关系远不止这些。宪法是国家的根本大法，与我们的生活息息相关。近年来，在我们每一个人的身边，有事找法的人越来越多，用法说事的人也越来越多，法治思维、法治意识正在破土而出！

环节四　传承宪法

▶教师发言

“随风潜入夜，润物细无声。”宪法精神传承至今，历久弥新。宪法精神主要分为四个方面：①坚持社会主义本质特征的精神；②民族团结和国家统一的精神；③改革开放的精神；④实事求是，从实际出发的精神。

▶学生活动　宪法精神，血脉相传

1.宪法精神在不同的时代又有不同的体现，请各小组结合所学知识和资料，分别讨论祖辈（1950—1970 年）、父辈（1970—2000 年）、我辈（2000—2050 年）的宪法精神有什么样的特征，并派小组代表为我们讲解。

2.请每位同学将“我辈”应如何弘扬宪法精神写在纸上。

（播放背景音乐《我和 2035 有个约》）

▶分享展示

小组 1：列举祖辈在新中国建设、“两弹一星”研发、抗美援朝战争、完成“一五”计划、完成“三大改造”确立社会主义制度、取得社会主义建设的成就……从祖辈筚路蓝缕般的建设过程中感悟到为国争光、为民族争气的爱国主义精神，独立自主、自力更生的艰苦创业精神，讲求科学、“三老四严”的科学求实精神，胸怀全局、为国分忧的奉献精神等。

小组 2：列举父辈在改革开放、人造卫星、女排夺冠、“九二共识”、港澳回归、神舟五号、长江三峡、加入世界贸易组织、举办北京奥运会、成为世界第二大经济体、辽宁舰、复兴号动车……从父辈的艰辛奋斗中感悟到解放思想、实事求是、敢闯敢试、勇于创新、互利合作、命运与共等精神品格。

小组 3：列举我辈目标，攻克核心技术、维护世界和平、在 2035 年时基本实现现代化，在 2050 年把我国建设成为富强、民主、文明、和谐、美丽的社会主义现代化强国，着力解决发展不平衡、不充分问题，推动人的全面发展……宪法精神代代相传，新时代建设全在我辈。

●教师总结

何其有幸，父辈与祖辈为我们创造了和平与安宁的生活，我们不仅要珍惜这来之不易的机会，更要传承凝聚在宪法中的民族精神。

环节五　维护宪法

▶观看视频

观看视频《国家宪法日——弘扬党的精神，维护党的权威》。

▶教师发言

同学们，作为肩负着实现中华民族伟大复兴的中国梦的新青年，"请党放心，强国有我！"不只是发自内心的呐喊，更应该是路在脚下、坚定前行的实践。看完视频相信大家心中会有许多感受，哪些同学来谈谈你们的看法？

▶学生回答

学生1：宪法法律是党的主张和人民意志的统一体现，党领导人民制定宪法法律，党领导人民实施宪法法律，党必须在宪法法律范围内活动，这就是党的领导力量的体现。

学生2：党和法、党的领导和依法治国是高度统一的。我们要拥护党的领导，坚定宪法自信，弘扬宪法精神。

学生3：我们应当积极学习党的二十大精神，学习习近平法治思想，自觉尊崇宪法，真诚信仰宪法，弘扬宪法精神，维护宪法权威，努力成为宪法的忠实崇尚者、自觉遵守者、坚定捍卫者。

●教师总结

作为中华儿女，你们的成长决定着国家和民族的未来与命运，护好你们成长的硬核底线，在内心根植宪法至上的信念，不断增强走中国特色社会主义法治道路的自信和自觉。同学们，今天努力学习、做好学生，明天奉献祖国、做好公民，我们要立志为社会主义现代化强国建设做出应有的贡献！

【班会反思】

本节班会课尝试将宪法教育与学生生活相结合，通过教学活动一步步激发学生的学习兴趣，化枯燥的课堂讲解为生动的课堂活动，基于学生的生活实际，激发了学生的宪法法律意识，帮助学生明确了自己的人生观，取得了较好的育人效果。

对校园欺凌说“不”

——预防校园欺凌主题班会

英语组　辛丽

【教育背景】

1.近年来,校园恶性欺凌事件屡有发生,引起了全社会的关注。

2.学生普遍缺乏对校园欺凌现象的正确认知,以至于有时候难以辨别。

3.有些学生缺乏防范和自我保护意识,在面对欺凌时不会采取恰当措施。

4.本节班会面向高中各个年级学生。

【班会目的】

1.通过主题教育,帮助学生认识校园欺凌的形式和危害。

2.教育学生遵纪守法,互帮互助,共建平安校园。

3.帮助学生掌握面对校园欺凌时应该采取的措施。

【班会准备】

查阅资料、课件准备。

【班会课程】

环节一　引入

教师:同学们,近年来,我们不断在网上看到一些关于校园欺凌的报道。大家是不是觉得校园欺凌离我们很远?你对校园欺凌的认识是怎样的?

学生1:校园欺凌是暴力冲突。

学生2:校园欺凌会带来人身伤害。

教师:其实,校园欺凌不仅仅是对人身的伤害。有可能我们身边已经出现了一定程度、不同形式的校园欺凌,而由于我们的认识不够,没有重视。现在,就让我们来认识一下校园欺凌。

环节二 认识校园欺凌

什么是校园欺凌？引发校园欺凌的原因是什么？

▶背景知识

2017年12月，教育部等11个部门联合印发《加强中小学生欺凌综合治理方案》，首次从政府层面界定“校园欺凌”。该方案指出，中小学生欺凌是发生在校园(包括中小学校和中等职业学校)内外、学生之间，一方(个体或群体)单次或多次蓄意或恶意通过肢体、语言及网络等手段实施欺负、侮辱，造成另一方(个体或群体)身体伤害、财产损失或精神损害等的事件。

面对校园欺凌，社会和政府越来越重视，并逐步制定了一系列政策和方案。2017年4月，湖北省教育厅等9个部门联合发布《关于防治中小学生欺凌和暴力的指导意见》。2018年7月5日，教育部发布北京市中小学欺凌治理方案，要求发生校园欺凌时必须限时上报。2018年，山东、海南、宁夏、陕西等省份也发布了针对中小学生欺凌的方案，要求成立学生欺凌治理委员会，对学生欺凌进行界定和处理。2020年11月，山东省教育厅印发《关于加强校园欺凌防治工作的若干措施》……

▶提问

国家为何如此重视校园欺凌？在如此重拳出击之下，校园欺凌为何还会一再发生？引发校园欺凌的原因是什么？让我们通过一个短片来更深刻地了解校园欺凌发生的原因、危害以及专家的建议。

播放青岛市中级人民法院录制的校园欺凌主题视频《韶华叹》。

▶引导

请大家谈谈感受。

▶学生讨论

学生1：家庭环境对学生的影响太重要了！

学生2：有的同学性格乖张、自私，不会与人友好相处。

学生3：校园欺凌会带来恶劣后果，一定要坚决制止！

学生4：我们要学会用法律武器来保护自己，不能冲动。

●教师总结

大家都说得非常有道理，校园欺凌确实有着各种层次的原因，包括个体因素和环境因素。下面我们来深入分析一下校园欺凌发生的原因。

从个体因素来说，青少年身体力量的大小常常是校园欺凌发生的重要因素之一。一些同学的生理缺陷(如身体残疾等)有时也会构成别人欺凌他们的“借口”。此外,有些受欺凌者存在自尊较低、自卑、性格较内向、情绪不稳定等人格特征,从而制约着其与同伴交往的方式、对待世界的态度以及解决问题的策略,使得他们很容易成为被欺凌对象。

当然,欺凌者自身也往往存在一定的问题。比如有些欺凌者在智力、言语、自控能力等方面存在缺陷,使得其行为具有冲动性,难以选择恰当的策略应对同伴关系问题。他们往往对恰当的道德规范和行为没有正确认知,具有盲目的过高自我评价等人格特征,对一般性的外界刺激反应强烈,因此容易出现对他人的欺凌行为。

从环境因素来说,不利的家庭及父母教养因素、同伴背景因素以及学校或社会影响等因素都会产生影响。在家庭环境中,父母的不当体罚、教养方式不一致等极易误导孩子采取不当方式处理问题和冲突。与不良同伴的朋友关系会使得欺凌者继续受到不良行为的影响,从而攻击和欺凌别人的可能性进一步增大。对于影像游戏来讲,青少年在虚拟的游戏世界中直接参与打打杀杀的行为,这会更容易使他们形成攻击、暴力有用的念头以及冷漠的性格。

环节三　校园欺凌的应对措施

▶引导

正如刚才所说,校园欺凌的出现与个人、家庭、学校、社会等各方面因素都有关系。对于中学生而言,我们应该做什么呢?

▶学生讨论

学生 1:多读有益身心的书,让心灵充满阳光。

学生 2:多参加一些集体活动,使自己感受到集体的力量和同伴的友情。

学生 3:学法、懂法、守法。

●教师总结

当我们深入分析了欺凌发生的原因后,相信大家不仅对校园欺凌有了更清晰的认知,而且也会更客观地思考应当如何应对。对此,我给大家以下建议。

第一,抵制校园暴力,辨别是前提。校园暴力包括行为暴力、语言暴力和心理暴力。我们要树立正确的是非观念,坚决不当校园暴力的帮凶;注重心理的健康发展,要保持乐观的心态,主动与他人沟通,解决各种困难和问题,加强自身的法律意识和法治观念,学法、懂法、守法,既要以法律来规范自己的行为,也要以法律来保护自身的合法权益。

第二，学会保护自己，关注他人，与同学友好相处。我们应该宽容豁达，不应斤斤计较。在与同学的交往中，应该明辨是非，做到举止有度，语言得体，尊重他人，理智交流。

第三，及时报告，依法维权。忍气吞声往往会导致新的暴力事件发生。自己或发现他人遭遇紧急情况时，一定要在第一时间向家长、老师或警察求助，采取最有效的救助措施。

总之，在我们的成长过程中，希望同学们培养正确的价值观和道德观，真正懂得“己所不欲，勿施于人”的道理，客观公正地看待同学之间的差异，保护弱小，善待他人。希望同学们关注心理健康的成长，学会理性看待事物，不冲动，不任性。希望同学们学会处理人际关系，与人为善，培养积极健康的友谊，与同学和谐相处。希望同学们学会辨别是非曲直，远离网络游戏，尤其是暴力游戏或暴力节目，让我们共同营造积极向上、阳光乐观的生活和成长环境！

通过本节班会，我们了解了校园欺凌发生的原因及其带来的伤害，同时也学会了如何应对，如何向校园欺凌说“不”。希望大家都能珍惜美好的青春时光和校园生活，珍惜同学间的情谊，让心灵充满阳光，不断传播正能量，使我们的校园更加美好，我们的未来更加灿烂！

【班会反思】

在我们这所学校，校园里充满和谐宁静的氛围，绝大多数同学都是积极向上的，很少会出现欺凌的现象，因此大多数同学对校园欺凌认识不足，也不够重视，但是为了防患于未然，学会辨别是非，学会自我保护还是非常有必要的。通过这节班会课，同学们能够开始重视这种社会现象，并具有了自我保护和关心他人的意识，本节班会还是很有意义的。

远离网络暴力　让语言与温暖同行

——共建网络文明主题班会

英语组　滕传鹏

【教育背景】

随着信息技术的快速发展，新媒体时代悄然而至，人人都在享受着网络带来的便利。然而，在网络空间中，人们享受着言论自由的同时，也承受着网络暴力的困扰。当今，青少年群体是活跃在微博、QQ、贴吧等社交平台的主力军，会在不经意间成为网络暴力的受害者，也会成为网络暴力的参与者。高中生正处于青春期，这是一个叛逆阶段，在面对舆论时，他们有时会失去应有的判断力和思考力，在网络空间中受暴或施暴而茫然不自知。本节班会可面向高中各年级学生。

【班会目的】

1.学生能够理解网络暴力的基本概念及表现形式。

2.学生能够了解网络暴力的危害性。

3.学生能够增强应对网络暴力、依法维权的能力以及尊重他人权利、遵法守法的能力。

【班会准备】

课件、视频、关于网络暴力的调查问卷（班会前发放并收集数据）、学生查阅相关资料。

【班会过程】

环节一　引入

教师：前几天，老师听到咱班某同学说，有人经常 diss 他。在日常生活中，我也经常会听同学们提到 diss 这个词，那它是什么意思呢？

学生：指责、侮辱、诋毁、轻视、不尊重别人或者其他任何事物。

教师：那如果有人在网络空间中疯狂 diss 别人，会发生什么呢？（引出班会主题——网络暴力）

环节二 火眼金睛识网暴

教师：同学们，前几天大家填了一份关于网络暴力的调查问卷，后台数据显示，大部分同学上网、聊 QQ、刷微博占多数。大家在虚拟的网络空间中自由“冲浪”，殊不知，你们可能已经处于网络暴力之中了。以下给大家提供了一些日常事例，请大家认真阅读，然后说一说哪几项属于网络暴力的范畴。

（学生思考一分钟，阐述自己的观点，各抒己见）

教师：刚才大家都分享了自己的看法，现在请大家基于对以上事例的理解，给网络暴力下一个定义。

学生 1：网络暴力是一种发表在网络上的并且具有攻击性的不实言论。

学生 2：网络暴力是对未经证实或已经证实的网络事件，在网络上发表具有伤害性、侮辱性和攻击性的言论。

……

总结：网络暴力是指用言语、图片、视频等形式在网络上对他人进行人身攻击，属于网民在网络上的暴力行为，是社会暴力在网络上的延伸。其危害严重、影响恶劣，能对当事人造成名誉损害、精神损害，而且它已经打破了道德底线，往往也伴随着侵权行为和违法犯罪行为。

环节三 针锋相对辩网暴

教师：同学们，刚才我们讨论了，网络暴力是发生在网络上的暴力行为，以网络语言暴力为主。大家有没有想过，网络暴力的幕后推动者是谁？是谁导致了网络暴力的蔓延？

学生 1：是不怀好意者。

学生 2：是“键盘侠”。

……

教师：说到“键盘侠”，有人认为，“键盘侠”是面对电脑敲键盘或用手机进行网络评论及聊天的时候，可以毫无顾忌谈笑风生，对社会各个方面评头论足的群体。但是也有人认为，“键盘侠”力量卑微却不忘伸张正义，在网上利用文字去和看不惯的不好的风气作斗争，去推动社会进步。所以“键盘侠”是正义的化身，还是邪恶的力量？“键盘侠”到底是不是侠？让我们欢迎正反两方的辩手们，一起来看一下，他们是如何理解的。

（正方反方均为 4 位辩手，提前准备相关材料，辩论时间约为 10 分钟）

正方辩手观点："键盘侠"是侠，因为"键盘侠"对社会的进步有一定的推动性，现代社会离不开互联网，"键盘侠"在用他们最擅长的方式为社会做出贡献。例如，在网络上看到寻人启事或通缉令时，他们能够推动信息的散播，让更多人一起参与，提高办事效率。或是，当有人需要帮助却求助无门时，"键盘侠"就可以利用网络的方便快捷，为求助者提供帮助，或寻求到能够给予帮助的人。

……

反方辩手观点："键盘侠"不是侠，古人云"文者为儒，武者为侠"，虽然现代社会不支持武力，但侠对于人们而言依然是能够挺身而出的人，而对于"键盘侠"来说，他们只会利用键盘发表言论，却连以真面目示人都不敢，如何能称为侠？例如，在现实生活中见到有人偷盗或是校园欺凌等事件，能够做到上前一步尽自己全力阻止的是英雄，满口不平却只敢拿出手机拍照然后在网络上评判的只能称为"键盘侠"。真正的侠是在路见不平时立刻"拔刀相助"的人，而不是只会躲在电脑背后逞口舌之勇。

……

总结：人本来是社会动物，需要他人评价来更好地看清自己并改善。随着科技的发展，以微信、微博为代表的社交媒体，几乎让每一个人都暴露在他人的评价之中。没有尊重的评价无异于绑架，与其如此不如回归沉默。沉默不代表漠不关心、袖手旁观，而是把解释、定义、演绎的权利交回每个人手里，在观察他人生活之后将判断与评价留在心底，给他人的生活留出空间，这空间便是尊重。

环节四　畅所欲言说网暴

教师：问卷显示，咱班有部分同学曾遭受过网络暴力，对自己产生了非常消极的影响。网络暴力是很可怕的，它到底有多可怕，让我们一起通过电视剧《开端》的片段了解一下。

看完电视剧片段后，请大家思考你身边遇到过的网络暴力，分析有哪些因素导致了网络暴力的产生。

（思考后同桌讨论）

学生 1：网络具有虚拟性和匿名性，有人存在侥幸心理，认为随意说两句不会造成什么影响。

学生 2：现在很多网民素质比较低，对现实不满，需要宣泄，而且有从众心理。

学生3:网络管理部门监管系统不够完善。

……

总结:网络暴力对人的伤害有多大?没有经历过的人可能无法想象。一旦有人受到了网络暴力,现实生活中的情绪、状态、精神等都会受到很大的影响,负面情绪也会随之而来,严重的甚至可能造成生命危险。在社交网络如此发达的自媒体时代,网络暴力的伤人成本十分低廉,而人们随手的一个点赞,无意识的一次转发,都可能会“助纣为虐”。当负面事件被疯狂传播时,网民如果能够明辨是非,认清分寸,守住底线,或许就能阻止一次悲剧的发生。

环节五　集思广益治网暴

教师:我们刚刚讨论过,网络暴力是可怕的,那我们该如何降低网络暴力的危害呢?下面请大家进行小组讨论:如果《开端》中的女主或者刘学州遭遇这场网络暴力后,向你求助。请你给他几点合理的建议,请从旁观者和当事人两个角度进行阐述。

展示:给学生播放一则关于网络暴力的公益视频,让学生了解,未知全貌,不予置评;兼听则明,偏听则暗。

措施:如果无意中成了网络暴力的受害者,应该增强自我抗压能力,不回怼,不理睬;如果自身权益受到严重侵害,要拿起法律武器,维护自身权益。

(给学生提供我国以及其他一些国家关于网络暴力相关行为的法律规定,让学生了解言论自由并非任意妄为,是受法律约束的)

▶大家一起签署抵制网络暴力倡议书

远离指尖上的暴力,做网上网下好公民。

个人消息要保护;

网络暴力要远离;

网上交友需谨慎;

上网时间要合理;

不良信息要抵制;

多传多转正能量;

网络谣言我不传。

总结:在如今的网络时代,一方面,希望大家不信谣,不传谣。甘当造谣者的帮凶,下一个伤及的可能就是自己。在谣言面前,保持独立思考的态度,“让子弹飞一会儿”,不要被带节奏。另一方面,如果发现自己成为网络暴力的受害者，积极寻求身边人的帮助，同时拿起法律武器，捍卫自己的权益。

▶**教师寄语**

不出妄语，不助恶声，便是扬善。

莫信谣言，待人以宽，且以心安。

【班会反思】

当前，中学生与网络的接触越来越密切，我设计本节班会课的初衷，是希望学生了解网络语言暴力的危害性，在日常生活中遭遇网络语言暴力时，能够正确看待并理性处理。反思这节课，如果能提供更丰富且具有代表性的案例，同学们对网络暴力的认识会更加全面深入。本节班会课还需继续完善。

远离毒品　享受健康

——预防毒品主题教育班会

学生发展部　郭红星

【教育背景】

时代背景：2022年6月26日是第35个国际禁毒日。百年中国近现代史，也是我国人民与毒品持续不断的抗争史。现代化国家建设有赖于国民健康的体魄和健康的生活，青少年毒品预防教育显得尤为迫切。

学情分析：数据显示，截至2021年年底，全国现有吸毒人员148.6万名，全国涉毒县(市、区)2184个。吸食海洛因人员已占到吸毒人员总数的87.6%，吸食新型毒品和精神、麻醉药物的人员比例正在迅速上升。登记在册的吸毒人员中，青少年占74%，无业人员占53%。以青少年为主体的毒品滥用问题突出，吸毒人员低龄化趋势明显，青少年毒品预防教育是禁毒工作的治本之策。本节班会可面向高中各年级学生。

【班会目的】

1.了解毒品的危害。

2.分析青少年吸毒的原因。

3.学生如何防范和拒绝毒品。

【班会准备】

教师准备课件，学生讲述查阅的资料(分组交流对毒品预防的认识和案例)。

【班会过程】

环节一　动态激趣，直观感受毒品外观

▶教师发言

同学们，青年是国家的未来。你们生命灿烂，前途广阔。但是世界上有一

种东西让人痛不欲生，使家庭支离破碎，严重威胁着社会稳定和经济发展，它就是毒品。可能你会说，毒品离我太远了。殊不知，近些年，毒品几经变异，通过各种令人防不胜防的形式入侵我们的生活。如何认识毒品，远离毒品，当好毒品预防宣传员呢？答案就在今天的“远离毒品　享受健康”主题班会课中。

▶课件展示

通过播放视频动画和展示图片资料，引出毒品的危害。

传统毒品：传统毒品是从罂粟、大麻、古柯等植物提取、加工而来的，出现时间较早，滥用时间最长，主要包括鸦片、吗啡、海洛因、大麻、可卡因等。传统毒品主要破坏人的免疫功能，损害心、肝、肾等器官，过量食用会导致呼吸衰竭而死亡。

合成毒品：合成毒品是以化学合成为主的一类精神药品，它可直接作用于人的中枢神经系统，有的有兴奋作用，有的有致幻作用，也有的有中枢抑制作用。吸食合成毒品会损害人的神经系统。

新精神活性物质：新精神活性物质又称“策划药”或“实验室毒品”，是不法分子为逃避打击对管制毒品进行化学结构修饰或全新设计和筛选而得到的毒品类似物。由于其毒理作用与管制毒品相似或更强、难于管控、善于伪装，成为继传统毒品、合成毒品后的新一代毒品。

伪装毒品：毒贩会把毒品伪装成各种让人难以分辨的食品，如棒棒糖、奶茶粉、速溶咖啡、巧克力、酒等都有可能是伪装毒品。一般情况下，这类毒品的包装与普通零食非常相似，在灯光昏暗的场所很难辨认真假。主要包括相约奶茶、跳跳糖、干花、阿拉伯茶、止咳水、浴盐、笑气等。

环节二　谈毒品认知感受

教师：你知道这是什么毒品吗？对人体有什么危害吗？

学生：（略）

教师：同学们，通过视频中的实物展示，你们觉得为什么很多人会踏上吸毒的不归路？

学生发言：从刚才的毒品类型看，有些毒品颜色鲜艳，一点也不像毒品的模样，相反我们可能还会有好感。青少年很容易受诱惑，误入歧途，深受其害。有的像软饮料或纯果汁，加冰块制成，加入紫色药水或配搭其他酒水饮料，混合出好看的颜色和水果味的口感，使得这种饮料表面上没有毒害，容易让人放松警惕。

教师:究其原因,从个人角度分析如下:(1)好奇心理,青少年以为吸毒新奇、刺激,好奇心驱使他染上毒品,特别是曾吸过烟的青少年,极易染上毒品;(2)炫耀心理,为了寻求自认为的行为价值,为了在群体中自我炫耀,获得同伴的肯定;(3)缺乏对毒品危害性的认识,因为头脑比较简单,对事物缺乏分析判断,把毒品与日常香烟混淆,认为随时可吸可戒,并不可怕。外部原因分析如下:(1)交友不慎,青少年有集群倾向,在行为不良的青少年群体中往往看到同伙吸毒,自己也跟着吸,以此与群体保持一致;(2)受贩毒者利诱,贩毒者有时将毒品放在香烟中或做成各种形状的“药片”或“胶囊”,并以用药后会如何“好玩”“刺激”“快活”等来引诱青少年。在国外,贩毒者常常在学校附近引诱学生吸毒。为培育市场、培养毒品消费者,贩毒者开始免费让人们吸毒,待人们成瘾后自然就会掏腰包从贩毒者手中购买毒品。世界很美好,诱惑也很多,我们一定要瞪大眼睛看清危害。

环节三　吸毒视频、图片资料

▶播放视频

教师:请大家看一段视频,有一些花样年华的少年,他们是你们的同龄人,因为吸毒走上了犯罪道路。看到一张张后悔、沮丧的脸,冰冷无情的监狱,一声声嘶鸣吼叫,你有什么想说的吗?

学生:毒品对人体损害真大,这个“白色魔鬼”疯狂露出魔爪,残害人类!轻则倾家荡产,重则家破人亡。我们中学生除了识毒,更重要的是增强抵制毒品意识,交友谨慎,不要误入歧途。吸毒没有回头路,必须增强拒毒能力,提升辨别力,不贪小便宜,不去乱七八糟的场合。

教师:下面我们看“毒品之祸猛于虎”的图片和资料,了解触目惊心和引人深思的场面。

> 宏观层面的危害:毁灭自己,危害社会。
>
> 吸食毒品对身体的危害:破坏免疫系统;毒品会造成牙齿发黄、脱落、口腔溃烂等;会对心血管系统直接产生毒性;会带来传染性疾病。
>
> 吸食毒品对心理的危害:吸食毒品后人的性格逐渐扭曲,使人丧失自尊自信,变得不顾廉耻;吸毒成瘾后失去理智和自控力,吸毒者产生自伤等行为甚至伤害他人;吸毒所致最突出的是精神障碍幻觉和思维障碍,从而丧失理性。

教师:一个又一个无知暴躁的青少年,本该享受家庭温馨和美好人生,享受社会关爱和好友相伴，但是他们在好奇心的驱使下，走入了黑暗和死亡的殿堂，带给他们的只有痛苦和家破人亡。

环节四　讨论交流，向毒品说“不”

教师：因为好奇，加上缺乏毒品常识，青少年很容易成为不法分子紧盯的对象。那么大家对青少年预防毒品有什么建议呢？

学生1：作为青少年，如果我们对毒品知识知之甚少或一知半解，是很危险的。那样就可能会相信毒贩的谎言，相信毒品有种种“神奇的功能”，因而受到毒品侵害。因此，要想远离毒品危害，最好的办法就是不管在任何情形下永远都不要尝试第一口。

学生2：防止好奇心，认清毒品危害。从刚才的视频可以看出，吸毒行为中出于好奇和被诱骗的占比很高。因此，不要听信毒品能治病、能解脱烦恼、能带来快乐而不会成瘾的谎言。不要因好奇心而沾染毒品。

学生3：谨慎交友。绝大部分青少年第一次吸毒都是受“邀请”的，而且至少有3个人在场，合成毒品滥用人群大多数情况下是聚众吸食。所以，勿交损友是保护自己的关键一步。

学生4：减少和控制吸烟行为，不要滥用药品，减少可能吸毒的渠道。

学生5：不涉足学生不宜进入的场所。不去歌厅、酒吧等治安情况复杂的场所，要保持高度警觉和戒备意识，要果断拒绝毒品诱惑，不要轻易接受别人给予的香烟、饮料和食品。

学生6：不模仿。青少年学生觉得自己长大了，容易模仿成年人或明星偶像的不良生活方式，容易被不法分子诱惑，进而陷入毒品的泥淖。青少年要树立积极进取、对社会有所作为的人生观，珍惜青春的美好时光，用健康文明的生活充实自己的课余时间。

学生7：学习毒品常识，参与禁毒志愿者活动，积极参加禁毒知识竞赛，增加禁毒知识储备。青少年学生有责任向父母、朋友、同学讲解毒品知识及其危害，勇于向禁毒部门举报毒品犯罪和吸毒行为。

环节五　教师倡议，横幅签字，共同进行预防毒品宣传

教师：同学们，禁毒是我们全国人民乃至全人类的共同责任。通过毒品预防教育提高全民的识毒、防毒、拒毒意识，同时需要咱们全体同学积极行动起来。从现在做起，从自身做起，筑起毒品预防的“铜墙铁壁”，为自身的健康、家庭的幸福、社会的稳定做出应有的贡献。

让我们一起在“远离毒品，享受健康”的横幅上郑重地签下我们的名字，也请大家积极关注“中国禁毒在线”“阳光泉城”等与禁毒相关的微信公众号和微博，共同参与毒品预防宣传！

【班会反思】

本节班会课尝试将毒品预防教育与学生学习生活相结合，立足身边人、身边事，在识毒、拒毒的音视频直观冲击和深入交流过程中体会毒品预防的必要性。利用背景分析、资料展示、互动总结，立体化地使学生增强毒品预防能力，提升毒品预防意识，取得了不错的教育效果。

修身教育

青年 青春 担当

——高一年级责任教育主题班会

政治组 张敏

【教育背景】

1.新时代赋予新青年新的使命和担当。

2.高中时期是公民社会责任感培养的关键时期，如今培养高中生的责任感已经引起社会、学校和广大家长的重视。

3.部分学生集体责任感和社会责任感有待加强。

4.本节班会面向高一年级学生。

【班会目的】

1.使学生明确自己的角色与责任。

2.使学生认识到自我责任的重要性。

3.使学生善于寻找周围有责任感的人并向他们学习。

4.使学生明确作为高中生正确对社会国家负责的行为。

【班会准备】

学生查阅资料、课件准备、分组并提前分发资料卡。

【班会过程】

环节一 角色与责任同在

▶引入

同学们，在学习和生活中，我们每个人都扮演着不同的角色，每一种角色都承担着相应的责任。一种角色，一种责任；角色不同，责任也不同；角色越多，责任也就越多。只有人人认识到自己扮演的角色、承担应尽的责任，才能各尽其能、各得其所地共建和谐相处的社会。

请大家思考：在社会生活舞台上，我们都扮演着哪些角色？面对不同的人生角色，我们要承担哪些责任？面对这些责任，我们又该如何担好责呢？

环节二　对自己负责，做可信的青年

▶填写“自我责任”卡

自我责任指的是个体能够为自己负责，是对自身价值的一种肯定。对自己负责是承担一切责任的基础和前提。当代青年只有对自己负责，才能对他人负责，才能够承担起建设社会主义现代化强国的历史重任。请同学们把自己对自己负责的事情写在卡片上面，再由每个小组推选出一位同学把这些事情写在黑板上。

“自我责任”自省卡

1.列举自己对自己负责的几件事情。

2.你觉得自己哪些方面做得不够好？

3.通过其他同学的分享，你今后该如何努力？

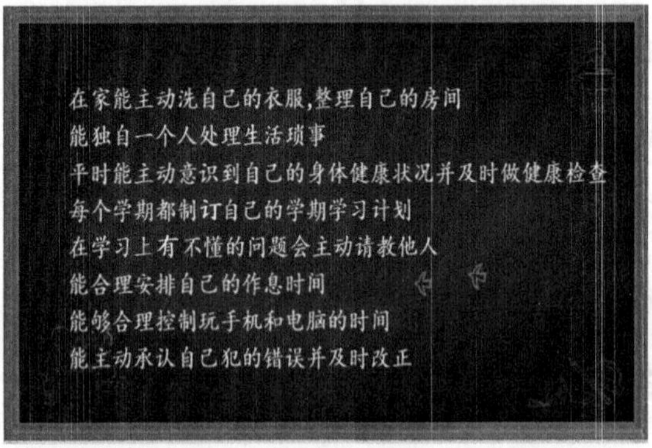

引导：学生们写的内容基本围绕学习、生活、个人规划、身体和心理健康等几个方面展开。可见，自我负责首先要从身边点点滴滴的日常事做起。

问题：(1)黑板上面涉及的内容，你是否都可以做到？(2)对比黑板上面的内容，哪些是你需要学习的？

总结：对自己负责是承担一切责任的基础和前提。对自己负责要做到自尊、自爱、自律、自强。自尊即尊重自己，保持自己的人格和尊严；自爱即爱惜自己的身体、人格和名誉；自律即自觉地约束和控制与责任目标不符的行为；自强即不满足现状，不断向上奋进。

对自己负责 做可信的青年

自尊 自爱 自律 自强

自尊即尊重自己，保持自己的人格和尊严；自爱即爱惜自己的身体、人格和名誉；自律即自觉约束和控制与责任目标不符的行为；自强即不满足现状，不断向上奋进。

环节三　对集体和社会负责，做可为的青年

▶活动一　寻找身边的“楷模”，形成生生互动

对他人的责任是自我责任的提升，是在对自我负责的基础上，对周围的人负责，是人与人之间保持和谐关系的桥梁和纽带。集体同样很重要，我们的生活离不开集体，就像我们的班集体一样，正是因为有了我们，才有了班集体，也正是因为有了这个班集体，我们才会相聚在这里。

问题：请大家说一说你认为我们身边哪些同学有责任心，他们什么样的行为可以体现对他人负责和集体责任感？

引导：请被选中的同学站起来，说一说你的这些行为得到大家认可有什么感受？

总结：我们是一个团结的集体，集体的建设需要每个人的智慧和力量。集体的事务需要每个人去分担，事事都要有人做。集体中没有旁观者，人人都要积极参与，每个人都是集体的主人。作为班集体的一员，我们有责任和义务把班集体建设好。当代青年要具备“明礼、诚信、友爱、互助、团结、进步”的责任感，在对他人负责的同时，履行自我的责任，实现个人和他人共同进步与发展。

对集体和社会负责，做可为的青年

坚持以“明礼”作为人之道，以“诚信”作为人之本
关爱他人的身体、工作、生活等
互助和团结的精神
个人和他人共同进步与发展

明理—诚信—友爱—互助—团结—进步

▶活动二　播放视频《实验的一天》,形成生校互动

在校园里,每天都会有这样一群人做着这样一些事。而这些人和事我们天天都会遇到。(视频内容简单介绍:早自习前,班里面第一位来的同学总是把灯打开、把窗户打开使空气流通,班主任每天清晨早读的陪伴,课间操时班委总是把所有的灯和多媒体关掉并且锁好门最后一个走,卫生委员按时测体温,物业维修教室损坏的物件,所有学生走了以后老师一间又一间教室消毒……)

《实验的一天》视频画面

引导:视频中哪个画面比较触动你?分享一下你的感受。

总结:这些都是我们生活中的平凡人,他们都是我们实验的一员,都在为实验默默无闻做着贡献,守护、建设、美化我们的校园。

因为他们坚守自己的岗位,对他人和集体有强烈的责任感,所以他们虽然平凡却不普通。作为实验人,我们有爱校、护校的责任和义务。

▶活动三　履行社会责任，彰显使命担当

冬奥会上的实验人

总结：很多人在为我们的成长和幸福生活承担着责任。如果没有他们的付出，没有他们履行各自的责任，很难想象我们的生活会变成什么样。个人与国家和民族之间的关系不仅仅是血脉和感情的归属关系，还有个人对国家和民族意愿的拥护、对国家和民族负责。一个人要对自己的国家和民族负责，应具有热爱祖国的信念、情感以及保卫祖国、维护祖国尊严的意识，具有为国家之“大我”而克制个人之“小我”的大志之气。

环节四　请党放心，强国有我

▶作为学生的我们，现在能为社会和国家做些什么呢？

总结：这些学生的提案展现了实验学子积极参与国家政治生活的青春力量和家国情怀，学生们积极地践行社会志愿服务活动并感受到了奉献的意义，向社会传递了正能量。

青年一代有理想、有本领、有担当，国家就有前途，民族就有希望。在座的每一位都肩负着重要的时代使命。中国梦要从梦想变成光辉的现实，需要青年一代接过前人的接力棒继续奋斗。面对时代召唤，当代青年要不负重托、不辱使命、锐意进取、奋发成才，勇敢地肩负起时代赋予的历史重任。

实验青年

【班会反思】

本节班会结合德育内容打造思政大课堂，结合学生的实际生活，在教学中形成了对话，激发学生思考，引导学生形成正确的世界观、人生观和价值观。内容比较丰富、“接地气”，环节流畅，学生参与度较高。但有两点需要加以完善：一是时间安排要更加细致，二是学生参与要更加广泛。以上两点需在日后教育教学实践中完善。

奋斗　正青春

——高二年级使命教育主题班会

政治组　李富菊

【教育背景】

时代背景：2021年是中国共产党建党100周年，2022年是中国共产主义青年团成立100周年。回首百年，一代代中国青年将个人理想融入党和人民的事业中。新时代，新青年要接续奋斗。

学情分析：人的青春只有一次，如何让青春在奋斗中闪光是一代代青年都应思考的问题。刚步入高二的学生离高考尚有两年时间，会出现目标不明确、责任感和使命感不强的情况。所以，有必要对高二学生进行责任感和使命感教育，帮助他们明确目标，找好自己的青春定位，力求为书写精彩青春做好准备。本节班会面向高二年级学生。

【班会目的】

1.了解不同时期青年的奋斗故事，感悟青春奋斗力量。

2.增强责任感和使命感，脚踏实地去实现理想和目标。

【班会准备】

学生查阅资料（分组查阅不同时期青年奋斗的事迹）、教师准备课件。

【班会过程】

环节一　诗意导入，青春初感知

教师发言："人生有那么一首诗，往往当你拥有它的时候，你没有读懂它；而当我们能够读懂它的时候，它却早已远去。"这首诗就是青春。人们常说青春如诗，那青春究竟是什么呢？它有哪些含义呢？

▶课件展示

引导学生从多个角度认识青春的含义。

《楚辞·大招》:“青春受谢,白日昭只。”王逸注:“青,东方春位,其色青也。”

杜甫《闻官军收河南河北》诗:“白日放歌须纵酒,青春作伴好还乡。”

潘尼《赠陆机出为吴王郎中令》诗:“予涉素秋,子登青春。”李善注:“青春,喻少也。”

别林斯基说:“青春在人的一生中只有一次,而青春时期比任何时期都最强盛美好。因此,千万不要使自己的精神僵化,而要把青春保持永远。”

陈独秀说:“青春如初春,如朝日,如百卉之萌动,如利刃之新发于硎,人生最宝贵之时期也。青年之于社会,犹新鲜活泼细胞之在身。”

学生回答:春季草木茂盛,其色青绿,“青春”是四季中的春天;青春是青年时期,年纪轻;青春是美好的时光,珍贵的年华……

总结:同学们说得很好,我们初步了解了什么是青春。青春并不只是青春期所带来的生理变化,它还承载着岁月与成长。青春很美好,但大家思考过它的真正意义吗?

环节二　穿越时空,青春相逢

▶播放视频《有我》

教师:“历史是现实的过去,现实是将来的历史。”现在大家手里的纸质材料是你们课前搜集的青春奋斗故事,同学们找的故事很好。现在,我们要对这些材料进行再加工、再分析。接下来,请大家进行分享讨论,每组派一名代表到讲台上把你们组找的故事主人公的名字写在对应的时间段上。(背景音乐为五四特别版《错位时空》)

学生活动:小组讨论并派代表到多媒体白板上写名字。

教师说明:现在我们进行模拟对话,一名学生描述人物事迹,一名学生以该人物的口吻分析时代背景、寄予希望,另一名学生用一至两句话说明自己当下的感悟。

▶学生活动举例

一组学生A:陈乔年,1902年9月2日生于安徽怀宁,父亲是“新文化运动”领袖陈独秀,兄弟姊妹有延年、宛若、松年。1919年年底,他与哥哥赴法国勤工俭学。他于1922年参与发起成立旅欧中国少年共产党，同年转为中国共产党党员。1926年，中共北方区委组织群众声讨英美日等八国无理通牒中国的罪行，游行队伍行进到段祺瑞执政府门前，陈乔年被敌人刺刀刺伤胸口，但他仍然忍痛组织群众撤离。大革命失败后，他秘密深入工厂、机关和学校恢复被国民党反动派破坏的党组织。1928年，陈乔年被捕。在狱中，他受尽酷刑，从容赴死，年仅26岁。

一组学生B：国门之外，硝烟漫漫。国门之内，枪声四起。战友们，我们要反抗，我们要斗争，不要为我的牺牲而难过，“让我们的子孙后代享受前人披荆斩棘的幸福吧！”

一组学生C：延乔路短，集贤路长，尽头都是繁华大道。生命虽有限，青春应无悔。

二组学生A：1979年11月底，19岁的章华妹在父亲的支持下，在7个兄妹中“先吃螃蟹”，以150元做本钱，在自家门前摆出一张小桌子，出售低廉日用品。1980年12月11日，鼓楼工商所向她颁发了由温州市工商行政管理局盖章的营业执照——工商证字第10101号。这是中国改革开放后第一份个体工商业营业执照。当年的小姑娘在商海沉浮中长大。现在，章华妹的企盼变得更实在，继续付出诚实的劳动，使自己过上更加富裕的生活。“天下第一个个体户”的责任感还在不时地激励她。

二组学生B：1978年12月，党的十一届三中全会做出实行改革开放的重大决策，实现了中华人民共和国成立以来党的历史上具有深远意义的伟大转折，开启了改革开放和社会主义现代化建设新时期。1980年7月，温州革命委员会签发了《关于对个体工商户举行全面登记、整顿、发证工作的报告》。不久，工商局的工作人员给我带来了好消息：可以申请营业执照，干小买卖合法啦！小买卖得到了政府的承认，大家也开始慢慢放开了自己的手脚。这些年来，从个体户到私营企业主，我和几十万温州人从纽扣、别针、打火机等小商品开始，五湖四海地做生意。我想，我不仅仅改变了自己的命运，也为国家经济发展出了自己的一份力吧。

二组学生C：勇立潮头，脚踏实地，用努力拥抱幸福生活。

三组学生A：2022年2月7日举行的单板滑雪男子坡面障碍技巧决赛中，中国小将苏翊鸣斩获银牌，为中国队创造了该项目的历史最好成绩。苏翊鸣决赛中的动作一气呵成，顺畅自如，犹如雄鹰翻转腾挪。他是所有选手中唯一完成1800度五周转体的运动员，惊艳了现场，征服了观众。

三组学生B:4岁开始学习单板滑雪的那一年，恰逢2008年北京奥运会，或许在那个时候，小小的我心里就已经埋下了一颗种子，我要成为运动员，为国争光。14年后，我终于凭借着自己不懈的努力，通过一场一场的比赛赢得了足够的积分，身披国家队战袍站上2022年北京冬奥会的出发台。我是一个热爱大自然的“野”孩子，依赖大海，信仰高山，尽力去克服冬天的严寒和夏天的酷暑，全身心地投入其中。习近平总书记在回信中说：“新时代是追梦者的时代，也是广大青少年成就梦想的时代。”我想，我们要尽最大努力去完成梦想，为国争光。

三组学生C:敢想敢拼，一鸣惊人，奋斗是青春的底色。生于盛世，当不负盛世。

……

总结：同学们结合课件展示的时间线、大事件及自己找的人物事迹，应该发现了他们的青春为何能熠熠闪光。他们有着强烈的责任感和使命感，将青春与时代任务相结合。他们敢于去奋斗，敢于将小我融入大我，将青春奉献给祖国，在个人和社会的统一中实现人生价值，为祖国的繁荣发展做出自己应有的贡献。

环节三　回看身边，坚定信心

在2022年北京冬奥会上，有大量志愿者在不同的岗位上默默奉献，其中不乏山东省实验中学校友的身影。在新学期到来之际，服务于冬奥赛场的省实验校友为莘莘学子送来祝福，希望学弟学妹珍惜当下、放眼未来，用奥运精神鼓舞自己，砥砺奋进、不负韶华，为实现中华民族伟大复兴和人类文明进步做出贡献。

疫情期间，山东省实验中学的两位同学聚焦疫情形势，在隔离病区的消杀机器人上动起了脑筋，用两年的时间研究出了多路消杀机器人的路径计划，创新解决了医院多机器人协同消杀难题，并获得了丘成桐中学科学奖银奖。

环节四　时代之问，青春作答

教师说明：新的时代，我们要勇于承担自己肩上的责任，敢于用自己的青春回答时代之问。现在，请按照顺序依次写下自己的大学毕业目标、高中目标、这一周的目标、今天一天的目标；然后写下自己想成为什么样的人，接着写下自己的优点和缺点，最后写下要为之付出的努力，并给出具体可操作的建议。

学生活动：在纸上按照要求写下自己的期许。

视频:《时代之问,青春作答》。

总结:“好儿女志在四方,有志者奋斗无悔。”百年间,无数青年不怕艰险、无畏牺牲,用一腔热血寻出一条道路,让沧桑中国以崭新的姿态站在了世界舞台上。历史很大,个人很小,但这一大一小之间却有着断不开的联系。在永远都不可能再复制的青春旅程中,每个人都刻下了自己独一无二的记忆。“现在,青春是用来奋斗的。”“胸怀千秋伟业,恰是百年风华。”正青春的中国共产党一直在为了人民的幸福和中华民族伟大复兴而奋斗。正青春的我们要坚定理想信念,练就过硬本领,勇担时代责任,展望未来,更要脚踏实地,立足当下,用青春为祖国献礼。

“请党放心,强国有我!”

“奔跑吧,新时代的中国青年!”

【班会反思】

本节班会课尝试将使命感教育与时代特点相结合,立足实际,力求做到“知天气”和“接地气”,带领学生一步步感受到青春的真正意义在于将小我融入大我的奋斗中,激励学生奋发努力,取得了不错的教育效果。

坚毅修身 久久为功

——高三年级坚毅精神教育主题班会

数学组 张子玉

【教育背景】

1.坚毅精神教育是高中生成长教育必不可少的一部分,当下学生身上往往缺少这样的品质。

2.当下高中生对于坚毅精神的理解容易泛泛而谈,不够深入。

3.坚毅精神的培养和塑造可以帮助学生树立人生理想与目标,是修身教育重要的一部分。

4.本节班会面向高三年级学生。

【班会目的】

1.通过具体实例体会什么是坚毅精神。

2.发现身边的坚毅故事,弘扬坚毅精神。

3.培养学生拥有坚毅品质,树立人生目标。

【班会准备】

1.准备运动健将的视频。

2.准备老师的切身故事。

【班会过程】

环节一 何为坚毅

在金文中,"坚"由又(也就是手)、臣和土三个部分组成。"千磨万击还坚劲,任尔东西南北风。"在古文中,它表示修筑在高地,用以守望领地的堡垒,足见它的重要性。"毅"在金文中由尖刀、野猪和搏杀三部分组成(见图 1)。《说文解字》中说:"毅"是有决断力。由此可见,"坚毅"是决断力与执行力的统一,也是古之成大器者必备的条件。

图1　金文"坚"和"毅"

环节二　体会坚毅精神

拼搏到底是坚毅,"黑曼巴"精神逆风翻盘是坚毅,李克勤唱的《红日》是坚毅,北野武说的"虽然辛苦,我还是选择滚烫的人生"也是坚毅。那么在当代中国,有哪些人是坚毅的代表?相信这个冬天,大家都被奥运健儿们在北京冬奥会赛场上的精彩表现刷屏了,在他们光鲜亮丽的成绩背后,是无数的汗水,下面我们就通过一个视频来回顾他们的精彩表现。

(播放《奥运健儿》视频)

总结:视频中的每一次起跳背后都是无数次跌倒的经历,每一次扣杀都蕴含着他们无数次奋不顾身的奔跑,相信现在同学们都被他们坚毅的品格感染,其实我们身边就有很多坚毅故事。下面有请同学们和我们分享他们身边的坚毅故事。

环节三　分享坚毅精神

学生1:拥有坚毅可以让你在成长的道路上不断前进。

我是从五岁开始学习二胡的,有一件事让我印象特别深刻。每年寒暑假,二胡老师都会要求我们每天练习二胡四个小时以上。但是就有人能每天练习六个小时以上。这让我感觉压力很大,我决定尝试一下。这一尝试就把手弄破了,破了之后就会长新皮儿,这样循环往复。但是当时,就是有这么一股坚毅的力量支撑着我走下来了。

现在回头看看,我很感谢当初那个坚毅的自己,坚毅让我能够不断进步,不断充实自己,变得更加自信开朗,并且在乐团中发挥重要的作用。

学生2:身边同学的坚毅故事。

众所周知,Z同学是一位跳高特长生,他原来是用左腿起跳的,可是由于一次意外的事故,他的左腿无法再支撑他起跳了,所以他只能换用右腿。我们都知道,一个人一旦形成了这种肌肉记忆,想要再改是很难的。但是Z同学为了他心中那份对跳高的热爱,勇敢坚毅地面对这个困难。Z同学在讲述这个故事的时候说得很平淡,但他在最后告诉我,“我现在虽然不是很厉害,但一定会加油的!”

在这个男孩身上,我看到了他阳光坚毅、乐观勇敢的一面,在这里也祝愿他一直保持这种坚毅的品质,早日实现他的跳高梦想!

学生 3:优秀的实验学子的坚毅故事。

最近,学校网站推出了一篇介绍高三四班丁当同学的文章,我读后深深地被震撼了。学姐说:“坚持一件事情,时间会看得见。”她坚持学习京剧 13 载,勤学苦练,京剧早已融入丁当学姐的血液里。丁当学姐坚信自己走的这条路还很长,因为守护中华传统文化的绿树青山是一种责任,更是一辈子需要做的事情。

丁当学姐立誓说:“我还处于青春中,就不能辜负青春,我愿意将青春蓬勃的力量,投入到中华传统文化传承与发扬上,以青春之名,担时代之责。”我为有这样的学姐而骄傲。

总结:在清华大学 2021 年招生宣传片《破壁少年》里,有这样一句话深深打动了我:终点未到,就要全力奔跑,只要有 0.01%的希望,就要拼上 100%的力量,如果没有第一个,就要做第一个,破壁之人,必定有我。希望将来的你们,也能成为破壁少年。

环节四　老师的坚毅故事

1.老师们对坚毅精神的理解

提前对多位任课老师进行采访,听一听老师们对坚毅精神的理解(以视频的方式呈现)。

2.班主任老师讲述对坚毅的理解

在准备此次班会的过程中,我一直在思考,什么是坚毅?我觉得坚毅不应该是心灵鸡汤,所以今天就和同学们分享一下我的故事。

回顾我的整个成长过程,最开始激励我努力的好像并不是远大的理想,其实只是源于我特别要面子,不想被同学、老师、朋友、同事觉得不行,所以只能拼命努力让自己看起来很优秀。慢慢地发现,原来我可以做很多事情,敢想很多事情,就有了自己的目标,所以老师想跟大家分享的第一点就是要有坚定的目标,它确实会在你累的时候支撑着你,不让你轻言放弃。

这一路走来,我其实要感谢很多人,我的同学、我的老师、我的父母,我最感谢的是考研时我的研友。那是一段痛苦却又无法复制的时光,我们一起早起,一起晚睡,累的时候一起哭,取得成绩时一起笑,没有这样一个人,我一定坚持不下去。所以想分享给大家的第二点是希望同学们都能有一个可以分享心事的好朋友,有一个相互扶持的好朋友,可以在迷茫时帮助你重新找到方向。

学习、工作其实都是很辛苦的事情,我遇到挫折时情绪也会崩溃,回忆这一路,会哭,会发脾气,但是同学们,这一切都是暂时的,我们要咬牙坚持下去。所以第三点,希望同学们能有一个适合自己的情绪发泄口,在自己情绪不好时能够通过合理的渠道排解,让自己保持积极乐观的状态去面对新的挑战。“路漫漫其修远兮,吾将上下而求索。”希望每一位同学都能拥有坚毅的品质。

3.老师提问:同学们是如何理解坚毅的呢?

学生 4:在这节班会课之前,我一直认为“坚毅”是一个很宏大的概念,也很难落到实处去执行,但是现在我感觉坚毅就是由一件一件的小事组成的,它不需要我们去构建多么宏大的命题,我们只需要每天给自己立一个小目标,并且坚持去做。

学生 5:我认为坚毅是每个人都拥有的品质,它就在我们心底。每当我们想更进一步时,对困难的顾虑和对目标的憧憬会一同来临,如果我们的憧憬战胜了顾虑并推着我们前进,我觉得这就叫坚毅了。这样看,我们每个人都是坚毅的,只要我们仍怀有对梦想、对目标的强烈渴望,我们就会一直坚毅地生活着。所以我认为我们先要敢想、敢立远志,接下来,坚毅的自己一定会慢慢达成目标的。

环节五　落实行动,树立目标

一代代中华儿女,有很多人是坚毅的代表,革命先辈舍生忘死、追求理想是坚毅,疫情期间医护工作者勇往一线、认真负责是坚毅,赛场上体育健将们一次一次地挑战自我、突破极限是坚毅。

在我们的校园中,也不乏坚毅的榜样。高三的学长学姐奋笔疾书、奋斗到底的精神是坚毅,军训场上的英姿飒爽是坚毅,有同学心中铭记“为中华之崛起而读书”的目标,勇于承担社会责任,这也是坚毅。

刚才提到坚毅,有人提到目标,有人提到等待,有人提到希望,庄子云:“丘山积卑而为高,江河合水而为大”,培养坚毅的品格要从一点一滴做起。正如《礼记·大学》中所言“修身齐家治国平天下”,所以现在就请同学们拿出心愿卡,写下你最近的一个关于坚毅的小目标,作为培养坚毅品格的动力。

下面请几个同学分享一下他们的小目标。

学生 6:我短期的目标很简单,先把物理学明白。

学生 7:我的目标是利用好课下的每一分钟,让每天都过得充实。

学生 8:我的目标是坚定理想信念,努力学习知识,早睡早起。为中国外交事业和建设祖国奋斗终生。

总结:说到目标,有人的目标很宏大,有人的目标也许就近在眼前。无论如何,希望大家把自己的目标铭记在心。相信通过这节班会课,同学们都对坚毅有了更加深刻的认识。希望同学们从今天起,从此刻起,直面困难,迎接挑战,培养自己的坚毅品格,发扬实验的登攀精神。祝大家都能够成就远大的理想!

此次班会到此结束,谢谢!

【班会反思】

坚毅系列主题班会是每学年都要开展的。这节主题班会开得新颖、开得"接地气",不再泛泛而谈,不再纸上谈兵,不再心灵鸡汤,不再一言堂,而是用丰富的实例、亲身故事、积极的分享,让更多的同学参与其中。通过本节班会,同学们能够深刻体会到坚毅精神是如何在生活中支撑我们的,它其实一直陪伴着我们,每个人都有对于坚毅精神的解读,每一位同学都是本次班会最好的素材。

公德教育

君子尚德　约之以礼

——高一年级公德与礼仪主题班会

地理组　禹秋晗

【教育背景】

青少年公德与礼仪的形成是一个长期而连续的过程。学生在假期中，公德与礼仪教育容易出现空当，学生分辨是非的能力和抵抗能力较弱，不良习气就会乘虚而入。学生在假期里远离学校教育，与社会的接触明显增多，个体与社会的联系更加密切，公德与礼仪显得更加重要。本节班会面向高一年级学生。

【班会目的】

在学校中加强学生假期的公德与礼仪教育，使学校生活向假期有机延伸，持续发挥育人功能，避免学校教育与校外教育的断层；让学生在假期生活中仍处于有序的德育状态，保持积极的精神风貌，不断提升公德礼仪、道德素质水平。

【班会准备】

1.班干部发动学生提前思考假期中应如何践行公德与礼仪规范。

2.学生搜集身边有关公德与礼仪的优劣案例。

3.教师准备公德与礼仪的教育视频和课件。

【班会过程】

环节一　初识公德与礼仪

▶导入

大家在假期里有没有这种经历：家里来了客人，而你房门紧闭，不主动去打招呼；妈妈好不容易拖完地，地上又扔了一堆瓜子皮；边吃零食边逛街，垃圾扔了一路……今天我们一起讨论，大家在假期中应该如何恪守社会生活的基本原则，遵守公德与礼仪，让自己成为更好的人。

利用 PPT 展示假期中公德与礼仪的不良表现图片：在图书馆里边吃零食边

翻书，在自习室里大声喧哗，在小区的健身器材上晒被子等。

▶提问

大家看完图片，有什么感触？在假期生活中，你还遇到过哪些没有公德心、不懂礼仪的例子？

▶回答

学生1：我们应该以良好的公德心和礼仪举止来约束自己，增强辨别是非和抵抗不良风气的能力，努力内省、自律。

学生2：我身边有这样的例子，比如在餐厅就餐不排队、毁坏教室公物、不正确穿着校服、染奇异发色、不及时打扫宿舍卫生等。

学生3：假期里，很多人出行不遵守规则，在公共场合大声喧哗。

▶总结

大家举的例子都很准确，看来对于公德与礼仪的要求和表现，大家都有较好的理解。

环节二　探讨公德与礼仪

▶展示

利用课件展示社会主义核心价值观中社会公德的内容、八礼四仪的要求。

社会公德的内容

文明礼貌、助人为乐、爱护公物、保护环境、遵纪守法

八礼四仪

八礼

仪表之礼：面容整洁、衣着得体、发型自然、仪态大方。

餐饮之礼：讲究卫生、爱惜粮食、节俭用餐、食相文雅。

言谈之礼：用语文明、心平气和、耐心倾听、诚恳友善。

待人之礼：尊敬师长、友爱伙伴、宽容礼让、诚信待人。

行走之礼：遵守交规、礼让三先、扶老助弱、主动让座。

观赏之礼：遵守秩序、爱护环境、专心欣赏、礼貌喝彩。

游览之礼：善待景观、爱护文物、尊重民俗、恪守公德。

仪式之礼：按规行礼、心存敬畏、严肃庄重、尊重礼俗。

四仪

7岁：入学仪式；10岁：成长仪式；14岁：青春仪式。18岁：成人仪式，让年满18周岁的学生懂得成人之责，做守法公民，担社会责任，不断完善自我，立志成才报国。

▶提问

大家都思考一下,在假期中,应该从哪些方面要求自己,让自己的行为符合公德与礼仪的要求?

学生1:遇到父母、长辈,主动问候致意,表达尊敬。

学生2:着装整齐,朴素大方。

学生3:延续在学校的卫生习惯,主动打扫家里卫生、社区卫生等。

▶案例分析一

山东省实验中学的学子开展文明交通志愿服务。

▶提问

你从学长们的行动中,获得了怎样的社会公德感悟?

▶案例分析二

观看视频《泱泱大国礼仪之邦,礼仪在生活中的运用》。

▶提问

尊道德、明是非、知美丑,观看了礼仪要求的视频,你们有什么感悟?在假期的生活中应该怎样践行?

▶总结

假期生活中,我们应努力践行公德与礼仪,从以下方面规范自己的行为。

文明有礼:注重个人礼仪、服务礼仪、观赛礼仪、着装礼仪。公共场所不乱扔杂物、随地吐痰,不践踏花草、攀折树木,不粗言秽语、大声喧哗,不光膀赤膊。要自觉做到热情待客、笑脸相迎,不态度冷淡、排外欺生。

文明排队:要自觉做到按秩序排队候车、排队购物、排队挂号、排队入场,不拥挤插队、抢座占位,服从现场管理,主动维护秩序。既要坚持"先来后到",更要倡导"礼让为先",把方便留给老弱病残孕和有急需的同行人。

文明行路:要自觉做到遵守交通规则,牢记安全底线,不乱穿马路、乱闯红灯、翻越护栏,快速通过斑马线。利用碎片时间参与文明交通志愿引导活动,劝阻不文明交通行为,引导交通参与者文明行路、文明开车。

文明清洁:要自觉做到美化社区家园,注重邻里和谐,讲卫生、除陋习,不随意晾晒、乱贴乱画,不私搭乱建、乱堆乱放。主动清洁门前卫生,管好门前秩序。积极参与邻里守望、社区共建等志愿服务,协力并肩共同营造美好的生活环境。

文明家风:要自觉做到尊老爱幼、勤俭节约、邻里互助,培育明礼知耻、崇德向善、勤廉向上、诚实守信的良好家风。

文明旅游：不乱扔杂物、随地吐痰，不践踏花草、攀折树木，不粗言秽语、大声喧哗，要保护自然环境和文物古迹，不在景区内涂抹刻画，不攀爬文物古迹。

环节三　讲公德　懂礼仪　树文明

▶导入

高中生的公德与礼仪学习不会因为假期的来临而止步不前。只有具备优秀的道德情操、良好的礼仪表现、文明的生活方式，才能满足国家对高中生精神文明的要求。假期中我们更应该好好利用身边的资源，为建设讲公德、懂礼仪的明天而奋斗。

▶提问

有同学说，假期我不仅要做作业，还要抓紧时间补习文化知识给自己“充电”，没有更多时间践行公德与礼仪。大家觉得这种说法对吗？

▶总结

重智轻德的思想是不对的，必然会影响假期公德与礼仪培养的质量。假期里应该抽出时间，通过多种方式培养自身的公德与礼仪素养。例如，在假期中可以践行以下活动。

探访红色基地，体验公德要求。参观红色景点，或者走访革命老前辈，了解道德准则与公德信念。

关心地球家园，清洁周边环境。将学校对个人卫生的要求延续到假期中，主动打扫家务卫生，参与社区清洁。

徜徉艺术殿堂，提升礼仪修养。多去逛博物馆、展览馆等，陶冶情操，提升品位，让行为举止体现文化气质与文明要求。

培育优良家风，传递能量。做到尊敬长辈、爱护幼小、邻里互助，用个人文明礼仪滋养家庭文明与社会文明。

此外，假期里，在公共场合要时刻记得规范自己的行为，不乱扔垃圾、不践踏花草、不喧哗秽语、不光膀赤膊，要遵守交通规则、自觉排队、懂得礼让等。

【班会反思】

礼仪修养是现代人必备的基本素质，礼仪作为人们内在修养的外在表现，直接影响着人们的交际、生活和事业，影响着集体、国家、民族的形象与事业。

本节课的第一个环节是，教师结合对校园和学生的观察，列举公德与礼仪的优劣表现。然后同学们纷纷打开了“话匣子”，说出自己身边的公德与礼仪的优劣案例。学生学会了用一双善于发现的眼睛去观察周围的人和事,用一颗文明礼貌的心去营造生活,用一种正确的态度来判断并养成良好的品行。

第二个环节主要是让学生理解公德与礼仪具体包括哪些内容,我们生活中的哪些行为是恰当的、符合礼仪与道德规范的,让学生进一步明确各种要求,并说出在假期中自己应该如何做。

第三个环节是从宏观角度,基于国家和社会对公民公德与礼仪的要求,对高中生提出具体的规范要求。一个人不讲友爱、文明和礼貌,不能在小事上规范自己的行为、履行道德义务和责任,就谈不上爱国主义和集体主义。

同学们在班会课中听得很认真,参与程度高,相信他们会从这节课中受益良多,在假期中恪守并实践公德与礼仪,实现交际、生活和学习的成功。

以公德之心　行公益之事
——高二年级公德与公益主题班会

语文组　刘信彤

【教育背景】

1.社会、家庭对公德与公益教育的重视程度不够。

2.学生普遍缺乏对公德与公益的深度思考。

3.学生不了解公德与公益的内在联系，无法感受到其重要性，行动欠缺。

4.本节班会面向高二年级学生。

【班会目的】

1.帮助学生理解公德与公益的含义，明确其内在区别和联系，充分认识到怀有公德心、践行公益事的重要意义。

2.引导学生将公德与公益内化为精神追求、外化于实践行动，从身边点滴做起，展现新时代青年风采。

【班会准备】

学生查阅资料、课件准备。

【班会过程】

环节一　引入

“国尚礼则国昌，家尚礼则家大，身有礼则身修，心有礼则心泰。”很高兴能有此机会与在座各位一起探讨公德与公益这一话题。崇礼重德，一直是中华民族的传统美德。上至春秋战国时期的礼乐制度，下到隋唐时期的以礼入法，中国历朝历代的君王都视“德”为治国之根本。纵观历史的兴衰更迭，王朝无不兴于德治，亡于暴政。无德则无族之和睦，更无国之兴盛。公德与公益也体现在诸子百家的济世思想中。子路受牛、子贡让金，他们将小我和大我、修自己和爱社会很好地结合在了一起。公德之心与公益之事也渗透在社会生活的各个方面，成为人们心照不宣的行为准则和立身要求。老子曾言："不失其所者久，死而不亡者寿。"牢记立身之本，才能持久；践行立身原则，才能永恒。

▶投影

以公德之心，行公益之事(此处引入事例)。

▶引导

正确佩戴口罩，有利于疫情防控，既保护了自身安全，也尊重了他人的生命。拒绝佩戴口罩，是漠视规则、独断专行，会扰乱社会秩序，害人害己。

▶追问

面对同样的疫情，香港市民和韩某却做出了截然不同的选择。这不由得让我们反思：到底是何种原因让他们的选择截然相反？到底何为公德与公益？公德与公益对自身和社会有何重要意义？请同学们结合查阅的资料与个人体会，谈一谈你对公德与公益的理解。

▶学生回答

学生1：香港市民和韩某对公德与公益的理解不同，不同的价值观指导他们做出了不同的选择。

学生2：公德是人们在社会生活中心照不宣的行为准则，是道德层面的更高追求。公益是维持社会公共生活正常有序、健康发展的基本条件。

……

▶总结

公德，即公共道德，最早出自《汉中常侍樊安碑》，意为有关社会公众的安宁和幸福的行为，是社会生活中最简单、最起码、最普通的行为准则。公益，即公共利益，是道德建设和精神文明建设的实践载体，有关社会公众的福祉和利益。

环节二　认识公德

▶引导

社会公德是对公共生活中的方方面面提出的基本规范和要求，在我国，公德的主要内容为：文明礼貌、助人为乐、爱护公物、保护环境、遵纪守法。

▶追问

做了违反公德的事情，会招致怎样的后果呢？我们来看一个事例。

▶投影

“文明健身，和谐生活”既是社会主义精神文明的体现，也是法治精神的体现。广大群众积极参加健身活动，有利身心健康，但不能因此损害他人的合法权益。周某因社区居民在其楼下跳广场舞，严重影响其生活，向某公安分局报案处理未果后提起行政诉讼。人民法院依法判决该公安分局对周某的报案做出行政处理。此案也提醒广大群众：强身健体，也要尊重他人的权利，这样才能真正保证健身的“幸福指数”，提升和谐共处的“文明指数”。

方向正确，人心其实并不远

▶学生阅读

通过阅读文字，体会其中的道理，获得启示。

环节三　认识公益

▶认识公益

公益是什么？

▶引导

公益是“公共利益事业”的简称，是直接或间接为经济、社会和居民生活服务的部门、企业、设施及其相关活动，关乎社会公众的福祉和利益。从目前广泛开展的社会公益活动来看，大致可分为环保节能、教育助学、扶贫帮困、抢险救灾、心理咨询、社区服务等。

▶追问

公益活动形式多样、主体广泛，是社会生活中不可或缺的一部分。积极开展公益活动，对社会发展有何重要意义呢？我们来看几个事例。

▶投影

事例1："有爱，我们一路同行！"2015年5月29日，某银行在市区10家营业点设立"环卫工人爱心歇脚点"，为广大环卫工人提供避暑、躲雨的休息场所。

一直以来，该银行坚持"用网络传播文明"的经营理念，在认真做好规范运营管理、不断完善门店服务的同时，积极参加各项公益活动。寒门学子助学、地震爱心捐助、集体无偿献血、"银发"上网工程、网络文化下乡等公益活动不仅赢得了广大市民的认可，而且树立了银行行业积极向上的良好形象。

事例2：2014年7月16日，吴宏兴与河南省网络文化协会、10余家网吧连锁企业的负责人和20余位爱心代表再一次走进南阳市淅川县荆紫关镇双河小学。把给孩子们买的文具盒、体育用品，给老师们买的笔记本等留给他们作为开学的礼物；还建立了一个小小的图书室，愿捐赠的课外读物能陪伴孩子们，成为推动他们成长的力量。

▶学生阅读

通过阅读文字，体会其中的道理，获得启示。

▶追问

在了解了公德与公益的含义及其重要意义后，请同学们思考，作为青少年，我们应如何看待公德之心和公益之事？这两者之间有什么区别和联系？请同学们讨论一下。

▶学生讨论

学生1：公德之心是我们必须拥有的，是一种美好的品质；公益之事是我们应该努力去做的，尽自己所能为社会做贡献。

学生2：公德偏向精神价值层面，公益则更侧重于物质实践层面。二者本质不同，但应在某些方面融会贯通。

……

▶总结

大家说的观点都非常好。公德与公益是在正确的世界观引导下做出的正确选择,也是我们服务社会的一种方式。这两者虽然含义不同、内容不同,但都是道德建设和精神文明建设的实践载体,既相互区别又相互联系,相辅相成。

环节四　公德与公益的区别和联系

▶区别和联系

公德与公益有何区别?有何联系?

▶引导

歌手尹相杰因涉毒被拘,他曾在2007年担任北京禁毒教育义务宣传员,如今却以反面教材的形象出现在大众视野中。明星吸毒严重既损害了个人的社会形象,也影响了社会秩序。一个人一旦有了追随者,便有了更多的社会责任。

▶追问

通过这个案例,我们可以体会到两者有怎样的区别呢?

▶明确

遵守社会公德,是对社会生活中每一个人最低层次的道德要求。社会公益是"传播爱的种子,播撒温暖阳光"的"正能量"。

▶引导

近年来,我市对城市道路、广场、公园等进行大面积绿化,切实改善了居民生活环境。然而,面对如此干净且来之不易的环境,有些人仍不珍惜维护:随意践踏花草树木,对单位的"长明灯"视而不见,抱有"不用白不用、不花白不花"的心理……更可叹的是,一些令人反感的损坏公物之陋习,却被一些人理解成与他人无关的个人选择,甚至还会被视为不可侵犯的"权利"。殊不知视恶习为权利,恰恰是亵渎了权利,权利并不是建立在侵害公益基础上的占有,而是在保证公益不受损害基础上的享受。只有认识到这一点,"人人相善其群",才能涵养人们的公德意识。

▶追问

通过这个案例,我们可以体会到两者有怎样的联系呢?

▶明确

作为道德建设和精神文明建设的实践载体,二者有必然的联系。一个城市的文明,离不开公益事业的发展,而公益事业特别是硬件建设,更离不开人们靠公德去珍惜维护。

▶追问

在了解了公德与公益的区别和联系之后,我们更加体会到其重要意义。作为新时代青年，我们应该如何做到怀有公德心、践行公益事呢？请同学们回答一下。

▶学生回答

(1)树立正确的价值观，多做好事善事。

(2)感恩社会，珍惜他人的付出。

(3)正确行使权利，不做违反社会公德的事情。

(4)阅读德行方面的书，了解善行义举。

▶引导

大家都说得很好。除了个人层面，国家和社会也在积极采取各项措施，维护社会和谐美好。

▶总结

通过本节班会课，我们理解了公德与公益的含义，明确了其内在联系和区别，充分认识到怀有公德心、践行公益事的重要意义。作为新时代青年，希望同学们能够树立正确的价值导向，将公德与公益内化于心、外化于行，使道德层面的追求转化为日常生活中的实践，从身边的点滴事做起。

【班会反思】

感谢这节班会课让我静下心来再度思考公德与公益这个主题。本节班会课环节紧凑，内容丰富，学生互动充分，教育效果良好。立身处世，德行一直居于首要位置，人如果失了道德，再功成名就也是徒劳。作为社会的一分子，我们从社会中获得，同样需要向社会给予，只讲求“小我”的人生，终究如独木之舟，是无法长久的。引导青春期的孩子们感受道德和奉献的力量，让他们真正从内心认同公德与公益并落实到行动当中，是我们老师应该努力做的事情。

修身以养德

——高三年级公德与修身主题班会

语文组　成秀梅

【教育背景】

1.社会、家庭对公德与修身教育的重视程度不够。

2.多元文化背景下需要加强青少年公德与修身教育。

3.本节班会面向高三年级学生。

【班会目的】

1.公德利群，私德修身，引导学生加强公德修养，达到修身境界。

2.提升学生道德素质，促进其全面发展，培养和造就时代新人。

【班会准备】

学生查阅资料、课件准备。

【班会过程】

环节一　引入

PPT放映生活中不遵守社会公德的图片。

同学们，请大家思考：我们过马路、铁路有哪些规定？为什么要种植花草树木，保持环境卫生？在生活中，你看到过哪些行为是遵守社会公德的，哪些是不遵守社会公德的？这些行为对我们的生活有什么影响？作为中学生，我们该怎样以公德利群、以私德修身？

▶学生回答

学生1：过马路走人行横道，不闯红灯，不在铁路边玩耍……遵守公共秩序，大家的学习、工作和娱乐才会秩序井然，顺利进行。

学生2：大家生活在一个舒适的环境中，心情更舒畅。

……

▶总结

遵守社会公德是社会的需要，也是大家的需要，符合每个人的利益。生命是我们生存的根本条件，我们所有的活动都以此为基础。

环节二 认识公德

1.道可道，非常道

道德是人与人之间及人与社会之间关系的行为规范的总和，深刻反映了人性对价值合理性的追求，渗透到政治、文化、经济、社会生活的方方面面。

道德是做人的基本素质，我们要捍卫道德、宣传道德、实践道德，做有道德的人。

说一说：你心中的道德是什么？

2.君子志于道

说一说：你认为什么样的行为能够体现道德？

学生1：主动维护校园卫生。

学生2：自觉承担家务劳动。

学生3：热情服务奉献社会。

▶案例分析一

每次布置考场，班内的两位卫生委员都会留到最后，确保一切都安排妥当后才离校。

说一说：你从中看到了什么道德品质？

▶案例分析二

来自国防科技大学的受阅队员杨金一，今年刚满24岁，参加阅兵训练前以专业第一的成绩完成硕士学业。按照计划，今年他将以公派留学生的身份赴英国剑桥大学读博士，可在得到阅兵选拔消息的那一刻，他却做出了放弃出国读博、留下参加阅兵的决定。

说一说：你从中看到了什么道德品质？

▶案例分析三

高铁“霸座男”引起广泛关注后的一个月内，接连有高铁“霸座”事件被曝出，“霸座男”“霸座女”“霸座婶”被网友戏称为“高铁三霸”“霸座一家人”。各方媒体多次就此类事件发声，从各种角度批评高铁“霸座”的行为。媒体肩负起了服务社会的职能，多角度对大众进行劝服，试图教化大众提高公共道德，或者促进政府完善法律法规。

环节三　道德与法律

法律是显露的道德,道德是隐藏的法律。——林肯

法律是准绳,任何时候都必须遵循;道德是基石,任何时候都不可忽视。在新的历史条件下,我们要把依法治国基本方略、依法执政基本方式落实好,把法治中国建设好,必须坚持依法治国和以德治国相结合,使法治和德治在国家治理中相互补充、相互促进、相得益彰,推进国家治理体系和治理能力现代化。

——2016 年 12 月 9 日,习近平总书记在主持中共十八届中央政治局第三十七次集体学习时强调。

法律是成文的道德,道德是内心的法律。法律和道德都具有规范社会行为、调节社会关系、维护社会秩序的作用,在国家治理中都有重要的地位和功能。法安天下,德润人心。

说一说:如何提高道德素养?

环节四　践行道德

(1)文明礼貌。文明礼貌体现着一个民族的整体素质。

(2)助人为乐。助人为乐是社会主义道德建设的核心和原则在公共生活领域的体现,也是社会主义人道主义的基本要求。

(3)爱护公物。对社会共同劳动成果的珍惜和爱护,既显示出个人的道德修养水平,也是每个公民应该承担的社会责任和义务。

(4)保护环境。生态环境保护是功在当代、利在千秋的事业。

(5)遵纪守法。遵纪守法是社会公德最基本的要求,是维护公共生活秩序的重要条件。

写一写:有人说,“大家都遵守社会公德,我自然就会遵守;大家都不遵守,我一个人遵守也没用。”这样的说法对吗?为什么?假期中,你想如何涵养自身的道德修养?写一份简短的倡议书。

▶总结

同学们,为了使我们的生活更加美好,使我们的国家更加繁荣昌盛,我们要大力倡导遵守社会公德。一个国家的人对社会公德的态度,可以反映出这个国家的文明程度,也是这个国家文明的窗口。在改革开放的今天,我国与世界各国的交往越来越多,人们是否遵守社会公德,不仅是个人的事,更关乎国家形象和名誉。为此,每个人对待社会公德都要有正确的态度,不断提高思想道德素质,自觉遵守社会公德。

【班会反思】

学校每年都有公德教育与学子修身行动，本节班会课力图将二者结合在一起，推动公德与私德的养成。从修身角度入手，结合高中生知识、修养特点，从传统文化根源激发学生养德以修身的动力，既有深度的思考，也有“接地气”的设计，期待学生有所感悟、努力践行。

【社会反思】

[illegible]了[illegible]的[illegible]美好[illegible]，[illegible]的[illegible]入了[illegible]，[illegible]动力，[illegible]发展[illegible]，[illegible]的[illegible]。

安全教育

国家安全　你我同行
——总体国家安全观主题教育班会

政治组　刘维鹏

【教育背景】

时代背景:当前世界正处于百年未有之大变局,站在新的历史起点上,我国国家安全的内涵和外延比历史上任何时候都要丰富。党的十八大以来,以习近平同志为核心的党中央审时度势、与时俱进,对国家安全治理进行理论创新,形成新时代总体国家安全观,为全方位维护国家安全提供根本遵循,是新形势下塑造和维护中国特色国家安全的行动指南,具有重大的理论意义、实践意义、时代意义。

学情分析:要践行总体国家安全观,必须实现安全各领域、各要素、各层面统筹治理,对于学生的安全教育是其内涵中的重要组成部分。高中生正处于世界观、人生观、价值观塑造的关键期,迫切需要正确的价值理论的引导;在面对突发性安全事件和隐性安全事件时,他们往往缺乏足够的预判能力和应对能力,容易被西方一些精心设计的危害国家安全的言论"洗脑"。因此,要通过构筑爱国主义情怀增强国家安全意识,通过强化国家安全意识激发爱国热情,并进一步引导学生将爱国情怀和安全意识转化为积极主动的日常行为。本节班会可面向高中各年级学生。

【班会目的】

1.了解总体国家安全观的思想脉络与核心内容,在历史经纬与国际视野中深入领悟总体国家安全观的内涵。

2.通过将国家安全的16个方面与身边的真实案例相结合,学生能够理解国家安全离我们的日常生活并不遥远,进而激发其爱国热情与国家安全意识。

【班会准备】

学生查阅资料(分组查阅在不同领域国家安全受到怎样的威胁,国家又做出了怎样的应对)、教师准备课件。

【班会过程】

环节一　以史为镜,存而不忘亡

教师:同学们,我们成长于和平年代,战争似乎距离我们已经太过遥远,所以尽管我们都知道国家安全的重要性,但大家是不是因为处在幸福稳定的生活中而无法真正理解国家安全的内涵呢?其实,国家安全并不只有枪林弹雨、保家卫国。也许,就在此时此刻,就在你我身边,一场场没有硝烟的国家安全保卫战正在打响。

下面,我们先来一起回顾一下自近代以来我们国家都遭遇过怎样的国家安全威胁。请各个小组的代表来到讲台上,把你们课前了解到的国家安全事件讲给大家听吧。

▶学生报告

小组一:从鸦片战争到八国联军侵华战争,再到日本侵华战争,中国近代史饱含着国家蒙辱、人民蒙难、文明蒙尘。当风雨飘摇的中华大地沦为列强瓜分的猎物,国土安全与政治安全受到了严重侵害,国家再也无力保护耕耘在这片土地上的数亿人民。在国家安全这个大前提不再可能的情况下,百姓也成为砧板上的鱼肉。尽管有不少仁人志士付出了许多努力,但是没有国家安全作为最基础的保障,一切都成为空谈。

小组二:21 世纪初,垄断了国际粮食贸易的四大粮商曾多次试图控制我国粮食市场,造成我国粮食安全危机。他们先是控制了我国大豆市场,导致国内的食用油和猪肉价格在 2008 年达到了一个高峰,随后又意图垄断我国主粮——小麦和玉米。在他们造成市场恐慌、粮价上涨的情况下,我国中储粮选择平价抛售国家储备粮,稳定供需,平稳粮价,并发布“中国的储备粮是一亿吨”的消息。最终,国际粮商终于爆仓,全球粮价大幅度下跌,中储粮大获全胜。

小组三:北京时间 1999 年 5 月 8 日,以美国为首的北大西洋公约组织部队,用 B-2 隐形轰炸机投下五枚联合直接攻击弹药(JDAM),悍然轰炸了中华人民共和国驻南斯拉夫联盟共和国大使馆。新华通讯社记者邵云环、《光明日报》记者许杏虎和朱颖当场牺牲,数十人受伤,大使馆建筑严重损毁。之后我国发表声明对这一野蛮暴行表示极大愤慨和严厉谴责,并提出最强烈抗议。这是一次对中国主权的粗暴侵犯,也是对《维也纳外交关系公约》和国际关系基本准则的肆意践踏。

教师：同学们，我们以史为镜，汲取经验，分析国家安全内在规律，这也正是中国共产党重要的成功经验。现在大家可以分享一下从刚刚的历史事实中，我们学到了什么？

▶学生活动举例

学生一：从刚刚的历史学习中我感受到了深深的窒息感。我们国家的主权被侵占，领土被敌人肆意践踏，百姓在悲惨贫苦的生活中被压迫、被屠杀。这一切都是因为没有一个统一强大的祖国作保障。当国家安全被危害的时候，人民是不可能享受幸福生活的。覆巢之下，焉有完卵。

学生二：我觉得一个国家的安全不是靠嘴上说说就能实现的，而是要靠自身实力去争取国家的话语权，不能对一些西方国家心存幻想，必须要实现完全的独立自主，提升综合国力与国际地位，要珍惜前人用生命和鲜血的代价换来的发展成果。

学生三：我认识到其实国家安全不是一个单一与遥远的概念。守卫好我们的国家安全，不仅要靠解放军与国家安全部门，更需要科技工作者不断攻坚克难、解决“卡脖子”难题，有关部门科学制定政策以应对国外资本造成的金融危机，企业家们自强不息打造世界一流的民族企业品牌，在舆论宣传战线中坚决应对西方发起的“颜色革命”，还有我们每个普通人始终牢记国家安全意识，防范间谍与不法分子影响社会稳定、侵犯国家利益。

教师：刚刚同学们说得都非常好，在实现中华民族伟大复兴的中国梦的新征途中，国家安全所受到的威胁从未消失。国家安全与我们每个人都息息相关，包含更广泛的“非传统国家安全”，维护总体国家安全需要多方统筹协调。下面我们通过一个视频简单地来了解一下总体国家安全观。

▶视频播放

播放视频《对弈：无声较量》。

环节二　统筹协调，治而不忘乱

2014 年 4 月 15 日，习近平总书记在中央国家安全委员会第一次全体会议上，创造性提出总体国家安全观，明确坚持以人民安全为宗旨，以政治安全为根本，以经济安全为基础，以军事、文化、社会安全为保障，以促进国际安全为依托，维护各领域国家安全，构建国家安全体系，走中国特色国家安全道路。党的十九大将坚持总体国家安全观纳入新时代坚持和发展中国特色社会主义的基本方略，并写入党章，反映了全党全国人民的共同意志。要想深入理解总体国家安全观，就必须对其内涵有深刻的把握。

1."总体"是关键

刚刚同学们分享的是总体国家安全的一部分，其实是集政治安全、国土安全、军事安全、经济安全、文化安全、社会安全、科技安全、网络安全、生态安全、资源安全、核安全、海外利益安全、生物安全、太空安全、极地安全、深海安全等于一体的国家安全体系，而牢固树立和践行总体国家安全观，就必须要把握"总体"这个关键；必须掌握好国家安全工作的系统思维和方法，加强科学统筹，把安全和发展置于同等重要地位；必须打总体战，形成汇聚党政军民学各战线、各方面、各层级的强大合力，全社会、全政府、全体系、全手段应对重大国家安全风险挑战。

2.以人民安全为宗旨

总体国家安全观必须以维护人民安全为宗旨，人民安全始终被视为国家安全的基石。2019 年年底，面对突如其来的疫情，以习近平同志为核心的党中央坚持把人民生命安全和身体健康放在第一位。人民至上，生命至上，是中国抗疫斗争最鲜明的底色。对人民安全的保护不仅体现在全国性事件中，更体现在对每一个中国公民的保护中。

2021 年 9 月 24 日，遭遇加拿大无端扣押 1028 天的华为公司首席财务官孟晚舟，在不认罪、不支付罚金的情况下离开加拿大，踏上返回祖国的归途。孟晚舟平安回到祖国，充分说明总体国家安全观以人民安全为宗旨的鲜明特点，中国特色国家安全一个最显著的特征就是政治安全、人民安全、国家利益的高度统一。这是中国共产党以人民为中心的发展思想在国家安全领域的具体体现。国家安全一切为了人民，一切依靠人民。

3.以政治安全为根本

国家安全的重中之重是政治安全、制度安全和道路安全。历史的教训告诉我们，政治安全崩溃则会导致政权崩塌。政治安全是国家的根本，是一个国家最根本的需求，是国家生存和发展的基础条件，皮之不存，毛将焉附。近年来，一些西方国家打着民主、自由、人权等幌子，妄图策动港版"颜色革命"，不仅严重冲击了香港经济社会发展，而且对国家政治安全构成了威胁。党中央坚定不移地贯彻"一国两制"方针，制定《中华人民共和国香港特别行政区维护国家安全法》，依法设立驻中国香港特别行政区维护国家安全公署，这一系列标本兼治的举措，推动香港局势实现由乱到治的重大转折。2021 年 4 月 15 日，香港举办全民国家安全教育日系列活动，提高全港市民国家安全意识，营造维护国家安全的浓厚氛围，增强防范和抵御安全风险的能力。

4.以经济安全为基础

经济安全是中国国家安全体系的重要组成部分，是习近平总书记提出的总体国家安全的基础。中外历史和实践均已表明必须同时做好发展和安全这两件大事，切实为新时代中国特色社会主义现代化建设保驾护航。

面对严峻复杂的国际形势、艰巨繁重的国内改革发展稳定任务，中国统筹推进，沉着应对，构建新发展格局，迈出新步伐，高质量发展取得新成效。2020 年，中国成为全球唯一世界经济正增长的主要经济体；2021 年，中国经济增速达到 8.1%，充分展现出中国经济的强劲韧性。积极的中国为世界经济注入动能和暖色，也实现了“十四五”良好开局，这是一份让人民满意、世界瞩目，可以载入史册的答卷。

5.以军事、文化、社会安全为保障

总体国家安全观强调，要以军事、科技、文化、社会安全为保障，就是要遵循不同领域的特点和规律，建立并完善相对应的对策措施，为维护国家安全提供硬实力和软实力保障。

一些境外机构和组织经常以军队和军工企业、国防科研院所、涉军民企为重点渗透目标，常常采用各种手段来窃取我们在国防军事、武器装备等方面的机密，对我们国家的军事安全、科技安全造成了非常严重的威胁。2019 年 6 月，国家安全机关查明某组织以海洋公益活动为名，在境外机构的资助下于中国境内设立海洋监测点，为境外搜集海洋监测敏感数据。同时，该组织设立的 22 个涉军监测点已对中国海上军事安全构成现实威胁。

6.以促进国际安全为依托

近年来，中国在国际上前瞻性地提出新型全球安全观，始终坚持与各国合作，推进国际共同安全，共建“一带一路”，构建人类命运共同体。截至 2021 年年底，中国已与 145 个国家、32 个国际组织签署 200 多份共建“一带一路”合作文件，“一带一路”成为全球最大国际合作平台。各国家风雨同舟，守望相助，在各方面展开合作，在逆风中破浪前行，为全球复苏注入关键力量。

环节四　应对挑战，致敬国安卫士

教师：正如总体国家安全观要求的那样，保护国家安全既以人民安全为宗旨，又要紧紧依靠每一位公民，这其中就包括我们高中生。近年来，不少境外势力以金钱为诱惑，以恶意抹黑歪曲事实等方式对青少年学子进行“洗脑”，拉拢渗透他们，使其煽动妄图颠覆我们国家政权。对于这样的行径，我们作为高中生更要警惕。那么，你将如何在日常中践行总体国家安全观呢？如果在现实生活中有不法分子企图对你“洗脑”，你会怎么做呢？

▶学生活动

在纸上按照要求写下自己如何践行总体国家安全观。

▶观看视频

观看视频《国家安全部署名形象片》。

教师：绝大部分同学都能正确地对待这些敌对势力的煽动挑拨。我们同时要牢记国家安全机关唯一对外公布的公民和组织举报间谍行为线索受理电话——12339，使隐匿于社会中的间谍行为现出“原型”。同时，我们要清醒地看到境外反华敌对势力对青少年学生渗透拉拢、危害我们国家政治安全的图谋，谨防落入这些势力的陷阱。维护国家安全人人有责、人人可为，只有时刻保持清醒的头脑，认真履行维护国家安全法律义务，才能筑牢政治安全“堤坝”，形成维护国家安全的强大合力。

总体国家安全观的提出，深入总结了我国历史上治乱兴亡的经验教训，特别是近代史上屡遭侵略、民不聊生的惨痛教训，因此我们要有居安思危的强烈安全意识。新征程中，面临严峻复杂的国家安全形势，我们要坚持总体国家安全观，坚持底线思维，居安思危，未雨绸缪，坚持国家利益至上、人民至上。

【班会反思】

本节班会课通过学习总体国家安全观，帮助学生以爱国热情树立总体国家安全意识，以践行总体国家安全观培养爱国主义情怀，将青春之小我与祖国之大我紧密联系起来，警惕分裂国家与“颜色革命”等危害国家安全的言论，激励学生接续奋斗，为总体国家安全做出自己的贡献。

校园安全　你我责任

——共建平安校园主题班会

化学组　张晓卿

【教育背景】

校园安全是一个永恒的话题。楼道踩踏、食物中毒、溺水身亡、交通事故……校园安全问题已成为社会各界关注的热点问题。保护好每一个孩子，使发生在他们身上的意外事故降到最低限度，已成为中小学安全教育和管理的重要内容。本节班会可面向高中各年级学生。

【班会目的】

1.使学生树立安全意识，增强安全责任感，提升自我保护意识。

2.展示校园安全事故实例，触动学生。

3.通过讨论，帮助学生了解常见安全问题的规避和应急处理办法。

【班会准备】

教师：给学生小组布置任务、准备课件。

学生：查阅相关资料。

【班会过程】

环节一　发现安全隐患

▶引入

图片：美丽的校园，学生们上课、活动的照片。

熟悉的校园，熟悉的活动场景，这就是我们每天学习和生活的地方。可是，在这一片安静祥和的校园里，也有着种种安全隐患。

同学们，你们知道有哪些安全隐患吗？

▶学生讨论

交通事故、溺水、踩踏、意外伤害、校园欺凌、地震和火灾等自然灾害……

▶设计意图

通过讨论，发现安全隐患。

环节二　真实案例

▶案例展示

2020年12月30日，大连某大学副校长在校内超速驾驶，撞死一名研究生。

2020年12月22日，长沙一所学校女生寝室因忘记关闭放在棉被上的吹风机及电插板开关，导致严重火灾。

2020年12月7日晚，湖南省湘乡市某中学下晚自习时教学楼楼梯间发生严重拥挤踩踏事故，8名学生死亡，26名学生受伤，其中3人重伤。

2020年11月18日，湖南柳州嘉禾县一名12岁男生被断裂的羽毛球拍击中眉骨身亡。

2020年11月6日，西安某学院两名男生课间在阳台上嬉戏打闹，不慎从阳台坠下，一名学生手部受伤，另一名学生昏迷。

2020年10月31日，广西桂林，李某(女，16岁)因与林某(女，14岁)存在矛盾，纠集三人找到林某，令其跪下，对其掌掴，并将视频传到网上。

2020年9月18日晚，山西省某学校两名学生因琐事引发矛盾，刘某将间某刺死。

2020年9月9日，山东临沂费县某学校一名初三男生在体育课围着操场跑步时猝死。

2015年9月，甘肃省某中学高三学生高某由于同学将自己的照片“丑化”并在网上发布有损自己形象的信息，购买了净重5克的溴敌隆毒鼠药一包，投入本班饮用水中。

2008年，汶川特大地震后，四川省绵阳市安县桑枣镇桑枣中学90多位教师、2200名学生全部冲到操场，用时1分36秒，全校师生无一伤亡。

▶设计意图

以课件展示真实案例，从而使学生认识到校园安全的重要性。

环节三　分析事故原因

▶学生讨论

这些事故发生的原因是什么？(小组讨论后，学生代表发言，教师明确)

(1)学生的安全意识和法律意识淡薄，不知道自己行为的后果。

(2)家庭教育失当，未重视学生安全教育和法治教育。

(3)学校未落实好常规安全教育工作和安全演练。

(4)学校重智轻德,教育失衡。

(5)社会、学校、家庭对学生心理健康教育不够重视。

(6)社会环境的不良影响。

▶设计意图

通过原因分析加强学生的安全素养。

环节四　防患于未然

每一起事故的发生,都给人们带来惨痛的教训。还有很多事故发生,但我们可能无从知晓。已经发生的事故不能改变,但我们能降低以后发生事故的概率。

▶学生讨论

如何预防事故发生?(小组讨论后,学生代表发言,教师明确)

(1)牢牢树立安全意识,加强安全知识、法律知识的学习。

(2)学校和家庭要加强学生心理健康教育。

(3)认真参加学校各项安全教育课和安全教育演练,学习紧急情况下的逃生策略和应急技能。

(4)加强安全防卫意识教育。

(5)遇到问题及时报告家长、老师,寻求帮助。

(6)注意运动安全,在身体条件允许时适当进行体育活动,活动前要充分做好准备活动。

(7)学校严格落实要求,坚决禁止学生携带管制刀具及易燃、易爆、有毒等危险物品。

(8)重视生命安全教育。

▶设计意图

强化学生安全意识并进行具体方法指导。

环节五　牢牢树立安全意识

▶学生活动

设计安全宣传标语,向全校同学宣传校园安全的重要性。

▶设计意图

使学生不仅自己牢牢树立安全意识,更要从自身做起,宣传安全的重要性。

环节六 校园安全,你我责任

全班同学举行“校园安全,你我责任” 承诺签名活动。

▶设计意图

借助承诺签名活动,并把小横幅悬挂在教室的学习园地,使学生时刻铭记自己的承诺。

▶总结

通过本节班会,我们了解了校园常见的安全事故,并学习了如何进行事故的规避、如何自救等知识。希望每位同学都珍惜生命中的每一天,树牢安全意识和责任意识。校园是我家,安全靠大家！祝大家永远平安幸福！

【班会反思】

这个世界上,最美好和最宝贵的就是人的生命,而安全是一个人生命存在的有力保障,拥有安全才能拥有生命。本节课师生互动较好,达到了教育目标。本节班会只是一个开始。校园安全事故频发,教师有责任对学生进行长期、不间断的安全教育,引导学生充分了解安全隐患,学会如何规避危险,如何自救,牢固树立安全和责任意识,保护自己和他人,共创和谐安全校园。

珍爱生命　预防溺水

——防溺水安全教育主题班会

学生发展部　于莉

【教育背景】

社会背景：每年的春夏季节是中小学生溺亡事故的高发期，溺水身亡事故频发，已成为学生非正常死亡的"头号杀手"，鲜活的生命转瞬消逝，令人扼腕痛心！

学情分析：人的生命只有一次，高中阶段的学生对于生命的意义已经有了一定程度的理解，对于防溺水也有了基本的认知，但是安全问题应该常抓不懈，需要结合高中阶段学生的认知特点，立体化看待防溺水问题。本节班会可面向高中各年级学生。

【班会目的】

1. 学习防溺水的有关安全知识，提高学生的安全意识。

2. 学生能主动改变生活中不遵守防溺水安全的危险行为，提高对生活中违反安全原则的行为的辨别能力。

【班会准备】

学生查阅资料（近几年溺亡的中小学生数据）、教师准备课件。

【班会过程】

环节一　视频导入

▶观看视频《野泳的危害，溺水急救》

生命安全高于天，每个人的生命都只有一次，所以我们都要珍惜生命、注意安全。

环节二　游泳安全事项

教师：在游泳时要注意哪些问题？

学生：游泳前应做全身运动，充分活动关节，放松肌肉，以免下水后发生抽筋、扭伤等事故。如果发生抽筋，要镇静，不要慌乱，边呼喊边自救。常见的是小腿抽筋，这时应做仰泳姿势，用手扳住脚趾，小腿用力前蹬，奋力向浅水区或岸边靠近。

教师：虽然同学们已经是高中生了，但是游泳的时候一定要选择正规、安全的游泳场所，尽可能在成年人的陪同下下水游泳，禁止野游。在人们的惯性思维里，都觉得在河里或水库里游泳比较危险。其实从最近几年的经验看，游泳池里出现的意外事故也特别多，而且有增多的趋势。同时，游泳要严格遵守“四不”：未经家长、老师同意不去；没有会游泳的成年人陪同不去；深水的地方不去；江、溪、池塘不去。

环节三　防溺水的知识要点

教师：刚才已经说过游泳时需要注意的问题，那么关于防溺水还有哪些方面的知识需要同学们掌握呢？

同学1：不要独自一人外出游泳，更不要到不摸底和不知水情或比较危险且易发生溺水伤亡事故的地方去游泳。选择好的游泳场所，对场所的环境（如该水库、浴场是否卫生，水下是否平坦，有无暗礁、暗流、杂草，水域的深浅等情况）要了解清楚。

同学2：必须要有组织并在老师或熟悉水性的人的带领下去游泳，以便互相照顾。如果集体组织外出游泳，下水前后都要清点人数，并指定救生员做好安全保护。

同学3：要清楚自己的身体健康状况，平时四肢容易抽筋者不宜参加游泳或不要到深水区游泳。做好下水前的准备，先活动活动身体，如果水温较低应先在浅水区用水淋洗身体，待适应水温后再下水游泳。镶有假牙的同学，应将假牙取下，以防呛水时假牙落入食管或气管。

教师：同学们了解的知识真不少，大家游泳时必须对自己的水性有自知之明，下水后不能逞能，不要贸然跳水和潜泳，更不能互相打闹，以免溺水。不要在急流和漩涡处游泳。游泳时如果突然觉得身体不舒服，如眩晕、恶心、心慌、气短等，要立即上岸休息或呼救。

环节四　溺水时的急救办法

教师：防患于未然，只要游泳就必须掌握溺水的救治办法，这样万一发生事故，大家也能临危不惧。那溺水的自救与他救办法有哪些呢？

同学1:万一不幸遇上了溺水事故,大家切莫慌张,应保持镇静,除呼救外,取仰卧位,头部向后,使鼻部可露出水面进行呼吸。呼气要浅,吸气要深。因为深吸气时,人体比重降低,比水略轻,可浮出水面(呼气时人体比重为1.057,比水略重),此时千万不要慌张,不要将手臂上举乱扑乱动,那样会使身体下沉更快。

同学2:游泳时特别容易发生手脚抽筋,若手指抽筋,则可将手握拳,然后用力张开,迅速反复多做几次,直到抽筋消除为止;若小腿或脚趾抽筋,先吸一口气仰浮水上,用抽筋肢体对侧的手握住抽筋肢体的脚趾,并用力向身体方向拉,同时用同侧的手掌压在抽筋肢体的膝盖上,帮助抽筋腿伸直。

同学3:对于溺水昏迷的人要及时清理口鼻,进行心肺复苏。

教师:同学们说得非常好,溺水事故的发生是任何一个人都不愿意看到的,但是一旦发现有溺水的人,或者自己手脚抽筋,就像刚才的同学们说的那样,首先自救,在救他人的时候,就需要结合自己的能力来进行,如果现场有救生圈、竹竿、木板等物体,可以抛给溺水者,再将其拖至岸边。未成年人或者如果你只是会游泳不会急救,不能贸然下水营救,应立即大声呼救,或利用救生器材呼救。电话救助时要简明扼要地向施救人员讲清落水人数、地点,便于开展营救工作。

另外,刚才有同学谈到心肺复苏,这是非常重要的急救方法,但是这需要受过专业培训的人操作。如果周围的人都不懂心肺复苏的方法,应立即送医院。心肺复苏的步骤可简称为CAB,即胸外按压、清通气道、人工呼吸。

掌握科学的心肺复苏方法是安全教育的重要内容,未来在安全课上,学校会安排专业人员对同学们进行培训。

环节五　做好全方位的防护

教师:根据近三年济南市溺水事故分析,从学龄段看,幼儿园各个学龄段均有发生,中小学生事故发生数量最多,占60%以上;从发生地点看,黄河及市内河道、水库、景观湖、水塘、水沟、景区戏水区、泉池、污水井、游泳池等各类水域均发生过溺水事故,河道、塘坝和水库是重点;从发生区域看,各区县域内均有发生,市区周边区域发生率比较高;从发生时间看,暑期发生率最高,主要是学生假期结伴去池塘、水库游泳导致溺水。

2022年入夏以来,溺亡事故均发生在水库、塘坝和河道等,这些场所由于范围比较大,实际存在无人管理或管理不到位的情况,所以防溺水不单单是教育部门的问题,更是一个社会问题,你们觉得还应该有哪些部门需要共同关注防溺水问题呢?

同学 1:负责监管农村的塘坝、水库的部门。

同学 2:园林绿化的部门是不是也应该参与?那些湿地公园也是危险区域呀。

同学 3:每年黄河流域发生的溺亡事故不少,有没有黄河管理的部门呀?

同学 4:我觉得应该有新闻媒体参与,媒体应该积极进行防溺水的公益宣传,尤其是针对留守儿童的。

……

教师:作为高中生的你们,考虑问题确实比较全面,防溺水是全社会都应该高度关注的问题,是需要各个部门通力协作、同频共振的一项工作。教育部门把学生教育好,提醒并督促家长履行监护责任;水务部门负责督促管理单位(或责任人)在相关河道、水渠、塘坝、水库等水域设置安全警示标识并加大巡查力度;园林绿化部门、文化和旅游部门、黄河河务部门、应急管理部门、各县(市、区)、各乡镇(街道、村居)等各负其责,只有各美其美,才能美美与共。

安全问题是个老生常谈的问题,也是关系千家万户的大问题。日常生活中除了预防溺水、预防疾病、交通安全、网络安全、消防安全、心理健康及预防校园欺凌等关于个人的安全问题,还有国家安全,这些都是需要同学们学习掌握并且高度注意的。

亲爱的同学们,请时时刻刻牢记安全这根弦,珍爱自己的生命,做一名有责任、有担当的国家需要的有为青年。

【班会反思】

本节班会课以预防溺水为主要安全教育内容,也带入了相关的安全内容,尝试将个人的生命教育与个人考虑问题的整体观相联系,引导学生从小处入手,着眼整体,提升综合研判能力。通过视频与数据相结合,学生参与度很高,效果良好。

专题教育

弘扬雷锋精神　传递春天般的温暖

——学雷锋主题教育班会

语文组　许晓玉

【教育背景】

每年3月5日是“学雷锋日”。雷锋离世已半个多世纪，雷锋精神却依旧鼓舞着一代代中国人，激励着一批批青少年不断进步。本次班会通过再读雷锋故事，重温雷锋精神的核心意义，培养学生的助人美德、钻研精神及艰苦朴素的生活作风。本节班会可面向高中各年级学生。

【班会目的】

1.通过介绍雷锋的生平以及他亲身经历的故事，弘扬雷锋精神。

2.通过认真学习雷锋精神，构建优良班集、和谐校园。

3.号召同学们以实际行动弘扬雷锋全心全意为人民服务的奉献精神。

【班会准备】

1.准备和雷锋相关的图片及他亲身经历的有代表性的故事。

2.准备几则《雷锋日记》和雷锋语录。

3.全班同学以第二人称的方式记录班级好人好事，以小纸条形式上交，制作PPT。

4.搜集我校“发现身边的感动”“实验学子楷模”人物事迹。

【班会过程】

三月的细雨滋润大地，三月的春风温暖人间，三月，因雷锋精神更美丽。雷锋，一个闪光的名字，被人们铭记。雷锋精神穿越时空、跨越世纪，激励了一代又一代人。

环节一　图片欣赏

师生共同欣赏与雷锋相关的一些图片。

环节二　雷锋简介

请同学们谈谈自己对雷锋的了解，然后由班主任向同学们补充介绍雷锋的生平，并介绍“学雷锋日”的由来。

环节三　配乐朗诵

配乐朗诵《雷锋日记》、雷锋格言。

(1)人的生命是有限的，可是，为人民服务是无限的，我要把有限的生命，投入到无限的为人民服务之中去。

(2)青春啊，永远是美好的，可是真正的青春，只属于这些永远力争上游的人，永远忘我劳动的人，永远谦虚的人。

(3)一朵鲜花打扮不出美丽的春天，一个人先进总是单枪匹马，众人先进才能移山填海。

(4)一滴水只有放进大海里才永远不会干涸，一个人只有当他把自己和集体事业融合一起的时候才能最有力量。

(5)我们是国家的主人，应该处处为国家着想。

……

小结：雷锋在数百篇日记里记录了他成长的历程，他总结出许多人生的格言，留给我们一笔宝贵的精神财富。

环节四　雷锋精神大讨论

全班分为若干小组，进行雷锋精神大讨论，并由代表发言。

(1)热爱党、热爱祖国、热爱社会主义的坚定信念。雷锋精神的第一位，是对党、对国家、对社会主义的热爱。

(2)服务人民、助人为乐的奉献精神。雷锋以服务人民为最大的幸福，以帮助他人为最大的快乐，这是雷锋精神的一个典型标识，也是我们今天仍然要弘扬的崇高品德。

(3)干一行爱一行、专一行精一行的敬业精神。雷锋生前在许多岗位上工作过，但是他干一行热爱一行、干一行精通一行，这一点在今天仍然是需要我们学习的，我们要像雷锋那样立足本职、忠于职守、兢兢业业、精益求精。

(4)锐意进取、自强不息的创新精神。雷锋总是把工作作为一种无穷的动力，要钻进去、要吃透它，而且还不断地提升自己，不断地通过学习丰富自己。这种刻苦学习、锲而不舍、锐意进取的精神如今仍然受到大家的推崇。

(5)艰苦奋斗、勤俭节约的创业精神。我们国家发展了,人民的生活普遍改善了,但是勤俭节约、艰苦奋斗的作风我们今天仍然需要,要本着这种精神来建设中国特色社会主义事业。

环节五　猜猜他是谁

团支书展示PPT,显示班级好人好事,让同学们猜是谁默默地做了这些好事,公布同学们的名字,并请他们发言,弘扬班级正能量。雷锋精神就在我们身边,离我们并不遥远。

环节六　榜样引领

结合学校“发现身边的感动”“实验学子楷模”人物事迹,将雷锋精神具体化,号召学生以他们为榜样,用实际行动践行雷锋精神。

环节七　号召行动

请同学们畅谈感受,号召同学们用实际行动为父母、老师、同学或其他人做些好事,用实际行动促进良好社会风气的形成。

环节八　活动总结

雷锋精神是一种善的境界。雷锋心中有爱,爱党、爱国、爱人民,他心里永远装着别人,全心全意无私奉献。在短暂的生命中,他始终用快乐与感恩诠释着对“善”的追求与执着。

习近平总书记说,雷锋是时代的楷模,雷锋精神是永恒的,它是五千年优秀中华文化和红色革命文化的结合,“积小善为大善,善莫大焉”。这与“为人民服务”“做人民的勤务员”是一脉相承的。雷锋精神永远值得弘扬。

我们要学习雷锋助人为乐的优秀品质,发扬雷锋锐意进取、自强不息的创新精神和干一行爱一行的敬业精神。以雷锋为学习的楷模和榜样,继承革命英雄的光荣传统,把雷锋精神认真贯彻到实际行动中来,从身边小事做起,全体师生共同努力,构建一个优秀文明的和谐校园,共同营造良好的社会风气。

【班会反思】

本次班会,教师和学生做了较为充分的准备,整个过程流畅,内容丰富充实。学生参与度较高,能积极展开小组讨论,畅谈对雷锋精神的理解。结合身边的好人好事体会雷锋精神,以身边的榜样引领学生,取得了较好的效果。

缅怀革命先烈　弘扬英雄精神

——清明节主题教育班会

语文组　马婷婷

【班会背景】

1.社会、家庭对缅怀先烈的教育重视程度不够,单纯的故事宣传和口号呼吁难以打动学生。

2.学生对革命先烈、英雄事迹的理解过于符号化和片面化,难以产生共情。

3.本节班会可面向高中各年级学生。

【班会目的】

1.联系当下热点,通过多元化的形式就班会主题与学生展开对话,让学生深刻理解"英雄"的内涵,在精神上受到感召并在日常言行中切实践行。

2.通过对中西文化中死亡观的探讨,帮助学生加深对生命真谛的感悟,培养学生珍爱和平、珍视生命的意识。

【班会准备】

1.学生搜集革命先烈的资料或书进行阅读,准备革命诗歌、革命先烈故事等。

2.教师搜集资料,制作课件。

【班会过程】

环节一　情境激发,感悟革命精神

▶引入

郁达夫曾在纪念鲁迅大会上说道:"一个没有英雄的民族是不幸的,一个有英雄却不知敬重爱惜的民族是不可救药的,有了伟大的人物,而不知拥护、爱戴、崇仰的国家,是没有希望的奴隶之邦。"慎终追远,祭奠英魂,一直是中华民族的优良传统。我们伟大的祖国繁荣富强，但她的身上也铭刻了千年的坎坷、百年的屈辱。在我们居住的这颗蔚蓝色星球上，民族的盛衰、国家的兴亡如长河波涛变幻起伏，而我们的祖国历经了诸多天灾人祸、内忧外患，却能够在屡遭挫折后又屡次崛起，在数经劫难后又数度辉煌。原因何在？就是因为我们伟大的中华民族有无数为她抛头颅、洒热血的仁人志士、圣贤英杰。如鲁迅先生所言："我们从古以来，就有埋头苦干的人，有拼命硬干的人，有为民请命的人，有舍身求法的人……这就是中国的脊梁。"

▶放映视频

播放《八佰》电影片段。

▶解说

1937年，淞沪会战的最后一役，八百壮士奉命坚守上海四行仓库，以少敌多顽强抵抗四天四夜。面对腹背受敌、孤军奋战的情形，全体官兵抱着必死的决心与仓库共存亡，即使仅剩最后一人，也要坚守阵地。团长谢晋元与士兵们一同冲锋陷阵，多次击退日军的进攻，"皇军不可战胜"的神话就此破灭。对此大家有什么想法呢？我们一起来交流一下。

▶感悟交流

学生1："待我成尘时，你将见我的微笑"放在影片里是在说，为追求正义牺牲，哪怕化为尘土，也会面带微笑。而革命精神将继续传承下去，影响更多人，就如影片中人物爱国意识的觉醒过程一样。

学生2：英雄不是不惧死亡，而是心中的爱国信念战胜了恐惧，他们值得永远被铭记。

学生3：《八佰》的故事让我不由联想到了林觉民在《与妻书》中的一段话："吾诚愿与汝相守以死，第以今日事势观之，天灾可以死，盗贼可以死，瓜分之日可以死，奸官污吏虐民可以死，吾辈处今日之中国，国中无地无时不可以死。到那时使吾眼睁睁看汝死，或使汝眼睁睁看吾死，吾能之乎？"这种舍小家为大家的精神，让人感受到一种奋然前行的力量。

▶总结

同学们的分享非常到位，其实影片中很多英勇牺牲的战士跟同学们年龄相仿，他们也有挚爱的亲友、喜欢的零食、爱读的书，他们对这个世界也充满眷恋。但在国家大义面前，这群正值芳华的少年毫无贪生怕死之念，他们是真正值得被铭记的英雄。

环节二　小组汇报，走进英雄人物

▶引导

接下来把时间交给大家，课前同学们分组搜集了一些资料，并做好了准备，下面就来展示一下你们的讨论成果。

▶学生展示

小组一：革命诗歌诵读。

毛泽东《七律·长征》、陈毅《梅岭三章》、叶挺《囚歌》等。

小组二：革命先烈故事分享。

觉醒年代的青年领袖——陈延年

陈延年(1898—1927年)，陈独秀长子。中共早期领导人之一，为中国解放革命事业做出过巨大贡献。

1915年，陈延年考入上海法语学校专攻法文。1917年又考入震旦大学攻读法科。1919年12月下旬，赴法国勤工俭学。1921年，摒弃原先信仰的无政府主义，转而信仰马克思主义。1922年6月，陈延年与赵世炎、周恩来一起创建旅欧共产主义组织——中国少年共产党，担任宣传部部长。同年秋，加入法国共产党。不久，经中共中央正式承认为中国共产党党员。1924年10月，任中共广东区委秘书兼组织部部长，不久，接替周恩来任中共广东区委书记。1927年4月27日，中共五大召开，陈延年当选为中央委员、政治局候补委员。1927年6月26日，于上海被捕入狱，7月4日英勇就义。

战争年代的英雄印记——解放阁

解放阁位于山东省济南市历下区。1963年，济南市利用原内城东南城角砌筑台基，以纪念济南战役的胜利。20世纪80年代初，济南市委、市政府决定在台上建阁，以缅怀革命先烈。1988年建成，半腰处镶嵌陈毅题的“解放阁”三个大字。

济南解放阁不仅是革命传统教育的重要基地，而且是济南标志性的建筑之一。解放阁于1977年12月被评定为山东省文物保护单位，1988年被评为泉城十大景观之一。

小组三：革命歌曲演唱。

《我的祖国》《映山红》等。

▶总结

同学们的分享形式丰富多样，诗歌诵读慷慨激昂，故事讲述生动感人，歌曲演唱十分动情，任何一种艺术形式最动人的一定是它真挚的感情力量，同学们从这些优秀的文艺作品中感受到的是先烈们用奉献、用热忱谱写的高亢战歌。

环节三 联系当下，践行英雄精神

▶引导

告别那个战火纷飞、多灾多难的时代，和平与发展已成为当今世界的主旋律，但伴随着经济的发展，人类对自然环境的破坏越来越严重。人与自然的和谐关系一旦被打破，灾难就会纷至沓来。2020年，疫情全球暴发，在这场突如其来的灾难面前，我们身边涌现了一批具有革命烈士精神的当代英雄。接下来我们一起看一组图片，感悟身边的英雄精神。

▶投影

疫情中的英雄事迹。

▶感悟交流

你认为当下我们需要怎样的英雄精神？

学生1：最让我感动的是医护人员，他们是最美的“逆行者”，84岁的钟南山院士对大家说没有特殊情况不要去武汉，但他却搭乘高铁赶赴武汉第一线。由于春运期间客票紧张，他被安排在了餐车一角，刚一落座便拿出文件来研究。看到他，看到所有奋战在一线的医护人员，我就想起了鲁迅先生说的“民族脊梁”。

学生2：其实，在这次抗疫之中，英雄精神不只体现在医务工作者身上，还体现在那些坚守岗位的保安、清洁工、快递小哥、超市营业员身上。我们每个普通人都对病毒怀有恐惧，这些人的责任感和勇气让人尊敬。

学生3：时代的一粒尘落在个体身上，就可能是一座山，疫情肆虐，没有人可以置身事外。我们不能如医护人员一般冲在抗疫一线，但居家隔离和线上学习也需要一点英雄精神。他们用人间大爱感召着我们，我们也用刻苦努力回馈他们。

▶总结

什么是英雄？平常的日子里过普普通通的生活，危难时刻能挺身而出，不惧奉献牺牲。几位同学的发言非常精彩，接下来就请同学们拿起纸笔，以文字的方式记录下对革命精神的体悟，字数不限，最重要的是表达自己的真情实感。

环节四　比较中西，深悟英雄品质

▶引导

慎终追远，缅怀英魂，是我国传统节日清明节的重要意义所在，那在西方国家人们在什么节日祭奠祖先呢？其实在《寻梦环游记》这部动画作品中就有答案，这部电影讲述的正是西方国家的亡灵节，其核心精神与清明节相通又不相同，我们一起来欣赏其中的一段视频。

▶放映视频

播放《寻梦环游记》的经典视频片段。

▶感悟交流

你从电影中感受到了什么呢？

学生1：被人记住是一件重要的事。当我们还小的时候，被父母和朋友记住，被大家需要，这很正常，但是当我们渐渐老去，不再发光发热，那时是否还能被需要，被经常提及？

学生2：生的对立面不是死亡，而是遗忘。我突然想到人民英雄纪念碑上的文字——三年以来，在人民解放战争和人民革命中牺牲的人民英雄们永垂不朽！三十年以来，在人民解放战争和人民革命中牺牲的人民英雄们永垂不朽！由此上溯到一千八百四十年，从那时起，为了反对内外敌人，争取民族独立和人民自由幸福，在历次斗争中牺牲的人民英雄们永垂不朽！

学生3：中西方的死亡观不同，但相通的是对家人的关怀、对亲情的重视，普通人或许没有机会成为载入历史的英雄人物，但我想每个人在自己的生活中都有专属于自己的英雄时刻。

▶总结

"有的人活着，他已经死了；有的人死了，他还活着。"真正的死亡是世界上再没有一个人记得你。生死的界限不可跨越，但从另一种意义上看，人是可以不朽的。今天这节课，我们在无数英雄人物、革命先烈身上看到了一种不朽的精神，"太上有立德，其次有立功，其次有立言，虽久不废，此之谓不朽"。被铭记的方式有很多种，但都需要不灭的热忱、不懈的努力和不拔的毅力。

环节五　班会总结

在感人至深的故事中，在同仇敌忾的片段里，在深沉激昂的陈词中，相信同学们对革命精神和英雄品质有了更深的理解和感悟。革命精神代代传承，我们应时时牢记他们身上所蕴含的革命精神并付诸实践，为祖国的建设注入自己的力量，继往开来，我们重任在肩。

【班会反思】

提到先烈和革命精神，让人不由感慨其伟大和坚韧，我们应时刻反省自己，要真正做到居安思危，以实现中华民族伟大复兴为己任。本节课我带领学生感受和践行英雄精神，缅怀和铭记革命先烈，我和学生都得到了精神洗礼。

崇尚劳动　尊重劳动

——“五一”国际劳动节主题教育班会

数学组　鲁楷文

【教育背景】

1.班内部分同学劳动意识淡薄，缺乏热爱劳动的精神。

2.同学对“热爱劳动是中华民族的传统美德”理解不够深刻。

3.本节班会可面向高中各年级学生。

【班会目的】

1.学生加深对“劳动是美德”的理解并付诸实践，知行合一。

2.学生加深对“劳动是责任”的理解，增强劳动观念，在家能主动承担家务，在校当好值日生。

【班会准备】

查阅资料、课件准备。

【班会过程】

环节一　介绍“五一”国际劳动节的由来和意义

▶引入

播放劳动节相关短片。

问题1：同学们，说起“劳动”这个词语，你会想到哪些场景和人物？

问题2：在班级中，又有哪些行为和劳动相关？

▶引导

既然今天的话题是“劳动”，我们自然而然会想到一个节日——“五一”国际劳动节，为什么我们会有一个专门的法定节假日来纪念劳动节呢？我们不妨先看一段视频材料。

▶电影展示

《觉醒年代》中李大钊对于“五一”国际劳动节意义的阐释。

▶背景展示

下面由A同学所带领的小组向班级展示“五一”国际劳动节的由来和意义。

“五一”国际劳动节源于美国芝加哥城的工人大罢工。1886年5月1日，芝加哥的216816名工人为争取实行八小时工作制而举行大罢工，经过艰苦的流血斗争，终于获得了胜利。为纪念这次伟大的工人运动，1889年7月，在恩格斯组织召开的第二国际成立大会上宣布将每年的5月1日定为国际劳动节。这一决定立即得到世界各国工人的积极响应。

1890年5月1日，欧美各国的工人阶级率先走向街头，举行盛大的示威游行与集会，争取合法权益。从此，每逢这一天世界各国的劳动人民都要集会、游行，以示庆祝。

▶提问

在了解到这样的背景后，同学们再来谈一谈我们为什么要设立劳动节？

▶总结

劳动节的产生是为了纪念世界各国的无产阶级为了自己的利益而奋斗的故事。在那个资本家剥削无产阶级的年代，劳动者通过斗争，用顽强、英勇不屈的奋斗精神，争取到了自己的合法权益，这是人类文明民主的历史性进步，也是“五一”国际劳动节的精髓所在。所以，人们才这么注重劳动节。

环节二　分享劳动故事　感受传统美德

▶引入

相信各位同学都听说过“热爱劳动是中华民族的传统美德”这句话，劳动是平凡的，也是伟大的，不管是名人还是普通人，他们都是用双手去劳动、去创造一切。下面由B同学所带领的小组向班级展示感人的劳动故事吧！从他们身上，你受到了什么启发呢？

▶故事展示

B同学展示王进喜、杨善洲等人物的感人故事。

▶提问

除了这些人物，你还知道哪些令人感动的劳动者的故事？

▶学生分享

……

▶追问

从这些故事中,你感受到了什么?

学生1:正是有这些伟大而又令人敬佩的劳动者,我们国家才得以有如此迅速的发展。

学生2:热爱劳动的精神随着时间的推移永不褪色,这个精神一代一代传承了下来。

……

▶总结

热爱劳动是中华民族的传统美德,这句话并不是凭空产生的,而是经过一代又一代的积淀得以传承下来的。正是一代又一代劳动者努力奋斗,我们国家的综合国力才会迅速发展。

环节三　增进职业理解　感悟劳动精神

▶引入

在5000多年的历史中,中华民族形成了以爱国主义为核心的团结统一、爱好和平、勤劳勇敢、自强不息的伟大民族精神。随着时代的发展,不同的民族精神本质不变,但是有了新的内涵。劳动者也不再只是指单纯地投入工业和农业生产的人员,生产的多样性造成了劳动岗位的多样性,同学们仔细回想一下我们身边都有哪些为我们的社会发展默默奉献的劳动者?

▶学生分享

……

▶提问

相信各位同学都知道这些劳动者,那各位同学是否深入了解过他们的职业呢?下面我们进行小组讨论,以小组为单位,大家交流讨论一下教师、医生这两个职业需要做的工作。

▶小组讨论和回答

……

▶总结

同学们,今年我们经历了疫情,在经历了封城、社会停摆之后,我们可以清楚地意识到，当一个城市按下暂停键时，有一些人却一直在为济南奋斗。他们职业不同，劳动方式不同，但是都是劳动者，用自己的力量抗击疫情。所以，无论何种职业，何种劳动方式，只要为国家和社会贡献出自己的力量，就是值得敬佩的劳动者！

环节四　尊重劳动成果　践行劳动精神

▶提问

谈谈发生在你身边或者你知道的不尊重劳动成果的例子。

▶学生回答

……

▶资料展示

资料一：大山中的"蜘蛛人"。

资料二：某演员不尊重文物修复工作者的劳动成果。

▶提问

同学们，从这两段材料中，我们认识到什么问题，可以从哪些方面尊重劳动成果？

▶总结和引导

节约粮食、保护环境、保护著作权与专利、不随便评价他人成果等，都是尊重劳动成果。达·芬奇曾经说过，"劳动一日可得一天的安眠，劳动一世可得幸福的长眠"。的确，只有亲自参加劳动的人，才会尊重劳动人民，才会懂得珍惜别人的劳动成果，才会懂得幸福的生活要靠劳动来创造。劳动是我们中华民族的传统美德。作为新时代的中学生，我们就更应该热爱公益劳动，珍惜劳动成果。劳动是辛苦的，但劳动也是光荣的！同学们，在以后的班级生活中，你会怎样做个爱劳动的人呢？

学生1：教室、宿舍卫生打扫及时、干净。

学生2：爱护劳动工具，并将劳动工具摆放整齐。

学生3：珍惜劳动成果，主动捡起地上的垃圾。

……

▶提问

在以后的家庭生活中，你会怎么做呢？

学生：做饭、洗碗、打扫卫生、整理内务等。

▶总结

同学们回答得非常好，劳动光荣，懒惰可耻。我们应该从此刻做起，从身边做起，从小事做起，把热爱劳动、珍惜劳动成果的行为习惯体现在日常生活中，做一名优秀的学生。

【班会反思】

劳动教育是使学生树立正确的劳动观点和劳动态度，热爱劳动和劳动人民，养成劳动习惯的教育，是学生德、智、体、美、劳全面发展的主要内容。在本次班会中，结合高中生的认知特点，主要从以下几个方面进行深化立意。

第一点是结合所学历史知识，让学生体会到在近代中国的时代背景下，每一位劳动者都迫切需要为自己争取利益，使学生们知道“五一”国际劳动节诞生的历史意义，再通过先进劳动者的事迹让他们切实感受到热爱劳动是中华民族的传统美德。

第二点是通过现代社会生活的各种缩影，学生发现身边的劳动者，理解他们的不容易，发自内心地尊重劳动，尊重劳动者。在引导过程中，拓宽“劳动成果”的概念，让学生认识到尊重著作、保护正版也是尊重劳动成果的体现。

第三点是将尊重劳动投入实践中，让学生在班级、在家庭中主动承担起相应的劳动，体会劳动不容易。

本次班会课的完成情况较好，学生们的反馈都十分积极。我班的大部分学生是独生子女，刚入校时，整理床铺、收拾衣物等样样都要家长帮忙。如今，学生在掌握技能的同时，懂得了尊敬长辈，关爱父母，同时也体会到了父母的辛苦，促进了自身的全面发展。

五四精神　传承有我

——五四青年节主题教育班会

英语组　李泽

【教育背景】

青年是国家的未来、民族的希望，国家高度重视新一代青年的教育工作。高二学生正处在世界观、人生观和价值观形成的关键时期，在五四青年节到来之际，通过主题班会让学生了解五四运动、体会五四精神，深刻认识到作为青年人、作为国际部学子，不管是现在还是未来，在海外求学的过程中都要担负起对祖国的责任。

国际部学生未来要走出国门、走向世界，因此更要加强家国教育、责任担当教育，教师应启发激励学生更好地承担起作为中国人和世界公民的责任与义务。本节班会可面向高中各年级学生。

【班会目的】

1.了解五四运动，深刻认识五四精神。

2.通过学习抗击疫情中青年人冲锋在前的事迹，学生认识和体会青年人的担当与使命。

3.通过学习放弃海外高薪、归国建设国家的青年钱学森的事迹，学生体会学成归国、报效祖国的爱国精神和担当意识。

4.通过展示国际部学子的责任与担当事迹，用身边的榜样引导学生将爱党情、爱国情、爱校情融入平时的学习和生活中，内化成自身的精神信仰，外化成具体的实际行动。

【班会准备】

1.教案、课件。

2.采访国际部学生，收集信息；安排学生做分享发言。

【班会过程】

环节一　了解五四运动，传承五四精神

展示图片：人民英雄纪念碑和其底座上五四运动的浮雕。

老师：大家是否知道人民英雄纪念碑底座上的这一组浮雕描绘的是什么场景？什么运动？

学生：五四运动。

老师：为什么五四运动会被雕刻在人民英雄纪念碑上？它代表着什么？

学生：五四运动在中国革命史上具有里程碑意义，五四精神值得我们青年人传承。

老师：非常好，下面我们一起观看讲述五四运动和五四精神的影视片段。（让学生了解五四运动，深刻认识五四精神）

老师：哪位同学总结一下你所认为的五四精神？

学生：忧国忧民、热爱祖国、积极创新、探索科学的爱国主义精神。

总结：作为新时代的青年人，我们应当传承和发扬五四精神，为我们的国家和社会贡献力量。

环节二　五四精神在现代的践行

老师：请同学们思考有哪些事例可以体现当代青年人对五四精神的传承和发扬，让我们把目光聚焦在疫情上。2019年年底，疫情暴发。在抗击疫情的阻击战中，中国青年表现出了大无畏、敢作为的责任担当，发扬了忧国忧民、热爱祖国、积极创新的五四爱国精神。

事例一："作为一名新时代的大学生和团员青年，我的身份已不允许我待在家中，在疫情危急时刻，我有责任、有义务冲在防疫的第一线。"郑州西亚斯学院大学生申琛向共青团濮阳市委递交了志愿服务申请书。在共青团濮阳市委发出倡议的短短几天内，当地1035名与申琛一样的返乡大学生志愿者迅速在团旗下集结。自疫情发生以来，全国各地已有百万名像申琛这样的青年人主动穿上"红马甲"，加入防疫青年志愿者的行列。

事例二：在湖北武汉，青年志愿者招募公告发出不到12个小时，就有超过7000人报名；在河南，共有2.5万余名青年志愿者加入各地疫情防控队伍；在上海，团组织迅速动员2.6万名青年志愿者，累计上岗志愿者超过5.4万人次……

事例三：疫情来势汹汹，为全力保障口罩供应，工厂决定提前开工，但包装工作人手紧缺。工厂在网上发布了招募信息，短短3个小时，后续一周的210个名额全部被青年志愿者“秒杀”。

总结：青年人在抗击疫情中充分发扬五四精神，主动担当，勇于奉献，为抗击疫情阻击站的胜利做出了不可磨灭的贡献。

环节三　榜样在身边，分享你的故事

老师：下面我们一起来看看我们国际部学子是如何传承五四精神、承担对社会和国家的责任和义务的。

（每个案例请一位同学做宣讲人）

案例一：国际部学生张益杰荣获济南市志愿服务项目大赛银奖。“顺手捡”跑团一边跑步一边捡拾垃圾，引领环保新时尚，这项活动全国已经有11个城市3000多人参与。我校国际部高二学生张益杰是济南“顺手捡”跑团的发起人，新年伊始，他带领同学们一起向济南市民发起了“新年让城市更美好”的倡议。细心的人会发现，每到周末晚上，在济南市泉城广场和泉城路一带都有一支队伍，有时十几个人，有时三五个人，他们一边跑步一边捡拾路面上的垃圾，引来路边行人的关注。

案例二：五四青年节，山东省实验中学2019届毕业生王鲁宁同学，国际部23班张晓宇、李子青、商润宇、宋心如、牛新雨同学，国际部24班刘新雨、周士皓、谭正、张馨彤等同学一同来到泉城广场东侧献血站，大家通过无偿献血的方式回馈养育他们的城市，以青春的热血致敬勇敢的逆行者。

案例三：国际部学生假期线上学习互助活动。

环节四　总结升华

请大家分组讨论：作为国际部学生，这一节班会课后，你的感想是什么？你的反思是什么？未来你又会如何担当？

每人发一张“五四精神，从我做起”的卡片，让大家写一件可以为班级、学校或社会做的力所能及的事情。

【班会反思】

这节班会课让学生了解了五四运动、五四精神，对责任与担当有了正确的认知，同时也让学生思考自身在责任与担当方面存在的优缺点，以及未来应当如何做一个有责任、有担当的青年人。

团结友爱　风雨同舟

——班级凝聚力建设主题班会

地理组　徐加蓉

【教育背景】

此节主题班会面向高一年级学生。学生刚进入实验中学，对学校、老师、同学都比较陌生，很多人摆脱不了对初中学校、老师、同学的依恋。有相当一部分同学对高中生活不太适应，感觉找不到好朋友，内心很孤独。最终导致整个班集体没有凝聚力，像一盘散沙。

学会与同伴沟通是中小学生必须具备的一项社会技能。随着年龄的增长，父母对孩子的影响逐渐减弱，而同伴的影响逐渐增强。对于学生来说，同伴之间有更多的共同语言，良好的同伴关系会给学生带来安全感和归属感，有利于促进学生的学习和心理健康。高中生更愿意向知心同伴诉说烦恼，但是，随着独生子女的增多，在同伴交往中事与愿违的现象时有发生，有些同学在班级里感到孤独、不合群，觉得没有知心朋友，不知道如何在集体里与同学相处。

【班会目的】

1.认知目标：通过本次班会，学生能够明确正确的交友观，培养班级责任感。

2.情感目标：通过本次班会，学生能做到秉持正确的交友观，处理好与同学之间的关系，找到与自己志同道合的好友，快速融入班级。

3.行为目标：通过本次班会，打造团结友爱的班级氛围，增强班级凝聚力。

【班会准备】

1.查阅相关心理图书，对青春期学生的心理有全面的认识。

2.平时注意观察班内同学的相处情况。

3.组织相关同学参与班会，提前布置任务。

【班会过程】

环节一　引入

教师:同学们有没有听过英国诗人蒲柏说的“美德和友谊是最可贵的”,我们生活在群体社会中,学会处理好社会关系是我们必须学会的技能。其实,每位同学内心都希望有一段美好的友谊,也希望自己能得到大家的认可。那具有什么个性品质的人才受欢迎呢?

环节二　观影、讨论

教师:请大家观看电影《触不可及》的片段,看看两个截然不同的人,一个是喜爱极限运动而遭遇不幸的有钱人菲利普,一个是照顾其生活的贫穷青年戴尔,他们是如何跨越种种偏见与阶层观念发展出一段感人友情的呢?

(学生统一观看视频)

教师:如果你是菲利普,你是否能像主人公一样打破对戴尔的偏见,欣赏戴尔并与他成为一生挚友呢?

学生1:我一开始可能会因为性格相差太大或者因为戴尔随意的行为不想继续了解,但是菲利普的行为告诉我不能以表面判断一个人的好坏。

学生2:我觉得菲利普真的是心地非常善良的人,能够给别人表现的机会,相信每一个人都有闪光点。

教师:那如果你是戴尔,是否能看到菲利普的善良,与他交心成为好友呢?

学生3:我觉得我会,我相信戴尔不会因为菲利普的残疾就歧视他,每一个人都应该被公平对待,好看的皮囊千篇一律,有趣的灵魂万里挑一。

教师:其实这就是晕轮效应,晕轮效应就是在人际交往中,人身上表现出的某一方面的特征掩盖了其他特征,从而造成人际认知的障碍。在日常生活中,晕轮效应也在悄悄地影响着我们对别人的认知和评价。比如有人由于倾慕朋友的某一可爱之处,就会把他看得处处可爱,真所谓“一俊遮百丑”。晕轮效应是一种以偏概全的主观心理臆测,其错误在于:第一,它容易抓住事物的个别特征,习惯以个别推及一般,就像盲人摸象一样,以点代面。第二,它把并无内在联系的一些个性或外貌特征联系在一起,断言有这种特征必然会有另一种特征。第三,它说好就全都肯定,说坏就全部否定,这是一种受主观偏见支配的绝对化倾向。总之,晕轮效应是人际交往中对人的心理影响很大的认知障碍,我们在交往中要尽量避免和克服晕轮效应的副作用。

环节三 真情流露

教师:通过老师的补充,相信大家心里有了自己的答案,那请同学们踊跃发言,说一说什么样的朋友会吸引自己?

学生1:我喜欢与尊重、关心他人,对人一视同仁,富有同情心的人做朋友。

学生2:我觉得对班集体活动热心,对工作负责任的人很有吸引力。

学生3:待人真诚,乐于助人的人。

学生4:我觉得应该具有独立性且具有谦逊的品质。

学生5:我认为有多方面兴趣和爱好的人会吸引我的注意。

学生6:有审美眼光和幽默感的同学更容易成为我的朋友。

学生7:我觉得有整洁的仪表会让人眼前一亮。

……

环节四 暖心时刻

教师:其实班级里的每一位同学都有自己的闪光点,有些同学可能比较内秀,没有很好地表达出自己的想法,但是每一位同学都有值得我们去学习的点。大家要有一双发现美的眼睛,去发掘每一位同学的闪光点。

▶活动时间

每一位同学拿出一张纸,以自己为圆心,写出自己周围六位同学身上优秀的个性品质,并相互交流沟通,勇于说出自己的想法。

学生1:王同学每次都会耐心地给我解答问题,从来没有不耐烦,我想对他说一句谢谢!

学生2:上次体育课我不小心摔倒,是张同学乐于助人,扶我去医务室,我觉得超级暖心。

学生3:前几天学校临时通知停水,是李同学主动帮我接了水,才让我下午没有缺水,她好细心呀。

教师:当我们放下自己的成见,观察生活中的点滴事情,就会发现原来每一位同学都那么可爱。那我们班里这么多优秀的同学,能聚在一起更是一种难得的缘分。如果大家能够相互了解、相互认可,班级氛围和睦团结,我们的班级将会是多么棒的集体呀!

环节五 温馨回顾

教师:在我们一起走过的这些日子里,也经历了很多活动,每一次活动的成功背后离不开大家的付出与支持。我们的班级是一个团结的集体,现在是,将来也是，如果说相聚是一种缘分，那我们能够团结起来携手共进就是一种幸福！

▶播放班级拔河比赛视频、合唱比赛视频

教师：不知道同学们是否还记得当时的呐喊和欢呼呢？

学生1：记得！合唱比赛我们可是一等奖第二名！

学生2：合唱比赛从选曲到比赛，咱们班可是没有任何辅助项目，自己完成了整个比赛，成绩还这么好！

教师：我记得合唱比赛结束的时候，评委老师对咱们班的评价是整体意识非常强，每一个人的声音都融合在一起，这就是我们班的团结。

学生3：还有拔河，我们也闯入了最后的决赛！

教师：对呀，虽然咱们班在体型上不具有优势，但是大家劲往一处使，加上旁观同学激情澎湃的呐喊声，这就是我们班的团结！

环节六　情感升华

教师：班级氛围需要大家共同维护，班级凝聚力需要大家共同坚守。当然，班级凝聚力不仅体现在活动中，平时的学习生活也是如此。每一位同学都是班里的一份子，遵守校规校纪、维护班级荣誉要从小事做起。

家长1：孩子们在学校的时间越来越长，同龄人之间的话题也越来越多，希望每一个孩子都能快速适应高中生活，找到自己的小伙伴，相互学习相互督促。进入新班级，良好的班级氛围对孩子的影响也是非常大的，作为家长，真切地希望每一个孩子都能够在团结友爱、乐观积极的班级内成长。

家长2：孩子的成长家长也看在眼里，在一个团结、有凝聚力的班级成长，是每个孩子的幸福，相信这样的班级也会培养孩子的责任心，使他成为一个有担当的好学生！

环节七　班主任总结

教师：班集体的发展要依靠强大的凝聚力，最近我们班又被选定参加朗诵比赛，这背后是每位同学的努力和付出，如果在比赛中有一个同学懒于付出，我们都会止步不前。良好的班级氛围需要全体同学齐心协力，其中最基本的体现便是你们能够团结友爱、互帮互助，在这里我们就是彼此的家人。同学之间或许有矛盾，或许会出现人际交流沟通的问题，但这并不可怕，有问题我们一起解决，我们需要团结、和谐的班风，将打造一个温暖、可信赖的集体！

【班会反思】

本节班会从学情入手，通过设置学生活动，帮助学生认识正确的人际关系，发掘每个同学的个性品质，最后达到了提升班级凝聚力的目的。让个人在班级中通过友谊感受到归属感，进一步促进班级凝聚力的形成，让团结、积极向上的精神感染每个同学，这是一个班级进步的前提与基础。班会过程中仍有不足之处，一是班会活动可以更丰富，场地可以不拘泥于教室，户外活动更有利于学生放松心情；二是本次班会只是一个开始，后续应持续开展班级活动与主题班会，营造良好的班级氛围。

附　录

附表 1　山东省实验中学高一上学期班本德育课程

	主题
9月	**成长教育月**
	成长教育——如何成为一名合格的实验人(校规校纪　实验文化)
	成长教育——教师节主题班会(沟通与成长)
	成长教育——体会成长(从少年到青年的成长)
10月	**爱国爱校教育月**
	爱国教育——奋斗历程
	爱校教育——实验校史教育
	成长教育——自我认知与修正(月考)
11月	**规则教育月**
	规则教育——规则与自己(遵守规则,含考风考纪教育)
	成长教育——期中考前心态及备考方法指导(学会与压力同行)
12月	**法治教育月**
	法治教育——国家宪法日主题教育
	法治教育——预防校园欺凌主题教育
	法治教育——共建网络文明主题教育
1月	**公德教育月**
	公德教育——公德与礼仪
	成长教育——期末考试总结及学期评优表彰班会

附表 2　山东省实验中学高一下学期班本德育课程

	主题
2月	**目标教育月**
	目标教育——新学期常规和目标教育

续表

	主题
3月	**学雷锋月**
	主题教育——学习雷锋精神(忠诚于党、热爱祖国)
	安全指导——校园安全,我的责任(全国中小学安全日)
	生命教育——卫生健康教育
4月	**情感教育月**
	主题教育——缅怀革命先烈,弘扬英雄精神(清明节)
	情感教育——友情(朋友以义合,正确交友)
	主题教育——选科走班指导
5月	**心理健康月**
	主题教育——青年人责任感和使命感教育(青年节)
	心理教育——"珍爱生命,关爱自我"生命安全教育
	劳动教育——爱劳动,成就美好人生(劳动的价值)
6月	**规划教育月**
	规划教育——优化时间管理
7月	**爱党教育月**
	主题教育——建党节主题升旗和团会

附表3　山东省实验中学高二上学期班本德育课程

	主题
9月	**成长教育月**
	成长教育——新选择　新起点(选课带来的成长机遇和挑战)
	成长教育——教师节主题班会(尊重与成长)
	成长教育——品味成长(主动的选择与主动的成长)
10月	**爱国爱校教育月**
	爱国教育——新的时代
	爱校教育——践行实验精神
	成长教育——自我认知与修正(选科后首考)

续表

	主题
11月	**规则教育月**
	规则教育——规则与他人(守诚信,含考风考纪教育)
	成长教育——期中考前心态及备考方法指导(正确看待自己和他人的成绩)
12月	**法治教育月**
	法治教育——国家宪法日主题教育
	法治教育——预防校园欺凌主题教育
	法治教育——共建网络文明主题教育
1月	**公德教育月**
	公德教育——公德与公益
	成长教育——期末考试总结及学期评优表彰班会

附表4 山东省实验中学高二下学期班本德育课程

	主题
2月	**目标教育月**
	目标教育——新学期常规和目标教育
3月	**学雷锋月**
	主题教育——学习雷锋精神(爱岗敬业、尽职尽责)
	安全指导——校园安全,我的责任(全国中小学安全日)
	生命教育——体质健康教育
4月	**情感教育月**
	主题教育——缅怀革命先烈,弘扬英雄精神(清明节)
	情感教育——"爱情"(感情是很私人的事情)
5月	**心理健康月**
	主题教育——青年人责任感和使命感教育(青年节)
	心理教育——"珍爱生命,关爱自我"生命安全教育
	劳动教育——爱劳动,成就美好人生(劳动与职业)

续表

	主题
6月	**规划教育月**
	规划教育——自律者自助
7月	**爱党教育月**
	主题教育——建党节主题升旗和团会

附表5　山东省实验中学高三上学期班本德育课程

	主题
9月	**成长教育月**
	成长教育——教师节主题班会(感恩与成长)
	成长教育——体会“成人”(成人礼)
10月	**爱国爱校教育月**
	爱国教育——振兴中华
	爱校教育——爱校荣校,向着目标奔跑
	成长教育——自我认知与修正(一诊)
11月	**规则教育月**
	规则教育——规则与未来(知敬畏,含考风考纪教育)
	成长教育——二诊考前心态及备考方法指导(和不良心态说再见)
12月	**法治教育月**
	法治教育——国家宪法日主题教育
	法治教育——预防校园欺凌主题教育
	法治教育——共建网络文明主题教育
1月	**公德教育月**
	公德教育——公德与修身
	成长教育——期末考试总结及学期评优表彰班会

附表 6 山东省实验中学高三下学期班本德育课程

	主题
2 月	**目标教育月**
	目标教育——新学期常规和目标教育
3 月	**学雷锋月**
	主题教育——学习雷锋精神(克己奉公、服务人民)
	安全指导——校园安全,我的责任(全国中小学安全日)
	生命教育——生命健康和生命价值教育
4 月	**情感教育月**
	主题教育——缅怀革命先烈,弘扬英雄精神(清明节)
	情感教育——亲情(谁言寸草心,报得三春晖)
5 月	**心理健康月**
	主题教育——青年人责任感和使命感教育(青年节)
	心理教育——“珍爱生命,关爱自我”生命安全教育
	劳动教育——爱劳动,成就美好人生(劳动与人生)
6 月	**规划教育月**
	规划教育——科学规划高考冲刺,创造辉煌